CONTATANDO "BRANCOS" E DEMARCANDO TERRAS:
NARRATIVAS XAVANTE SOBRE SUA HISTÓRIA

Editora Appris Ltda.
1.ª Edição - Copyright© 2023 da autora
Direitos de Edição Reservados à Editora Appris Ltda.

Nenhuma parte desta obra poderá ser utilizada indevidamente, sem estar de acordo com a Lei nº 9.610/98. Se incorreções forem encontradas, serão de exclusiva responsabilidade de seus organizadores. Foi realizado o Depósito Legal na Fundação Biblioteca Nacional, de acordo com as Leis nᵒˢ 10.994, de 14/12/2004, e 12.192, de 14/01/2010.

Catalogação na Fonte
Elaborado por: Josefina A. S. Guedes
Bibliotecária CRB 9/870

M444c
2023
	Mattos, Sílvia Clímaco
	    Contatando "brancos" e demarcando terras : narrativas xavante sobre sua história / Sílvia Clímaco Mattos. - 1. ed. - Curitiba : Appris, 2023.
	    304 p. ; 23 cm. - (Ciências sociais. Seção história).
	
	    Inclui referências.
	    ISBN 978-65-250-3575-8
	
	    1. Índios Xavante. 2. Indígenas - Narrativas pessoais. I. Título. II. Série.
	
	                                                        CDD – 305.898

Livro de acordo com a normalização técnica da ABNT

Appris *editora*

Editora e Livraria Appris Ltda.
Av. Manoel Ribas, 2265 – Mercês
Curitiba/PR – CEP: 80810-002
Tel. (41) 3156 - 4731
www.editoraappris.com.br

Printed in Brazil
Impresso no Brasil

Sílvia Clímaco Mattos

CONTATANDO "BRANCOS" E DEMARCANDO TERRAS:

NARRATIVAS XAVANTE SOBRE SUA HISTÓRIA

FICHA TÉCNICA

EDITORIAL	Augusto V. de A. Coelho
	Sara C. de Andrade Coelho
COMITÊ EDITORIAL	Marli Caetano
	Andréa Barbosa Gouveia - UFPR
	Edmeire C. Pereira - UFPR
	Iraneide da Silva - UFC
	Jacques de Lima Ferreira - UP
SUPERVISOR DA PRODUÇÃO	Renata Cristina Lopes Miccelli
ASSESSORIA EDITORIAL	Débora Sauaf
REVISÃO	Andréa L. Ilha
PRODUÇÃO EDITORIAL	Raquel Fuchs
DIAGRAMAÇÃO	Alessa Berti
CAPA	Bruno Nascimento
REVISÃO DE PROVA	Stephanie Lima
	Bárbara Obinger

COMITÊ CIENTÍFICO DA COLEÇÃO CIÊNCIAS SOCIAIS

DIREÇÃO CIENTÍFICA Fabiano Santos (UERJ-IESP)

CONSULTORES

- Alícia Ferreira Gonçalves (UFPB)
- Artur Perrusi (UFPB)
- Carlos Xavier de Azevedo Netto (UFPB)
- Charles Pessanha (UFRJ)
- Flávio Munhoz Sofiati (UFG)
- Elisandro Pires Frigo (UFPR-Palotina)
- Gabriel Augusto Miranda Setti (UnB)
- Helcimara de Souza Telles (UFMG)
- Iraneide Soares da Silva (UFC-UFPI)
- João Feres Junior (Uerj)
- Jordão Horta Nunes (UFG)
- José Henrique Artigas de Godoy (UFPB)
- Josilene Pinheiro Mariz (UFCG)
- Leticia Andrade (UEMS)
- Luiz Gonzaga Teixeira (USP)
- Marcelo Almeida Peloggio (UFC)
- Maurício Novaes Souza (IF Sudeste-MG)
- Michelle Sato Frigo (UFPR-Palotina)
- Revalino Freitas (UFG)
- Simone Wolff (UEL)

Para Pedro Uprótsiwẽ.

AGRADECIMENTOS

Aos narradores xavante, que tão gentilmente participaram desta pesquisa.

A Wellington Tserenhiru, pelo empenho e pela dedicação a este trabalho. Sem você, ele não seria possível.

À professora Susane Rodrigues de Oliveira, pela dedicação e paciência nessa empreitada como minha orientadora de doutorado.

Aos meus pais, Sílvio e Regina, pelo amor, pelo apoio e pelo incentivo de uma vida.

Você veio para fazer esse trabalho, e eu conto essa história com muita paciência para você. Eu vou esperar a sua fala, a sua história e a sua escrita

(Raimundo Urébété Ai'réro, janeiro de 2017).

PREFÁCIO

O livro *Contatando "brancos" e demarcando terras* comporta um modo de "fazer história" interessado no rompimento com as epistemologias, os valores, os discursos e as perspectivas hegemônicas que, há muito tempo, excluem, estigmatizam ou inferiorizam os povos indígenas na historiografia. Ao escolher um posicionamento historiográfico "dissidente", colocando, no centro de suas análises e de suas reflexões, as narrativas Xavante sobre o contato com os "brancos" e os processos de demarcação de terras indígenas entre as décadas de 1940 e 1970, Sílvia Clímaco Mattos presenteia-nos com um olhar historiográfico renovado sobre os povos indígenas e acerca de suas lutas pelo direito à terra no Brasil.

Como orientadora de seu trabalho de doutorado, agora transformado em livro, sinto-me bastante orgulhosa de seus resultados. Sílvia Clímaco Mattos desenvolveu uma pesquisa primorosa, imbuída de muita dedicação e compromisso político-intelectual com a escrita da história dos Xavante. No trabalho sistemático de entrevistas realizadas nas terras indígenas de São Marcos e Parabubure, no Mato Grosso, ela utilizou muito bem as técnicas de história oral, escutando e registrando, com grande respeito e admiração, as narrativas Xavante, que foram tecidas em um cenário de diálogos e de aproximações fundamentais entre a pesquisadora e seus entrevistados. Cientes da importância da memória nas lutas pela efetivação de direitos e pelas reparações históricas aos povos indígenas, seus entrevistados deixaram também registradas as suas expectativas em relação à história que seria escrita pela autora.

Nesse encontro com os Xavante e com suas memórias, Sílvia Clímaco Mattos reforçou ainda mais o seu apoio a esse povo, tecendo, com grande maestria, uma história dissidente que desnaturaliza não só as imagens racistas construídas sobre os povos indígenas na história do Brasil, mas também as práticas de violência e de exploração contra esses povos, desvelando empreendimentos estatais e particulares que coadunam com interesses coloniais e capitalistas de poder. Tais empreendimentos, movidos pela ganância e pela destituição da humanidade dos povos indígenas, denotam a face perversa, obscura e colonial da modernidade capitalista. Diante disso, este livro nos alerta para as atrocidades cometidas historicamente em nome do progresso e do desenvolvimento no Brasil, preenchendo a necessidade de conhecimento e de compreensão dos impactos do processo de modernização na vida dos indígenas brasileiros.

Como bem disse Sílvia Clímaco Mattos, as *"[...] violações aos direitos indígenas ocorreram também sob a forma de violações às suas memórias, que são substituídas por construções narrativas de grupos que pretendem impor sua cultura e suas versões sobre o passado"*, bem como o silêncio às narrativas históricas discordantes. Nesse sentido, ao se chocar com os conhecimentos históricos dominantes que há muito tempo perpetuam a violência epistêmica contra os povos indígenas, as histórias dissidentes sobre os Xavante permitem-nos também acessar outros conhecimentos ainda pouco reconhecidos no âmbito da historiografia brasileira. Inspirada nos estudos pós-coloniais e decoloniais, Sílvia Clímaco Mattos aprende com os Xavante e tece, com grande coragem e maestria, essa história dissidente na qual as vozes indígenas ganham centralidade e importância, rompendo com as histórias hegemônicas que estão a serviço da dominação e do genocídio dos povos indígenas.

O Brasil está entre os países com o maior número de comunidades indígenas do planeta. São mais de 305 povos que ainda lutam pela existência, enfrentando, desde o século XVI, as tentativas cruéis de genocídio e de expropriação de suas terras. Ao reconstruir o passado com valores do presente, a partir das experiências vivenciadas, as memórias xavante expressam, sobretudo, a imagem que esse povo possui de si mesmo e os discursos que desejam transmitir por intermédio da historiografia. Assim, ao mobilizar politicamente a memória dos Xavante, este livro endossa os processos de construção e de fortalecimento de suas identidades no tempo presente, bem como o reconhecimento de visões indígenas sobre o passado-presente-futuro, abrindo caminhos também para a descolonização de suas imagens e de perspectivas na historiografia.

Em sua obra, Sílvia Clímaco Mattos revela-nos não somente a violência e a crueldade silenciadas pela história, escrita do ponto de vista dominante e colonial, mas a sabedoria, a cultura, a coragem, o protagonismo e a resistência que atravessam as memórias de dor, preconceito e lutas indígenas pelo direito à terra no Brasil. Ao desvelar uma série de injustiças cometidas contra os Xavante, reconhecendo-as como parte dos problemas que marcam a formação da sociedade brasileira, ela nos ensina também sobre os perigos da intolerância e do preconceito inscritos no pensamento moderno/colonial. Com esses ensinamentos, este livro convida-nos, urgentemente, a repensar nossas relações com os povos indígenas, bem como as estruturas sociais de poder com base nas desigualdades étnico-raciais.

Susane Rodrigues de Oliveira

Professora do Departamento de História e do Programa de Pós-Graduação em História da Universidade de Brasília.

Abril de 2022.

APRESENTAÇÃO

Tive a oportunidade de conhecer o trabalho de Sílvia Clímaco Mattos quando a autora ainda delineava os seus rumos mais específicos, durante o exame de qualificação de sua tese de doutorado. Mais tarde, pude reencontrá-lo amadurecido na banca e, agora, sob a forma de livro. Desde o primeiro momento, despertou-me a atenção duas preocupações que se entrecruzam. Sob a perspectiva epistêmica, há a centralidade nas narrativas históricas, as quais foram construídas pelos próprios sujeitos indígenas. Sob uma dimensão ético-política, está a proposta de colocar narrativas acerca da história indígena produzidas por pesquisadores não indígenas em interlocução direta com os povos indígenas. Há também inovações importantes a partir das reflexões teóricas que informam sobre a colonialidade do poder e alicerçam a construção de uma possível história dissidente.

Mais do que uma pesquisa acadêmica bem-estruturada, o trabalho é o resultado do vínculo da autora com os Xavante desde 2001; primeiro, por laços de amizade e engajamento; depois, profissionalmente; por último, academicamente. Seu problema de pesquisa está pautado na crítica às narrativas históricas que reduzem a compreensão dos indígenas como sujeitos históricos plenos, às quais Sílvia Clímaco Mattos define como orientadas *"por uma epistemologia racista, sexista e eurocêntrica, ainda dominante no campo historiográfico"*. Para fazer frente a esse tipo de leitura, a autora apresenta uma proposição: que se produza uma história dissidente e, para tal, sugere que se tome como referência *"o conhecimento das narrativas orais* [no caso, dos *A'uwẽ*-Xavante] *repassadas de geração em geração"*. Recorre a Walter Benjamin para fundamentar sua concepção do que é o *narrador*, e, por meio de Michel Foucault e de sua noção de *práticas discursivas*, orienta a leitura sobre as narrativas produzidas sobre os Xavante. Ainda assim, como leitores(as), sentimo-nos instigados(as) a reconhecer as categorias nativas que são correspondentes ou alternativas a essas acadêmicas: quem é o narrador para os *A'uwẽ*, como concebem memória, história, tempo, passado e verdade?

Vale destacar que não é trivial, na pesquisa histórica, que a historiadora coloque-se de forma implicada no trabalho e que isso fique evidenciado em sua obra, como Sílvia Clímaco Mattos o faz. Nesse sentido, vale uma problematização sobre as representações de alteridade que são construídas no processo de produção das narrativas indígenas: para além do genérico "vocês" ou "os brancos", a autora é reconhecida como uma aliada, o que favorece enormemente as condições de pesquisa, mas há também uma marcação de gênero característica do povo *A'uwẽ* -Xavante, de modo que se evidencia, nos relatos, o fato de se reportarem a uma mulher. Além disso, as representações multissituadas incluem a *profissional indigenista*, portanto, interpelam-na também como uma representante do Estado. Nesse conjunto identitário, a categoria "pesquisadora" se hibridiza às outras, perdendo a centralidade mais comum. Ademais, incômodos epistêmicos tensionam, de modo ativo, as reflexões: Qual tipo de conhecimento deseja produzir com o seu trabalho? Quais memórias esses narradores desejam apresentar à pesquisadora? Como o tradutor indígena exerce um papel de mediação cultural (e interfere) durante a pesquisa de campo?

Pela complexidade que envolve a abordagem e o tema de pesquisa, trata-se de um trabalho com vocação multidisciplinar, mas a autora enuncia o seu "lugar social de produção" (nos termos de Michel de Certeau) desde a História e deixa contribuições importantes a esse campo. O resultado disso é uma narrativa fluida, um texto bem escrito e que revela dedicação à pesquisa, com uma bibliografia bem articulada e utilizada de forma muito pertinente e desenvolta e que, de modo algum, submete-se aos clássicos etnológicos. Há um recorte de pesquisa bem delimitado, tanto espacialmente — com a escolha pelos territórios Xavante de Parabubure e São Marcos-MT — quanto temporalmente, sendo selecionados dois momentos históricos significativos para a historiografia indígena: o contato e a demarcação de terras. É também adequado o escopo de interlocução, com a escolha de dez narradores indígenas, que são indicados pelas comunidades das duas localidades, com perfis distintos entre si e que complementam bem as narrativas. Por fim, trata-se de um tema pertinente, atual e muito relevante, pelo menos sob três perspectivas: a) como contribuição à historiografia que trata a história indígena e o indigenismo; b) como contribuição aos usos da história oral em sua interface memória/oralidade; e c) como contribuição à literatura que trata a história do povo *A'uwẽ* -Xavante.

Se o ponto de partida do trabalho é o incômodo gerado por um tipo de narrativa que se tornou hegemônica e que desconsidera as elaborações próprias dos Xavante acerca de sua história e se, além disso, a proposição da pesquisa visa narrar a história indígena a partir de seus relatos orais; de forma mais ampla, podemos afirmar que temos um texto que sinaliza caminhos para *pensar os usos públicos da história*. Dito de outro modo, as narrativas Xavante dizem-nos sobre como a história gestada em contextos comunitários tradicionais guarda um potencial disruptivo em relação às formas convencionais de se contar histórias na academia, permitindo fazer frente às representações colonialistas sobre o contato e a demarcação de terras. Em um contexto em que narrativas negacionistas e revisionismos não críticos ganham novo fôlego no Brasil, devemos lembrar que as escolhas em torno da história indígena não são meramente simbólicas; ao contrário disso, elas avançam sob os territórios e repercutem sobre os corpos de sujeitos indígenas. Diante de uma política etnocida e que corrobora o genocídio indígena — que vimos se espreitar nas instituições públicas indigenistas desde o governo eleito em 2018 —, reconhecer histórias dissidentes é ato político e é uma forma de firmar nexos de resistência entre a universidade, as comunidades tradicionais e a sociedade. Nesse cenário, o trabalho de Sílvia Clímaco Mattos é um alento e traz mostras do potencial dessas alianças, permitindo sonhar outros futuros possíveis e crer que esses podem ser germinados a partir de leituras comprometidas com outras memórias históricas e as suas dissidências. Desejo que este livro seja mote para múltiplos diálogos e que as pessoas interessadas no tema e, especialmente, a intelectualidade indígena, que conquistou um espaço insurgente nas universidades, possa tomá-lo pelas mãos e gerar outros frutos.

Boa leitura!

Cristiane de Assis Portela

Professora do Departamento de História e do Programa de Pós-Graduação em Sustentabilidade junto a Povos e Territórios Tradicionais (MESPT) da Universidade de Brasília.

Maio de 2022.

LISTA DE ABREVIATURAS E SIGLAS

Anai – Associação Nacional de Apoio a Índio

Asixnor – Associação Indígena Xavante de Nõrõtsu'rã

Cimi – Conselho Indígena Missionário

CNBB – Conferência Nacional dos Bispos do Brasil

CNV – Comissão Nacional da Verdade

Coiab – Coordenação das Organizações Indígenas da Amazônia Brasileira

Condisi – Conselho Distrital de Saúde Indígena

CPI – Comissão Pró-Índio

CTI – Centro de Trabalho Indigenista

Dsei – Distrito Sanitário Especial Indígena

FAB – Força Aérea Brasileira

Funai – Fundação Nacional do Índio

IBGE – Instituto Brasileiro de Geografia e Estatística

IHGB – Instituto Histórico e Geográfico Brasileiro

MAIC – Ministério da Agricultura, Indústra e Comércio

MTIC – Ministério do Trabalho, Indústria e Comércio

Sesai – Secretaria Especial de Saúde Indígena

SPI – Serviço de Proteção aos Índios

SPILTN – Serviço de Proteção aos Índios e Localização de Trabalhadores Nacionais

SUMÁRIO

INTRODUÇÃO 23

CAPÍTULO 1
COLONIALIDADE, MODERNIDADE E PODER DISCIPLINAR SOBRE CORPOS E HISTÓRIAS INDÍGENAS 37
1.1 História, colonização e eurocentrismo 37
1.2 Estado, identidade nacional e sociedades indígenas 46
1.3 Missionários, educação e disciplina nas comunidades xavante 58
1.4 Políticas indigenistas e a ocupação do Centro-Oeste 77

CAPÍTULO 2
PESQUISA DE CAMPO, HISTÓRIA ORAL E NARRATIVAS XAVANTE .. 87
2.1 Diálogos e polifonia 87
2.2 Fontes orais: diálogos entre entrevistador e entrevistado 98
2.3 Entrevistas: modos de produção e narradores 106
2.4 Narrativas orais: transcrição, tradução e análise 129

CAPÍTULO 3
NARRATIVAS DE CONTATOS E CONFLITOS INTERÉTNICOS E INTRACOMUNITÁRIOS: DOS ALDEAMENTOS DO SÉCULO XIX ÀS DÉCADAS DE 1940 E 1950 137
3.1 Notas sobre o contato e as cosmologias indígenas 137
3.2 Historiografia do contato 143
3.3 A epopeia de Tseredzaduté e Pari'uptsé 149
3.4 Aspectos da vida e da história xavante 161
3.5 Conflitos 170

CAPÍTULO 4
DIFERENÇAS E ESTRANHAMENTOS NOS PRIMEIROS CONTATOS COM OS "BRANCOS" 183
4.1 Mito, alteridade e violência 183
4.2 Feitiços e encantamentos diante da violência 195
4.3 Mercadorias 202
4.4 Doenças 208
4.5 As migrações de Parabubure a Meruri 215

CAPÍTULO 5
PROCESSOS DE DEMARCAÇÃO DE TERRAS XAVANTE: CONFLITOS E LUTAS INDÍGENAS NA DÉCADA DE 1970 229
    5.1 São Marcos 229
    5.2 Parabubure 256
    5.3 Memórias em disputa 275

CONSIDERAÇÕES FINAIS 281

FONTES DE PESQUISA 287

REFERÊNCIAS 289

INTRODUÇÃO

Minha disposição em estudar os Xavante remonta ao ano de 2001, por ocasião de minha participação no Primeiro Encontro dos Povos do Cerrado, ocorrido em Goiânia. Nesse evento, tive a oportunidade de acompanhar as discussões propostas por representantes de comunidades tradicionais que habitam o bioma Cerrado, o que despertou o meu interesse pelas populações indígenas, que, até então, eram-me desconhecidas. Nessa ocasião, tive também os primeiros contatos com os Xavante, dos quais me aproximei em decorrência de amizades estabelecidas com alguns indígenas, que se fortaleceriam ao longo dos anos. A participação conjunta em eventos posteriores propiciou-me ainda a oportunidade de conhecer as terras xavante de Sangradouro, São Marcos e Parabubure, Mato Grosso. Durante essas viagens, pude ouvir as primeiras histórias de velhos[1] indígenas, traduzidas por jovens bilíngues, que então me recebiam em suas aldeias.

Meus vínculos com os Xavante seriam ainda posteriormente estreitados com o meu ingresso, em 2010, na Funai, como servidora. Nesse mesmo ano, passei a viver na cidade de Barra do Garças, Mato Grosso, e a trabalhar em uma unidade regional da Funai, a Coordenação Regional Xavante, onde permaneci até o ano de 2012, quando então fui removida para a Diretoria de Proteção Territorial da Funai, em Brasília. Nesses quase dois anos em que vivi no Mato Grosso, pude retornar às terras xavante anteriormente visitadas, conhecer a Terra Indígena Pimentel Barbosa e ouvir um pouco mais das histórias xavante contadas pelos narradores indígenas, que passaram a absorver o meu interesse, motivando-me a escolher a temática como proposta de estudo para o doutorado em História.

Os Xavante, que se autodenominam *A'uwẽ*, são atualmente contabilizados em aproximadamente 19 mil pessoas, distribuídas em várias aldeias, situadas em nove terras indígenas, no leste de Mato Grosso (Censo IBGE, 2010). Essas terras são Sangradouro/Volta Grande, São Marcos, Marechal Rondon, Areões, Pimentel Barbosa, Parabubure, Ubawawe, Chão Preto e Marãiwatsédé. A língua xavante pertence ao sub-grupo Jê Central, da família Jê, tronco Macro-Jê.

---

[1] A palavra velho, ou *ihi*, no idioma xavante, tem um significado semelhante à palavra ancião, na língua portuguesa. Os velhos são aqueles indivíduos detentores do saber cerimonial e que, por isso, dispõem de capital simbólico na sociedade xavante, que os estima e os respeita.

A chamada pacificação[2] xavante foi, desde o início, amplamente noticiada por jornais e revistas como *O Cruzeiro, O Globo, A Noite, O Estado de São Paulo*. Em um período em que o Estado brasileiro, comandado por Getúlio Vargas, investia maciçamente em propaganda e na divulgação da Marcha para o Oeste, os primeiros contatos estabelecidos com os Xavante pela equipe do SPI, liderada por Francisco Meirelles, em 1946, foram transmitidos pelos meios de comunicação da época e acompanhados, com grande interesse, pelo público das principais capitais do país.

Os Xavante talvez estejam entre os povos indígenas do Brasil mais estudados. Welch e Coimbra Júnior (2014) assinalam que a literatura sobre eles está distribuída em diferentes áreas temáticas, como medicina, ciências sociais, bioquímica, genética e biologia molecular, ciências biológicas, agrárias, entre outras.

Se, por um lado, a existência de tantos trabalhos sobre diferentes aspectos desse povo permite, ao pesquisador, um conhecimento prévio bastante significativo sobre os Xavante, disponível em uma ampla bibliografia; por outro lado, essa situação traz um risco, o de que o pesquisador incorra em repetições de conteúdos que já foram há muito estudados, tornando-se incapaz de inovar e de acrescentar algo próprio às várias e boas obras produzidas sobre os Xavante.

No caso desta pesquisa, entendo que sua contribuição, ainda que modesta, reside, em especial, nas fontes utilizadas: as narrativas de velhos xavante das Terras Indígenas São Marcos e Parabubure sobre o contato interétnico, ocorrido entre as décadas de 1940 e 1950, e sobre as lutas empreendidas em torno das demarcações de suas terras, na década de 1970.

Esta pesquisa não é a primeira desenvolvida com os Xavante e que tem como fonte as suas memórias orais. Já na década de 1970, os padres salesianos registraram as narrativas de anciãos xavante. No entanto, os métodos por eles utilizados não foram explicitados, o que dificulta a compreensão do contexto em que foram produzidos.

A memória é sempre fluida, está em constante transformação, sendo ainda moldada pelas demandas do presente. Nesse sentido, os trabalhos elaborados, segundo essa perspectiva teórica, e realizados em momentos

---

[2] As chamadas "pacificações" desenvolvidas pelo SPI consistiam em táticas de atração e conquista de populações indígenas ainda não submetidas ao poder do Estado. O processo violento e arbitrário de subjugação de povos autóctones, livres e autônomos ao poder estatal costumava a atender a interesses diversos, que iam desde a civilização e a incorporação desses povos à sociedade nacional, até à apropriação de suas terras e a exploração de sua mão de obra.

distintos, ainda que tenham como "objeto" os mesmos atores, têm grandes chances de se diferenciarem entre si e de apresentarem algum grau de novidade advindo das transformações a que a memória é submetida no devir histórico. Com a memória xavante, isso não é diferente. O contato interétnico e os eventos que o sucederam alteraram o modo de vida e o entendimento de mundo do povo xavante, o que se refletiu em sua memória, transformada pelo curso dos acontecimentos. Os Xavante, hoje, já não são os mesmos de décadas atrás. Da época em que foram contatados, até o presente, passaram-se cerca de 70 anos. Nesse ínterim, seu conhecimento sobre a sociedade envolvente foi ampliado; e a convivência com os "brancos",[3] estreitada.

Uma parte expressiva da juventude xavante tornou-se fluente na língua portuguesa, alguns chegaram às universidades, e outros tantos passaram a viver em cidades situadas próximas às suas terras, como Barra do Garças, Campinápolis, Nova Xavantina, Primavera do Leste e Água Boa. Outros foram viver em cidades mais distantes delas, como as capitais Brasília, Goiânia, Cuiabá, São Paulo e Rio de Janeiro, onde costumam estudar e exercer trabalhos remunerados.

As comunidades de algumas aldeias também se encontram hoje organizadas em associações que, em parcerias com entidades e organizações não governamentais, desenvolvem projetos de diversos tipos, chegando, inclusive, a produzir seus próprios conteúdos educativos direcionados a um público externo, com o propósito de divulgar aspectos de sua cultura e de denunciar as violações aos seus direitos, incluindo a destruição do ambiente em que vivem. Tudo isso transformou a memória xavante.

Autores, como Pollack (1992), explicam que a memória é constantemente reconstruída pelos grupos, de acordo com as necessidades de mudança e negociação de sua imagem diante de outros grupos que compõem a sociedade. Sendo assim, é possível afirmar que a memória não é dada, mas permanentemente reformulada e vivenciada de diferentes maneiras, ora como comemoração, quando as lembranças são vistas como positivas para a identidade do grupo, ora como esquecimento, quando ameaçam a unidade e a imagem que o grupo possui de si mesmo.

---

[3] O termo "branco", ou *waradzu*, na língua xavante, é utilizado pelos narradores para se referir às pessoas não indígenas, como colonos, fazendeiros, garimpeiros, padres, missionários, representantes do governo brasileiro, antropólogos, ambientalistas, entre outros atores com os quais os Xavante estabeleceram relações de conflito e de amizade.

O esquecimento, portanto, não está necessariamente em oposição à memória e, por isso, não deve ser percebido como um fracasso em restituir o passado, mas como sendo "indispensável à estabilidade e à coerência da representação que um indivíduo ou os membros de um grupo fazem de si próprios" (CANDEAU, 2016, p. 127). Nas palavras de Cartoga (2015, p. 74),

> [...] se a memória é instância construtora e cimentadora de identidades, a sua expressão coletiva também atua como instrumento e objecto de poder(es) mediante a seleção do que se recorda e do que, consciente ou inconscientemente, se silencia.

As memórias indígenas — por serem transmitidas de forma predominantemente oral dentro das comunidades das aldeias — estão, ainda, em grande medida, restritas aos próprios índios[4]. Na historiografia, ainda prevalece um certo desconhecimento e silenciamento dessas memórias, embora esse cenário venha sendo, pouco a pouco, transformado, desde a década de 1990, por autores interessados na produção de uma historiografia indígena.

Ainda que as criações e os pensamentos indígenas possuam uma capacidade de projeção e de difusão distinta daquela produzida pelo pensamento ocidental, isso não significa uma ausência, entre as sociedades ameríndias, de formas próprias de conhecimento, de memórias e de registros históricos. Assim como ocorre em nossa própria sociedade, há, nas sociedades indígenas, o desejo de ver esses registros projetados no tempo, a fim de evitar o seu esquecimento ou o silenciamento diante de formas culturais hegemônicas (AGUILAR, 2011).

Essa preocupação com o futuro e com a perpetuação de algo que caracteriza e define os Xavante como um povo específico, com uma identidade própria e diferenciada das demais, pode ser observada entre os narradores indígenas que participaram dessa pesquisa, como é o caso de Raimundo Urébété Ai'reró, que assim reflete:

> Aqui estão os jovens, a população jovem cresceu, sempre crescendo. E no futuro, onde estaremos? Como será a terra? Onde ficaremos? Por isso nós, Xavante, temos que pensar no futuro. Será que depois de nós, os nossos jovens e os filhos deles vão se misturar com os brancos, daqui há 40 anos, 30 anos? Não sei. A nossa cultura, a nossa tradição vai acabar se nós não olharmos para frente, para o futuro, vamos morrer todos e nos misturaremos. (Raimundo Urébété Ai'réro, janeiro de 2017).

---

[4] Os termos "índio" e "indígena" são utilizados como sinônimos, ao longo de todo o trabalho.

Os narradores xavante, sujeitos dessa pesquisa, eram jovens e crianças na época dos primeiros contatos com os não índios. Ao experimentarem as primeiras interações estabelecidas com os "brancos", eles vivenciaram o trauma do contato interétnico e as dificuldades de adaptação a uma nova vida de crescente dependência em relação a uma sociedade não indígena. Essas experiências foram culturalmente pensadas, dando origem a diversas representações sobre os "brancos".

As representações são elaborações simbólicas, portadoras de sentidos para acontecimentos, comportamentos, objetos, pessoas e relações sociais (HALL, 2016). Trata-se de construções históricas e sociais que constituem as linguagens e possibilitam as comunicações e as interações sociais. Conforme Hall (2016), as representações dizem respeito às maneiras como concedemos sentidos às coisas, ou,

> [...] as palavras que usamos para nos referir a elas, as histórias que narramos a seu respeito, as imagens que delas criamos, as emoções que associamos a elas, as maneiras como as classificamos e conceituamos, enfim, os valores que nelas embutimos. (HALL, 2016, p. 21).

Ao produzir valores e significados culturais, as representações são, portanto, capazes de regular e de organizar nossas identidades e diferenças, nossos comportamentos e as nossas relações sociais, auxiliando "no estabelecimento de normas e convenções segundo as quais a vida em sociedade é ordenada e administrada" (HALL, 2016, p. 22).

Conhecer as representações indígenas sobre o contato interétnico e sobre os "brancos", por meio de relatos de narradores xavante, permite-nos, portanto, uma aproximação das identidades, das experiências, dos saberes e das expectativas desse povo. Em diálogo também com autores pós-coloniais e decoloniais, o foco de nosso trabalho é, assim, deslocado das narrativas hegemônicas/eurocêntricas, que servem à dominação e ao controle de grupos interessados na perpetuação de um projeto racista de poder, para as narrativas dissidentes que, segundo Gnecco e Zambrano (2000), percorrem caminhos divergentes, pois, nelas, o que aí está em jogo é a vida, a existência e o futuro de sujeitos subordinados e afetados por múltiplos sistemas de desigualdade e diferença.

No decorrer da pesquisa, os narradores contam como, apesar dos receios e dos traumas vivenciados em um passado que remonta ao período dos aldeamentos[5] em Goiás, nos séculos XVIII e XIX, os Xavante decidiram reestabelecer o contato com os "brancos", durante as décadas de 1940 e 1950. Nessa ocasião, eles se viram cercados por colonos, que investiam contra eles em expedições punitivas. Além disso, foram profundamente afetados pelas epidemias, que causavam grande mortalidade nas aldeias, impossibilitando a resistência à penetração em seu território. A alternativa vislumbrada foi, então, a de contatar os "brancos", cuidadosamente observados, para garantir que a aproximação se daria com aqueles menos perigosos, aos quais Raimundo Urébeté Ai'réro se refere como sendo os "brancos bons".

Assim, os Xavante abandonaram, mais uma vez, suas terras, forçando-se a uma nova migração, como fizeram no passado quando fugiram dos aldeamentos em Goiás, no século XIX. Dessa vez, contudo, dirigiram-se às missões salesianas, cientes de que os padres, que já trabalhavam com os Bororo, poderiam prestar-lhes alguma proteção e assistência médica.

Para os Xavante, o contato interétnico trouxe duras perdas humanas, territoriais e de autonomia. Durante esse período, algumas linhagens foram extintas, quase todos os velhos morreram e, com a alta mortalidade de crianças, eles passaram por um severo declínio demográfico. Apesar disso, os Xavante criaram formas de resistência a essa situação e dedicaram-se a aprender sobre os "brancos", até conseguirem, enfim, reorganizarem-se como povo, passando a lutar pela retomada de suas terras.

No Brasil, as mobilizações indígenas intensificaram-se durante a década de 1970 e influenciaram, inclusive, o conteúdo da própria Constituição Federal de 1988, elaborada a partir dos debates ocorridos no âmbito da Assembleia Nacional Constituinte, em 1987, dos quais os Xavante participaram. A edição da carta constitucional foi fundamental para a relativização dos mecanismos de tutela, o que levou a uma superação de séculos de limitações impostas por práticas assimilassionistas e integradoras.

As lutas indígenas, no Brasil, durante a década de 1970, surgiram na esteira da atuação de organismos e de movimentos indígenas internacionais. O simpósio sobre fricção interétnica, realizado, em 1971, na universidade das Índias Ocidentais, em Barbados, foi considerado o grande marco para as

---

[5] Os aldeamentos, aos quais aqui nos referimos, eram locais de redução de indígenas, oficialmente criados pela administração colonial e imperial. Os índios aliados, também chamados "mansos" ou "cristãos", eram aqueles trazidos em descimentos, ou seja, em deslocamentos forçados, ou compulsórios, de suas aldeias, para serem novamente aldeados próximos aos núcleos coloniais. Os aldeamentos garantiam o controle, a submissão e a conversão dos "índios bravos", que viviam de forma autônoma nos sertões, convertendo-os em aliados, para fins militares, e em mão-de-obra a serviço do projeto colonial.

discussões sobre a temática internacional indígena. O evento, organizado pela Universidade de Berna e financiado pelo programa de combate ao racismo do Conselho Mundial de Igrejas, inaugurou uma nova discussão sobre a temática dos direitos indígenas, em especial na esfera latino-americana. Ele também representou uma ruptura com o que era desenvolvido como política indigenista no âmbito dos Estados nacionais e resultou na produção de um documento final denominado "Pela Libertação Indígena" ou "Declaração de Barbados". Nesse documento, foram criticados os Estados, as igrejas e os antropólogos, entre outros atores considerados responsáveis pelo processo de exploração das populações indígenas que, de acordo com a declaração, só alcançariam sua libertação pelo seu próprio protagonismo (BRITO, 2011).

A Declaração de Barbados, na América Latina, e a Primeira Conferência Internacional de Tratados da Grande Nação Sioux, na América do Norte, assim como outros instrumentos e fóruns ocorridos no decorrer da década de 1970, fortaleceram a mobilização política dos povos indígenas, despertando a atenção de organismos internacionais e dos Estados Nacionais.

Foi também, a partir da década de 1970, que os Xavante investiram, de forma mais incisiva, nas lutas pelas demarcações de suas terras. Apesar de saberem que uma autonomia completa já não era possível, nesse momento de sua história, visto que a deterioração do meio ambiente (que ao longo de séculos lhes garantia sobrevivência), bem como a introdução de bens industrializados nas comunidades e o engajamento dos indígenas no mercado de trabalho, tinham-nos colocado em uma situação de dependência e de difícil reversão, os Xavante consideraram que as demarcações poderiam garantir o mínimo para a continuidade de sua existência como povo.

Na época em que foram realizadas, as demarcações das terras xavante pareciam ser a solução para muitos dos problemas indígenas. Hoje, contudo, as preocupações com o futuro, decorrentes do crescimento da população indígena e do esgotamento da terra, associadas às apreensões com a crescente interação da juventude xavante com os "brancos", voltaram a perturbá-los e refletem-se nas falas dos velhos narradores, que participaram dessa pesquisa. Apesar disso, há, também, entre eles, muitas expectativas sobre a atuação dos jovens que estão estudando e que, no entendimento dos velhos, deveriam estar mais preparados para o futuro, dado o aprendizado sobre os não indígenas e suas formas de vida, adquiridos ao longo de décadas de contato interétnico.

A esperança depositada nos jovens, porém, é por vezes transformada em decepção, pois, na percepção de alguns narradores, nem todos conseguem resistir à sedução advinda do contato com os "brancos". Por causa disso, acabam se entregando a comportamentos considerados destrutivos, como aqueles que envolvem o alcoolismo, a negação ou o esquecimento de suas origens, o que ocorre quando os jovens deixam de ver o mundo com os olhos nativos, para enxergá-lo sob a perspectiva dos não índios.

Para evitar que isso ocorra, é que as narrativas dos velhos, transmitidas às novas gerações, são necessárias. Essas narrativas funcionam como um antídoto contra o esquecimento, como uma forma de transmissão de um legado que, embora oriundo do passado, é constantemente atualizado pelas demandas do presente. De acordo com Pollack (1992, p. 204), "Esse último elemento da memória — a sua organização em função de preocupações pessoais e políticas do momento — mostra que a memória é um fenômeno construído". ·

A centralidade do contato interétnico pode ser observada nos relatos dos narradores xavante, seja pelo que ele representou em termos de transformações concretas para a vida desse povo, seja por possibilitar o confronto com uma alteridade extrema, a dos "bancos", utilizada como contraponto para a própria identidade xavante.

Pollack (1992) explica que a identidade é construída em um processo de mudanças, negociações e transformações em função dos outros. Memória e identidade são, portanto, valores em disputa, ligados a conflitos sociais e intergrupais, que colocam distintos grupos políticos em oposição. O autor acrescenta que as memórias não são constitutivas da essência de pessoas e grupos, visto que podem ser negociadas. Apesar disso, elas são essenciais para a formação da identidade, tanto individual como coletiva, já que a identidade envolve uma percepção de continuidade e de coerência que requer a participação da memória (POLLACK, 1992).

Thompson (1997) observa que nossas reminiscências são afetadas pelas alterações sofridas por nossa identidade pessoal. A consciência de si mesmo, que caracteriza a identidade, passa pela elaboração de um passado com o qual é possível conviver. Há, portanto, uma relação entre memória e identidade, essa última entendida como a consciência do eu construída ao longo do tempo, moldada pela interação com outras pessoas, assim como pelas nossas experiências de vida.

Thompson (1997, p. 57) também defende que "o processo de recordar é uma das principais formas de nos identificarmos quando narramos uma história". Isso ocorre, porque, "Ao narrarmos uma história, identificamos o que pensamos que éramos no passado, quem pensamos que somos no presente e o que gostaríamos de ser" (TOMPSON, 1997, p. 57). Por conseguinte, nossas lembranças não são representações exatas do passado, mas adaptações dele às nossas identidades e aspirações atuais.

Thompson (1997, p. 58) acrescenta que, "Assim como buscamos afirmação de nossa identidade pessoal dentro da comunidade específica em que vivemos, buscamos também a afirmação de nossas reminiscências". Nesse sentido, embora saibamos que os relatos orais de cada um dos narradores dizem respeito às suas experiências pessoais, eles estão inexoravelmente ligados à memória do grupo, já que as reminiscências, para obterem apoio e reconhecimento público, são elaboradas de forma a serem conhecidas e reafirmadas pelo coletivo.

Os relatos de narradores xavante foram utilizados como fontes prioritárias para a elaboração desse livro. Eles foram produzidos a partir de minha estada nas Terras Indígenas Parabubure e São Marcos, quanto tive a oportunidade de entrevistar dez narradores xavante, cinco de cada uma das terras indígenas.

A Terra Indígena Parabubure possui uma superfície de 224.447 hectares e está localizada próxima aos municípios de Campinápolis, Nova Xavantina e Água Boa, no estado de Mato Grosso. Já a Terra Indígena São Marcos possui uma superfície de 188.478 hectares e está situada nas proximidades dos municípios de General Carneiro e Barra do Garças, também em Mato Grosso. Ambas as terras estão situadas no bioma Cerrado, nas bacias dos Rios das Mortes e Araguaia.

Como metodologia de pesquisa, utilizei-me da história oral, tanto em seu aspecto técnico, como no teórico. Assim, dirigi-me às Terras Indígenas São Marcos e Parbubure, acompanhada de um tradutor indígena, com o intuito de entrevistar e de registrar as narrativas de velhos indígenas, indicados por suas comunidades para a participação na pesquisa, por serem tidos por elas como sujeitos capazes de discorrer sobre as temáticas propostas, quais sejam: o contato interétnico e a demarcação das terras xavante.

Santhiago (2008, p. 37-38), ao se referir às pesquisas de história oral, afirma que nesses trabalhos, "A subjetividade dos depoimentos, as distorções nas falas, os erros, as omissões, os silêncios, a consciência, a percepção: tudo isso passa a ser encarado de uma nova maneira". Não são apenas os fatos que interessam à história oral, mas também a subjetividade dos narradores que é transposta da oralidade para o código escrito. Segundo Santhiago (2008), as narrativas construídas no momento dialógico podem revelar as intenções dos narradores. Dessa forma, a história oral permitir-nos-ia o acesso a questões pessoais, de caráter psicológico e comportamental que, em determinados contextos sociais, favoráveis à ação, possibilitam as transformações históricas. Nas palavras do autor,

> Ainda que contribua com dados factuais retidos, a memória pode escolher, distorcer, esquecer. Manipula consciente e inconscientemente. Falha e fantasia. Sensações, medos, ansiedades, impulsos. Para a história oral, nada disso é desvirtuado, mas questão. Ela importa com o passado imaginário, inventado das pessoas. O que elas acreditam é mais importante do que aquilo que de fato viveram. A pergunta essencial não é *se há mentira*, mas *por que há mentira?* A subjetividade passa a ser, assim, objeto dos estudos em História. (SANTHIAGO, 2008, p. 38).

Há que se ter clareza que, nos trabalhos desenvolvidos a partir da história oral, o que se persegue não são os fatos "como eles realmente aconteceram", mas as interpretações sobre eles, ou seja, os significados subjetivos que lhes são atribuídos pelos narradores. Assim, o que está em jogo não é o trabalho de se desvendar uma versão histórica isolada, estática e recuperável do passado, mas as várias camadas de memória e a pluralidade de versões sobre o passado apresentadas por diferentes narradores (THOMPSON, 1997).

Dessa forma, é possível afirmar que as contribuições da história oral não estão na capacidade de discorrer sobre os eventos, mas na de acessar os significados construídos sobre eles. Embora a história oral tenha também validade fatual, chegando as entrevistas a revelarem, em vários casos, eventos desconhecidos ou facetas pouco abordadas dos eventos, sua característica mais marcante é a de que elas costumam evidenciar aspectos não explorados das chamadas "classes não hegemônicas" (PORTELLI, 1997).

Portelli (1997, p. 31) ressalta que, ao dar a conhecer a subjetividade do expositor, as "fontes orais conta-nos não apenas o que o povo fez, mas o que queria fazer, o que acreditava estar fazendo e o que agora pensa que fez". Nesse sentido, são parte da história tanto os chamados "fatos visíveis", ou seja, aqueles que "comprovadamente aconteceram", como aqueles nos quais os informantes acreditam (PORTELLI, 1997, p. 31).

As narrativas das experiências vividas são construídas a partir da percepção dos narradores que buscam atualizar, no presente, aquilo que passou, que já não existe mais. O passado é, assim, representado em uma trama de recordações elaborada no momento da enunciação da narrativa, quando as distintas temporalidades são articuladas pela linguagem. Nesse momento, o que está ausente é presentificado, seja o passado, que já não existe mais, seja o futuro, que ainda não se concretizou, mas que também é presentificado na narrativa sob a forma de expectativa (SOUZA, 2017).

No decorrer das entrevistas, os narradores contam sobre suas vidas e suas experiências envolvendo o contato com os "brancos"; a história da grande migração dos aldeamentos em Goiás para o leste do Mato Grosso, no século XIX; os episódios de violência e de mortes resultantes de massacres e de epidemias que acompanharam o contato interétnico; o seu deslumbramento com as mercadorias trazidas pelos não indígenas; a migração de Parabubure para Meruri; a vida na Missão Salesiana de São Marcos; suas impressões sobre a atuação do SPI, da Funai e dos missionários; e as lutas pela demarcação das terras de São Marcos e Parabubure.

Portelli (1997) esclarece que o conteúdo das fontes orais depende daquilo que o entrevistador propõe como questão durante as entrevistas, dependendo, ainda, do formato de diálogo e da relação pessoal estabelecida com aquele que é entrevistado. É no contexto comunicativo, portanto, que as narrativas são construídas, o que as torna, de certa forma, um produto tanto do narrador como do entrevistador.

As narrativas foram suscitadas pelas perguntas realizadas, mas seriam outras, caso a pesquisa se relacionasse a assuntos como saúde, conhecimento tradicional, cerimônias, cuidados com as crianças, dentre outras inúmeras possibilidades. Tendo isso em conta, é possível dizer que a centralidade das temáticas do contato interétnico e das demarcações das terras xavante observadas nas narrativas foram, em grande medida, induzidos, pela pesquisadora, que tinha nelas o escopo de sua pesquisa. Apesar disso, os narradores não se restringiram aos assuntos propostos, abordando vários aspectos da vida xavante, cada um com seu estilo próprio, o que os diferencia entre si.

Este livro foi estruturado em cinco capítulos. No primeiro deles, busco problematizar a colonialidade do saber presente na memória social e na historiografia brasileira, o que relegou as histórias e as memórias indígenas à invisibilidade. Desde o século XIX, o pensamento social produzido sobre o Brasil adotou, como pressuposto, a ideia de que a construção da nação brasileira dependia da progressiva homogeneidade de sua população. Tal ideia inspirou as políticas indigenistas de diferentes governos, que se empenharam em promover a integração e a assimilação do índio à "comunhão nacional". O instituto da tutela, aplicado aos povos indígenas, com a adoção de práticas de disciplinarização utilizadas nas comunidades pelos agentes do contato xavante — o SPI e os missionários salesianos —, foram, em grande medida, influenciados por esse pensamento. À luz de estudos de Foucault (1999, 2004), Menezes (1984) e Rufer (2010), as relações entre saber, poder, tempo, história e disciplinarização são também discutidas na primeira parte dessa obra.

No segundo capítulo, abordo aspectos metodológicos do trabalho de campo desenvolvido nas terras indígenas São Marcos e Parabubure, em diálogo com autores que buscam refletir sobre os métodos etnográfico e de história oral, comumente aplicados às pesquisas que têm como enfoque a oralidade e que são realizadas junto às populações indígenas. No decorrer desse capítulo, apresento os indígenas entrevistados que colaboraram com a pesquisa, cujas narrativas são utilizadas como fontes na construção do trabalho. A relação estabelecida entre entrevistador e entrevistado, o papel do tradutor/intérprete que, durante os trabalhos de campo, atuou como o coautor na produção das fontes, integram ainda as discussões desse segundo capítulo.

No terceiro capítulo, apresento algumas narrativas sobre o contato interétnico. Entre elas, está a epopeia de Tseredzaduté e Pari'uptsé, que narra a fuga dos Xavante dos antigos aldeamentos situados na província de Goiás, no século XIX, e que compõe a tradição oral xavante. Ao longo do capítulo, trago ainda algumas narrativas sobre o período que precedeu e que sucedeu os contatos estabelecidos pelos Xavante com os não índios, que ocorreram entre 1946 e o final da década de 1950. Essas narrativas são inseridas em seu contexto histórico de expansão das fronteiras nacionais rumo ao interior do país, a qual foi incentivada por programas governamentais como a Marcha para o Oeste. As representações dos narradores sobre esses momentos de seu passado, sobre os conflitos com outros povos, com os "brancos" e entre os diferentes grupos xavante, integram ainda as reflexões propostas nesse capítulo.

No quarto capítulo, discorro sobre as representações dos narradores xavante sobre os "brancos", abordando a violência que marcou as interações entre índios e não índios, no decorrer das décadas de 1940 e 1950, e que resultaram na migração xavante da região de Parabubure em direção à Missão Salesiana de Meruri. O caráter histórico das narrativas indígenas sobre o contato interétnico e as percepções xavante sobre a alteridade dos "brancos", sobre os seus objetos e as suas doenças, que impactaram a vida das comunidades de Parabubure, inviabilizando sua permanência em suas terras de origem, na segunda metade da década de 1950, são ainda aqui discutidos.

Por fim, no quinto e último capítulo, trago as memórias das demarcações das Terras Indígenas São Marcos e Parabubure, utilizando-me, para isso, dos relatos dos narradores entrevistados, dos processos administrativos pesquisados sobre o assunto na Funai e da bibliografia existente sobre o tema, à qual recorro em uma tentativa de contextualizar as falas dos narradores e o processo histórico em que as demarcações ocorreram, na década de 1970. Nessa parte, busco, ainda, refletir sobre a atuação de representantes da sociedade nacional com algum impacto ou certa influência sobre a vida das comunidades xavante, nesse período, quais sejam: missionários salesianos e demais religiosos da ala progressista da Igreja Católica, representados pelo Cimi; a Funai e seus servidores, submetidos às orientações da política desenvolvimentista dos governos militares; os fazendeiros e posseiros que ocupavam as terras de São Marcos e Parabure, os quais se opunham à demarcação das terras indígenas.

Nesse momento da história brasileira, a política indigenista dos governos militares era contestada nacional e internacionalmente, e o movimento indígena consolidava-se no país, congregando diferentes povos em torno das lutas pelas demarcações de terra. É nesse período histórico, situado na década de 1970, que são inseridos os relatos dos narradores sobre o protagonismo xavante nas lutas pela demarcação de suas terras. A capacidade de ação dos indígenas, canalizada nas estratégias de luta desenvolvidas a partir de um aprendizado de duas décadas de contato interétnico, é discutida, ainda, nesse quinto capítulo, assim como os atuais conflitos de memórias sobre a demarcação de Parabubure, nos quais se opõem dois grupos xavante que disputam, no presente, a autoridade e o poder em suas comunidades.

Embora historiadores tenham frequentemente ignorado as histórias de povos indígenas por considerá-las culturalmente remotas ou por acreditarem que seus registros possuem pouca profundidade temporal, autores, como Sahlins (1985), afirmam que a proximidade temporal com esses registros também pode ser uma vantagem, por garantir uma abundância de fontes, dificilmente encontrada em arquivos históricos muito antigos, como é o caso dos da Europa Medieval, por exemplo, e por serem altamente surpreendentes, justamente por serem culturalmente remotos.

Ao trazer as narrativas xavante como fonte de pesquisa para esse trabalho, o que pretendo é romper com uma perspectiva cognitiva eurocentrada, que faz, de uma especificidade histórico-cultural, uma referência de superioridade e de universalidade, relegando, ao estigma de inferioridade, os conhecimentos dos povos não europeus. Na interpretação dessas fontes, dialogo não só com a etnografia e a historiografia produzida sobre os Xavante, mas também com autores pós-coloniais e decoloniais, críticos ao colonialismo e ao eurocentrismo, como Quijano (2014), Gnecco e Zambrano (2000), Segato (2013), Hall (2010), Oliveira (2012), Rufer (2010), Lander (2005), Mignolo (2005), Castro-Gomez (2005), Santos (2010), Maldonado-Torres (2007), Grosfoguel (2013), Smith (2014), Ochoa (2014), Lugones (2014), Mbembé (2016), entre outros.

Como alternativa à tradição hegemônica e eurocêntrica da história, autores, tais como Gnecco e Zambrano (2000), inspiraram-me com a possibilidade de construção de uma historiografia dissidente, que inclui narrativas minoritárias, silenciadas por práticas coercitivas de dominação que lhes negam a escuta, relegando as memórias discordantes ao esquecimento. É por uma história dissidente — divergente da perspectiva colonial, racista e eurocêntrica sobre os povos indígenas no campo historiográfico — que escrevi esse livro!

CAPÍTULO 1

COLONIALIDADE, MODERNIDADE E PODER DISCIPLINAR SOBRE CORPOS E HISTÓRIAS INDÍGENAS

1.1 História, colonização e eurocentrismo

Desde os primeiros contatos dos europeus com os povos ameríndios nos séculos XVI e XVII, surge uma série de discursos históricos, difusos em crônicas, tratados, relatos e cartas escritas por missionários, soldados, funcionários da Coroa e outros europeus envolvidos no empreendimento colonial, no interesse de "dar a conhecer" o universo estranho e desconhecido que se descortinava na América. Segundo Susane de Oliveira (2012), tais discursos buscavam controlar o acontecimento aleatório da diversidade étnico-cultural indígena, ao imprimir sentidos e significados que homogeneizavam e aprisionavam seus saberes e suas práticas sociais, em uma ótica eurocêntrica e colonialista, interessada na difusão de imagens negativas e inferiorizantes dos povos ameríndios, a fim de legitimar a conquista e a dominação colonial na América e, por conseguinte, a subordinação, expropriação e exploração de tais povos.

A colonização do continente americano veio, assim, acompanhada de intensos esforços no sentido de descaracterização das culturas indígenas, com sistemáticas tentativas de extinção de suas línguas e destruição de grande parte do saber acumulado ao longo de séculos, difundidos por suas tradições orais. A subordinação das populações nativas foi vista como necessária e justificada por sua suposta inferioridade em relação à cultura europeia.

Na América espanhola, em especial, o índio histórico tornou-se tema de uma historiografia crioula que, alinhada a propósitos independentistas, buscou enaltecer as grandes sociedades "pré-colombianas" e questionar a legitimidade do domínio espanhol, considerado responsável pela decadência dessas culturas (HAUBER, 2007).

Como bem observou Rüsen (2015), o pensamento histórico vigente, em um dado momento, desempenha um papel essencial em processos de legitimação, na medida em que organiza a experiência do passado, que é sempre uma experiência de poder e de dominação. De acordo com esse autor,

> Isso se dá de maneira que a possibilidade e a carência de legitimação sejam pensáveis e significáveis enquanto sentido intrínseco ao agir político existente nos acontecimentos do passado trazido ao presente. A exigência de legitimidade que as relações de dominação têm de originar, a fim de manter-se duradouramente, é muito forte. Sem essa dimensão interna da duração, qualquer dominação corre riscos. (RÜSEN, 2015, p. 232).

Ainda que os povos indígenas do Brasil, divididos em 305 etnias, estejam presentes em todos os estados da federação, suas histórias foram pouco contempladas pela historiografia nacional, que foi produzida a partir de uma epistemologia racista, sexista e eurocêntrica que ainda nega e inferioriza os saberes históricos e o protagonismo dos indígenas.

No século XIX, por influência do Instituto Histórico e Geográfico Brasileiro (IHGB), os indígenas foram vistos e tratados como povos a-históricos. Como afirmou o historiador Varnhagen (1953, p. 31, tomo 1), "De tais povos na infância não há história: há só etnografia". Em conformidade com esse entendimento, a história oficial do Brasil, que devia alicerçar as bases de um projeto de Estado-nação, acabou por relegar os indígenas ao passado mais primitivo, bárbaro e atrasado, cujo desaparecimento e esquecimento eram necessários para o desenvolvimento do "progresso" e da "civilização".

Segundo esse raciocínio, que persiste em parte da historiografia brasileira, as elites brancas e cristãs são as que merecem destaque como protagonistas da história do Brasil, cujos saberes e cujas memórias, práticas e culturas são tomados como referência universal para classificação, exclusão, assujeitamento, exploração e silenciamento de povos submetidos a processos de colonização e de escravidão, como os indígenas e os afrodescendentes. Nesse processo, o domínio da escrita como forma legítima de conhecimento também se impôs, desde tempos coloniais, no registro da memória e na difusão da chamada história oficial, promovendo o silenciamento de memórias e de tradições próprias dos povos nativos, transmitidas por meio da oralidade e outras linguagens.

Definidas como sociedades originalmente ágrafas, ou seja, que não tinham, no passado, a possibilidade de perpetuar suas memórias mediante registros escritos, as sociedades indígenas brasileiras contavam — e em alguns casos ainda contam — para o registro de sua história com sua tradição oral e outros sistemas de codificação simbólica, que privilegiam, para sua representação, outros suportes, que não o papel (FERREIRA, 1992).

Ferreira (1992) assinala que, nessas sociedades, os sistemas culturais são transmitidos e atualizados pela comunicação oral e por códigos e signos que são impressos sobre outras superfícies, tais como tecidos, palha, madeira, cerâmica, entre outras possibilidades. Em algumas delas, as inscrições, por meio das quais são comunicados os conteúdos culturais e as mensagens que se pretende difundir, são feitas sobre o próprio corpo.

Clastres (2015) afirma que tais sociedades seriam sociedades da "marca", por utilizarem o corpo como escrita. Diferentemente de sociedades estatais, nas quais as leis são escritas em suportes separados, distantes do indivíduo, nas sociedades que o autor define como sendo "arcaicas", a lei só pode ser inscrita em um espaço próximo, não separado, no qual pode ser cotidianamente vivenciado, ou seja, no próprio corpo.

Na sociedade xavante, a ornamentação corporal é utilizada como uma linguagem simbólica que comunica aspectos de sua organização social (MULLER, 1976). Esse tipo de linguagem, que não faz uso dos sistemas alfabéticos e similares utilizados pelas sociedades ocidentais, encontra, contudo, obstáculos para sua difusão fora das suas comunidades de origem.

As formas de inscrição surgidas a partir de sistemas alfabéticos oriundos de certas tradições culturais foram aquelas que impulsionaram a difusão de conteúdos produzidos no âmbito de algumas sociedades. Aquilo que se convencionou chamar de "palavra escrita" passou, assim, a funcionar como instrumento de poder, saber, controle e dominação das ciências e dos Estados coloniais e pós-coloniais, contribuindo com a submissão de sociedades indígenas da América Latina. Como aponta Días (2002, p. 297), "[...] la escritura sirvió de vehículo de dominación, de construcción del imperio: al utilizarla para propagar la ley, registrar información, codificar el comportamiento, controlar la memoria y producir".

A escassez de fontes documentais sobre o passado das populações indígenas pode ser ainda atribuída ao desconhecimento e à desvalorização dessas formas de escrita, assim como de suas narrativas orais, destituídas, por uma historiografia moderna, de sua validade como relatos portadores de verdade ou como registros legítimos do passado. Some-se, a isso, o frequente desinteresse dos historiadores pela compreensão dos sentidos veiculados por tais formas narrativas, inseridas em universos culturais muito distintos daquele em que a produção historiográfica ocorre (SANTOS, 2004).

Castoriadis (2007) observa que as sociedades que frequentemente denominamos históricas costumam ser pensadas em contraposição às sociedades nas quais a mudança seria marginal, ou simplesmente inexistente, nas quais a vida se desenvolveria na estabilidade e na repetição. Essas últimas seriam sociedades "sem história", sociedades ditas arcaicas, em que a repetição e a ausência de mudanças seriam evidentes, e que expressariam uma relação radicalmente diferenciada com o seu próprio passado e o futuro daquela relação verificada nas sociedades ditas históricas. Para o autor, tais distinções são, contudo, falsas, e remeteriam a algo mais importante, que ele descreve como sendo modos diferenciados de historicidade que, embora não se assemelhem àqueles praticados dentro de uma tradição histórica ocidental, não indicariam a inexistência, ou a ausência de história em outras sociedades. As formas diferentes de instituição efetiva do tempo socio-histórico por distintas sociedades, ou seja, as "modalidades diferentes segundo as quais sociedades diferentes representam e fazem sua auto-alteração incessante" (CASTORIADIS, 2007, p. 221) são guiadas por certa velocidade, ou ritmos, e por conteúdos também diferentes daqueles observados nas sociedades ocidentais, o que não as impede de existir. Conforme descreve Castoriadis (2007, p. 22), "O caráter 'estático', 'repetitivo', 'a-histórico' ou 'atemporal' desta classe de sociedades é somente sua maneira própria de ter instituído sua própria temporalidade histórica".

Os Xavante formam uma sociedade na qual os limites entre história e memória não podem ser delimitados de forma precisa, conforme nos indicam os relatos coletados em trabalhos de campo realizados nas aldeias, para os propósitos deste trabalho. A história xavante, narrada pelos próprios indígenas, tem sido, contudo, frequentemente ignorada pela historiografia nacional, cujo enfoque são as políticas de colonização governamental desenvolvidas, no Brasil, entre as décadas de 1940 e 1970.

Santos (2004) ressalta que a posição hierarquicamente superior ocupada por uma visão de mundo e de história não resultou de um debate epistemológico, em que a melhor e a mais apropriada forma de se explicar a história do mundo foi adotada, mas sim foi resultado de uma vitória militar que alçou o pensamento ocidental e cristão a uma posição de comando, fazendo com que ele passasse a conduzir as histórias e as explicações de mundo veiculadas em determinados meios. Por esse motivo, tanto na historiografia moderna como nos livros didáticos de história, as populações indígenas foram apresentadas como vítimas do colonialismo, como sujeitos inferiores e incapazes de resistência à dominação europeia. Já os europeus ganharam lugar de destaque como povos superiores, de cultura, sabedoria e ação, até mesmo quando essa ação está voltada para a subjugação e destruição das populações ameríndias. São os europeus que obrigam os índios a trabalhar, são eles que invadem as terras indígenas e que ocasionam mudanças na vida das populações nativas americanas, que, aparentemente, não viviam qualquer outro processo histórico relevante anterior à conquista europeia (COELHO, 2007).

A capacidade de ação indígena foi escamoteada pela historiografia e pelos livros didáticos escolares, assim como a participação desses povos no sistema colonial como força de trabalho produtiva, frequentemente explorada, como bem esclarece Pacheco de Oliveira. Segundo o autor,

> Um grande *bias* da historiografia brasileira é não reconhecer jamais os indígenas como trabalhadores e produtores de valores e riquezas, raciocinando sempre como se eles estivessem à margem da economia. Dessa forma, a construção do passado incorpora acriticamente os preconceitos coloniais e os pressupostos contidos nas categorias acionadas pelos que controlavam e disputavam a força de trabalho indígena, fossem estes colonos ou missionários. (PACHECO DE OLIVEIRA, 2016, p. 24-25).

Pacheco de Oliveira (2016) acrescenta que os índios desempenharam uma multiplicidade de formas de trabalho compulsório durante toda a colonização, beneficiando desde missões religiosas até diretores de índios. Diferentes legislações regulamentaram o trabalho indígena, assim como o funcionamento das relações de produção e dos mercados de trabalho. Ainda assim, as contribuições indígenas, no aspecto laboral, foram tomadas como periféricas ou desprestigiadas em sua importância econômica e repercussões políticas e sociais.

Na historiografia produzida até a década de 1980 sobre as populações indígenas, a categoria genérica "índio" raramente era abandonada. Quando isso ocorria, as populações indígenas eram apresentadas a partir de algumas de suas particularidades que fugiam das indicações convencionais, historicamente difundidas, tais como o lugar da guerra na economia política de povos indígenas, ou o estranhamento mútuo verificado entre europeus e índios por ocasião do "descobrimento", mas, ainda assim, a capacidade de ação indígena costumava ser minimizada. Sua resistência à conquista era comumente apresentada como mera reação compulsória à ação europeia, sem qualquer relação com um projeto político, organizado, articulado e produzido pela vontade dessas populações (COELHO, 2007).

Essa compreensão do mundo que está ligada à historiografia moderna, chamada por alguns autores de eurocêntrica, fundamenta-se em uma codificação que situa as diferenças entre colonizadores e colonizados não no âmbito da cultura, mas na biologia. Os nativos americanos estariam, desse modo, em uma situação de inferioridade em relação aos europeus, o que justificava as relações de dominação que a sua conquista exigia. A ideia de raça como fundamento das relações sociais de dominação e poder foi, em grande medida, responsável pela configuração de um mundo moderno/colonial nas Américas. Conforme Mignolo (2005, p. 40),

> O imaginário do mundo moderno/colonial surgiu da complexa articulação de forças, de vozes escutadas ou apagadas, de memórias compactas ou fraturadas, de histórias contadas de um só lado, que suprimiram outras memórias, e de histórias que se contaram e se contam levando-se em conta a duplicidade de consciência que a consciência colonial gera.

Diferentemente de colonialismo, que se refere estritamente à estrutura de dominação e de exploração na qual o controle da autoridade política, dos recursos, da produção e do trabalho de uma dada população está nas mãos de grupos cujas identidades se diferem daquelas da população controlada, a colonialidade refere-se a um padrão de poder mais subjetivo, que abarca variadas e conflitivas perspectivas epistemológicas, econômicas, políticas, sociais e religiosas, e que tem a Europa como referencial (QUIJANO, 2014).

Segundo Quijano (2014), a colonialidade é um dos elementos constitutivos e específicos do padrão mundial do poder capitalista. Ela se funda na imposição de uma classificação racial/étnica da população do mundo como pedra angular do dito padrão de poder e opera em cada um dos planos, âmbitos e dimensões, materiais e subjetivos da existência cotidiana e da escala social. A colonialidade do poder teria se originado na América, com a conquista ibérica do continente americano, e se espalhado para o restante do mundo com a emergência do capitalismo.

Conforme Lander (2005), a colonialidade do poder estaria ligada não apenas às relações econômicas e de exploração que caracterizaram a colonização, mas ainda aos saberes, às linguagens e às memórias das populações situadas nas áreas colonizadas. A colonialidade transforma aquele que é colonizado no "outro", naquele que se opõe a tudo aquilo que caracteriza a modernidade e a civilização, e cuja identidade negativa estaria irremediavelmente marcada pelos atributos da irracionalidade, da barbárie e da inconstância, o que justificaria o exercício do poder disciplinar por parte do colonizador e de seus descendentes (CASTRO-GOMEZ, 2005).

A colonialidade é, portanto, essencialmente eurocêntrica e envolve uma concepção de humanidade, segundo a qual a população do mundo se diferencia em inferiores e superiores, irracionais e racionais, primitivos e civilizados, tradicionais e modernos (QUIJANO, 2014). Conforme Quijano (2014, p. 291), a perspectiva eurocêntrica da colonialidade envolve o postulado de que as relações entre os elementos de um padrão histórico de poder seriam de caráter "óntico, ahistórico ou transhistórico", ou seja, seriam determinadas fora do processo histórico.

Nessa perspectiva, o mundo moderno é apresentado como aquele que impeliu e que continua a impulsionar o processo de racionalização da sociedade e, por isso, ele se permite desprezar, ou, no máximo, exercer uma curiosidade respeitosa, acerca dos costumes, das invenções e das representações imaginárias das sociedades nativas, vistas como estranhas, ou exóticas (CASTORIADIS, 2007).

Essa compreensão de mundo se fez sentir na historiografia, onde a presença do índio foi, por muito tempo, interpretada a partir de suas interações com os colonizadores, de sua utilidade para algumas atividades e inutilidade para outras. Eram aliados ou inimigos, bons ou maus, a depender das interações amistosas ou hostis estabelecidas com os não indígenas. Enquanto resistiam à conquista de suas terras, eram definidos como índios guerreiros, tais como foram os Tamoio, os Goitacases e os Tupinambás. Uma vez submetidos, deixavam de ser índios e se incorporavam, como escravos ou índios livres aculturados, à ordem colonial, na qual supostamente não haveria brecha para sua atuação (ALMEIDA, 2010). Para Almeida (2010, p. 14),

> Essas ideias, até muito recentemente, embasavam o desaparecimento dos índios em diversas regiões do Brasil, já nos primeiros séculos da colonização. Estudos recentes têm

> demonstrado que, do século XVI ao XIX, os índios inseridos no mundo colonial, em diferentes regiões da América portuguesa, continuavam muito presentes nos sertões, nas vilas, nas cidades e nas aldeias. Inúmeros documentos produzidos pelos mais diversos atores sociais evidenciam essa presença.

Contrastando com a sua presença, ao longo dos séculos, o desaparecimento das populações indígenas da historiografia se deve, provavelmente, à ideia de que os índios integrados à ordem colonial iniciavam um processo de aculturação, ou seja, de perda de sua identidade étnica, de incorporação progressiva de novos padrões culturais até a sua assimilação definitiva pela população situada em seu entorno. Acreditava-se, assim, que não restaria ao índio qualquer margem para uma atuação autônoma, nenhuma possibilidade de resistência, a não ser a submissão passiva a um processo de mudanças e assimilação inexoráveis (ALMEIDA, 2010).

De acordo com Almeida (2010), desde meados do século XIX, algumas vozes já alertavam para a importância de considerar as trajetórias históricas específicas dos povos indígenas. O que predominou entre os antropólogos voltados para o estudo dessas sociedades, contudo, foi a concepção de que os processos históricos, responsáveis pelas mudanças vivenciadas pelos povos ameríndios, não eram importantes para o seu objeto de estudo, por serem considerados como desencadeadores de perdas culturais que levariam à extinção dos povos estudados (ALMEIDA, 2010).

Almeida (2010) assinala que esse tipo de compreensão acerca da realidade indígena perduraria até as últimas décadas do século XX e encontravam respaldo e incentivo nas próprias políticas indigenistas que, desde as reformas pombalinas, de meados do século XVIII, passando pelo Império e pela República, estiveram voltadas para a assimilação do índio. A expectativa de seu inevitável desaparecimento, mediante extinção ou assimilação, só foi efetivamente abandonada com a promulgação da Constituição de 1988, que afirmou o direito dos indígenas à manutenção de suas diferenças, o que representou uma alteração significativa na legislação brasileira.

Ao se referir à história produzida no Brasil, Jonh Monteiro (2001) afirma que duas noções fundamentais se afirmaram como obstáculos para a produção de uma historiografia ameríndia. Uma delas nos remete à exclusão dos indígenas como legítimos atores históricos. Muitos historiadores consideram não possuir as ferramentas analíticas necessárias à aproximação e à análise de tais povos, invisibilizados como sujeitos históricos, dada a sua condição de "ágrafos", relegando-os, assim, ao domínio da Antropologia. A outra noção diz respeito à ideia anteriormente apresentada de que as populações indígenas se encontram em vias de desaparecimento, o que, de acordo com Monteiro (2001), seria compreensível, dado o histórico de guerras, epidemias e massacres vivenciados pelos povos indígenas ao longo de mais de 500 anos de conquista e colonização.

Essas questões influenciaram a historiografia brasileira até pelo menos a década de 1980, quando passaram a ser efetivamente enfrentadas, seja em decorrência da constatação de que as populações indígenas não estavam fadadas ao desaparecimento, pois tinham, em realidade, crescido nos últimos censos, seja pelas alterações pelas quais passaram os instrumentos de análise de antropólogos e historiadores, que produziram uma reorientação teórica em suas respectivas disciplinas (ALMEIDA, 2010).

Almeida (2010) explica que a incorporação da noção de cultura no sentido antropológico à análise historiográfica, mediante a inclusão das dimensões simbólicas da vida social à interpretação histórica, produziu significativas alterações no instrumental de análise da disciplina, encorajando historiadores a se aventurarem em pesquisas voltadas para os povos indígenas. No âmbito da Antropologia, a valorização dos processos históricos de mudanças, tidos como um dos elementos explicativos para a transformação das culturas dos povos estudados, contribuiu para que antropólogos repensassem as situações de contato interétnico, bem como antigas concepções relativas à ideia de aculturação e a-historicidade aplicadas às populações ameríndias. Nas palavras de Almeida (2010, p. 23),

> A ideia de que os grupos indígenas e suas culturas, longe de estarem congelados, transformam-se através da dinâmica de suas relações sociais, em processos históricos que não necessariamente os conduzem ao desaparecimento, permite repensar a trajetória histórica de inúmeros povos que, por muito tempo, foram considerados misturados e extintos. Não é o caso de desconsiderar a violência do processo de conquista e colonização. A mortalidade foi altíssima, inúmeras etnias foram extintas e os grupos e indivíduos que se integraram à colônia ocuparam os estratos sociais mais inferiores, sofrendo preconceitos, discriminações e prejuízos incalculáveis. Apesar disso, no entanto, encontraram possibilidades de sobrevivência e souberam aproveitá-las.

1.2 Estado, identidade nacional e sociedades indígenas

A partir do século XIX, a nação e sua identificação com ela se tornaram condição fundamental, em certas partes do mundo, para a construção de identidades individuais e coletivas, as chamadas identidades nacionais. As diferenças culturais verificadas entre as populações indígenas na América Latina, divergentes dos modelos identitários oficiais, ou nacionais, passaram a ser percebidas como um obstáculo à consolidação dos projetos oficiais de nação pensados pelos dirigentes dos países situados nessa parte do mundo, sendo marcadas pelo estigma da inferioridade.

Ainda que, no Brasil, movimentos literários de caráter nativista, ou indianista, tenham recorrido a uma identificação com o índio com o intuito de afirmar uma nacionalidade supostamente diferente da lusitana, que serviria, até mesmo, de inspiração ao movimento independentista, as sociedades indígenas, com suas formas de organização socioculturais específicas, jamais foram pensadas como aptas ao exercício da cidadania. Apenas após um longo processo de aculturação, que resultaria na incorporação das populações indígenas à sociedade nacional, ainda em formação no Brasil, nessa época, é que seria possível, aos seus descendentes, alguma participação no cenário político nacional.

Também no século XIX, consolidou-se a ideia de que o poder político centralizado em torno de um Estado seria um parâmetro indicador de modernidade e de mensuração do desenvolvimento social dos povos na história. De acordo com esse critério, à exceção de algumas sociedades ameríndias situadas em localidades do México e do Peru, que se encontravam organizadas politicamente em torno de Estados, no momento da conquista espanhola, as demais sociedades indígenas estariam em um estágio inferior de desenvolvimento, o que reafirmaria a sua condição de "arcaicas".

Nascimento e Garrafa (2011) afirmam que o escalonamento hierárquico entre quem é desenvolvido, e quem não é, está, em grande medida, ligado a noções de modernidade e arcaísmo. Conforme os autores,

> Há uma quase natural afirmação da inferioridade de quem não é marcado pela modernidade, precisando este ser educado, civilizado, colocado na marcha do progresso (pelos já modernos/desenvolvidos), mesmo que isso implique — e é o que geralmente acontece e serve aos interesses da presente discussão e crítica — na instauração de um processo de dominação. (NASCIMENTO; GARRAFA, 2011, p. 290).

Clastres (2015) observa que, entre os critérios para a definição de uma sociedade como arcaica, estão a ausência de escrita e uma economia de subsistência, sendo uma sociedade de subsistência definida como aquela em que se verificaria um frágil equilíbrio entre as necessidades alimentares de uma população e os meios para satisfazê-la. Segundo o autor, as sociedades de subsistência são aquelas que alimentam os seus membros com o estritamente necessário e que, por isso, se encontrariam à mercê de acidentes naturais que resultam na diminuição de recursos e, consequentemente, na escassez e na fome. As sociedades arcaicas seriam, portanto, aquelas incapazes de produzir excedentes. Essa ideia, contudo, é questionada pelo próprio autor, que, ao descrever as condições de vida do operariado europeu no século XIX, afirma que a condição de penúria em que viviam era seguramente maior do que aquela experimentada pelas sociedades de caçadores e coletores da América do Sul, mas, ainda assim, não se poderia classificar como arcaico o proletariado da Europa dessa época. Embora as sociedades ameríndias não sejam dadas ao acúmulo, elas não devem ser consideradas como sociedades marcadas por uma condição de privação, podendo ser, em muitos casos, até mesmo consideradas como sociedades de abundância (CLASTRES, 2015).

O conceito de economia de subsistência seria proveniente, portanto, não de uma realidade econômica concreta, avaliada segundo um arsenal conceitual de uma ciência, mas sim de um campo ideológico do Ocidente moderno, de uma inquietude em relação ao exercício da autoridade e do poder (CASTRES, 2015). As sociedades ameríndias são, em sua grande maioria, sociedades sem Estado, ou seja, "sociedades cujo corpo não possui órgão separado do poder político", conforme descreve Clastres (2004, p. 145). Ao contrário das sociedades com Estado, que são, em grande medida, divididas, estratificadas e hierarquizadas, as sociedades ameríndias são mais homogêneas e indivisas, segundo o autor. Nelas, "o poder não está separado da sociedade", o que significa dizer que a esfera política não se distingue da esfera social (CLASTRES, 2004, p. 146). De acordo com Clastres (2004, p. 146),

> Sabe-se que, desde sua aurora grega, o pensamento político do Ocidente soube ver no político a essência do social humano (o homem é um animal político), ao mesmo tempo que aprendia a essência do político na divisão social entre dominantes e dominados, entre os que sabem, e portanto mandam, e os que não sabem, e portanto obedecem. O social é o político,

> o político é o exercício do poder (legítimo ou não, pouco importa aqui) por um ou alguns sobre o resto da sociedade (para seu bem ou seu mal, pouco importa também): tanto para Heráclito como para Platão e Aristóteles, não há sociedade senão sob a égide dos reis, a sociedade não é pensável sem a divisão entre os que mandam e os que obedecem, e lá onde não existe o exercício do poder cai-se no infra-social, na não-sociedade.

Com esses termos, foram julgados os indígenas da América do Sul, ainda no século XVI, por ocasião da conquista do continente americano. A ausência de chefias evidenciadas e, mais ainda, a ausência de Estado, em grande parte das sociedades ameríndias, foi vista como prova de sua incompletude, de que elas estariam em um estado embrionário de existência, de a-historicidade, tal como era apregoado no passado por certas ideias evolucionistas (CLASTRES, 2004). Ao constatarem que os "chefes" não tinham um poder significativo — pois o ponto de vista do líder só era executado quando exprimia o ponto de vista da sociedade como uma totalidade, o que supostamente significa dizer que "ninguém mandava e ninguém obedecia" — os conquistadores elaboraram a ideia de que os povos ameríndios não formavam sociedades verdadeiramente desenvolvidas, mas seriam apenas grupos de selvagens "sem fé, sem lei, sem rei" (CASTRES, 2004, p. 147).

No caso dos Xavante, Lopes (1992) assinala que, em suas aldeias, os cargos de chefia não são herdados e estão ao alcance de qualquer homem politicamente prestigiado e que possua o apoio da maior parte dos habitantes da aldeia, o que faz com que o cargo esteja em constante disputa. De acordo com Lopes (1992, p. 370), entre os Xavante,

> Conflitos são solucionados pelo conselho dos homens maduros de cada aldeia, não havendo a figura de um líder supremo com autoridade ou reconhecimento no conjunto das aldeias. Cada aldeia é um universo político em si mesmo. Conflitos não solucionados tendem a resultar em cisões da aldeia onde tiveram lugar e, tradicionalmente, levavam, com frequência, a embates físicos.

Na sociedade xavante, a posição de chefe é marcada por contradições, pois embora a sua fonte imediata de poder emane de sua facção, aqueles que ocupam posições de chefia precisam demonstrar neutralidade ao representar, simbolicamente, os interesses da comunidade. Seu prestígio deriva de sua personificação da ordem de parentesco, ainda que o próprio chefe esteja preso às suas regras. Com o contato com a sociedade nacional, essa dinâmica de chefia e poder foi, contudo, afetada, propiciando ocasiões para transformações nas suas formas tradicionais de exercício. Ao obter acesso ao assistencialismo dos órgãos tutelares e de missionários, mediante o recebimento de bens industrializados e alimentos, um líder xavante pode reforçar mais facilmente o seu prestígio, ao distribuir esses bens no interior da comunidade (GARFIELD, 2011).

Em suas referências às sociedades ameríndias, Clastres ressalta que, apesar de contarem com chefias insipientes e não possuírem governos centralizados, as sociedades indígenas são completas, acabadas e adultas e, se não têm Estado, é porque o recusam, assim como à divisão entre dominantes e dominados. A política desses povos seria a de justamente se opor ao aparecimento de um órgão separado de poder, pois, nas sociedades ameríndias,

> [...] o poder não está separado da sociedade, porque é ela que o detém, como totalidade una, a fim de manter seu ser indiviso, a fim de afastar, de conjurar o aparecimento em seu seio da desigualdade entre senhores e súditos, entre o chefe e a tribo. (CLASTRES, 2004, p. 150).

Ainda segundo Clastres (CLASTRES, 2015, p. 39),

> Os povos sem escrita não são então menos adultos que as sociedades letradas. Sua história é tão profunda quanto a nossa e, a não ser por racismo, não há por que julgá-los incapazes de refletir sobre a sua própria experiência e de dar a seus problemas as soluções apropriadas.

Clastres (2004) afirma que deter o poder é exercê-lo; e exercê-lo é dominar aqueles sobre os quais o poder se exerce, o que, inevitavelmente, resultaria na separação, na desigualdade e na divisão do corpo uno da sociedade. O Estado, como divisão instituída da sociedade, seria o estabelecimento efetivo da relação de poder, e, por isso, há a recusa, por parte das sociedades ameríndias, em aceitar o Estado. Assim, foi somente por meio da conquista e da colonização que o Estado foi imposto às populações ameríndias.

A consolidação dos Estados nacionais latino-americanos, durante o século XIX, foi um fenômeno profundamente associado à emergência de uma historiografia cujo centro era a nação. Nesse período, os debates historiográficos acerca do passado colonial e sobre a construção da nação brasileira foram conduzidos, em especial, pelo IHGB. Nas discussões promovidas por esse Instituto, a figura do índio foi tomada como uma categoria abstrata e, assim como o conceito de civilização, teve nelas um lugar de destaque (COELHO, 2007).

As opiniões de pensadores sobre o papel do indígena como elemento formador da nação eram divergentes. Se, para alguns deles, como Varnhagen, o índio encontrava-se ainda em estado de selvageria, sendo impossível a sua incorporação à sociedade nacional senão por meio da escravização; para outros, tais como José Gonçalves de Magalhães e Antônio Gonçalves Dias, estava clara a sua propensão à civilização, observada desde o início da colonização (HAUBER, 2007).

Essa aptidão dos índios para a civilização podia ser verificada, em especial, no seu papel tradicionalmente passivo, como objetos das políticas educativas do Estado. Embora fossem reconhecidas algumas das contribuições indígenas à formação da nação, sejam elas no âmbito linguístico, sejam na própria constituição da população brasileira, nascida da miscigenação de portugueses e autóctones, a participação indígena em nosso país jamais foi pensada a partir de uma atuação autônoma, independente do modelo civilizatório idealizado (HAUBER, 2007).

No entender de pensadores como Gonçalves de Magalhães e também na lógica do governo imperial brasileiro, ambos influenciados por um pensamento nacionalista e liberal, a sobrevivência do índio era desejável, porém não a de suas culturas (MOREIRA, 2010). No âmbito da geopolítica imperial, existia certo consenso de que a consolidação territorial do Império dependia da presença de índios vinculados à civilização nacional, dada a escassez populacional de não indígenas, insuficientes para o povoamento de áreas de fronteira. Há que se considerar ainda a crônica falta de mão de obra para garantir o desenvolvimento econômico do Império, o que alimentava a expectativa de que os índios, uma vez civilizados, bem administrados e bem aproveitados, formariam um imenso reservatório de trabalhadores (MOREIRA, 2010). Moreira (2010, p. 55) argumenta que,

> Nas regiões de fronteira internacional, fatias importantes do território estavam povoadas por populações indígenas tribais e relativamente independentes. A soberania do Estado nesses lugares só estaria assegurada se, de fato, o Império fosse capaz de controlar e submeter aquela população e demonstrar posse efetiva sobre o território. A criação de uma política indigenista capaz de integrar os índios ao sistema social e político do Império era, portanto, uma questão estratégica

> que, além disso, justificava-se por meio dos ideais e princípios humanitários e filantrópicos do período. Muitas das novas missões religiosas para a "catequese e civilização" dos índios "selvagens", criadas ao longo do Segundo Reinado, foram, por isso mesmo, localizadas em regiões de fronteira, segundo a lógica *uti possidetis, ita possideatis.*

A participação do índio, no processo civilizatório de construção da nação, suscitou intensos debates no âmbito da historiografia oitocentista brasileira. Os índios eram pensados como parte de um processo histórico dinâmico, ainda não completado, que partia de um passado que deveria ser transformado, de modo a direcioná-los à civilização. Segundo esse raciocínio, a nação ainda estava para ganhar suas feições definitivas. Pertencer a ela e, consequentemente, à civilização implicava uma mudança ou, até mesmo na desistência, por parte dos indígenas, de suas formas tradicionais de vida (HAUBER, 2007).

Tais pressupostos contribuíram para que as memórias indígenas fossem ignoradas por nossa historiografia, com as histórias desses povos sendo contadas a partir das versões de povos conquistadores, consideradas as únicas existentes, ou as versões "verdadeiras" dos acontecimentos. Os processos históricos que permitiram a criação e a consolidação dessas versões, forjadas em meio a lutas e a conflitos pelo poder, também foram escamoteados.

Hall (2010) ressalta que a maioria das nações modernas foi formada por culturas desiguais, unificadas por um longo processo de conquista violenta, ou seja, pela supressão, por meio da força, da diferença cultural e pela imposição de um padrão de poder colonial. Cada conquista subjugava os povos conquistados, assim como suas culturas, línguas e tradições, de forma a impor uma hegemonia cultural mais unificada. Ainda de acordo com o autor, "Una cultura nacional nunca ha sido simplemente un punto de lealtad, unión e identificación simbólica. Es también una estructura de poder cultural" (HALL, 2010, p. 384).

A cidadania indígena esteve condicionada ao seu enquadramento com os valores, as concepções e as subjetividades da modernidade[6]. Em conformidade com a colonialidade intrínseca à modernidade, os indígenas

---

[6]   O conceito de modernidade, na acepção aqui utilizada, é semelhante ao adotado por autores como Quijano (2005). Para esse autor, a modernidade envolve um conjunto de alterações nas dimensões intersubjetivas e nas relações sociais dos povos, advindo da descoberta da América. As mudanças produzidas no âmbito da existência social dos povos — tanto na dimensão material como na dimensão subjetiva, ambas decorrentes da chegada dos europeus às Américas —, da constituição de um novo padrão mundial de poder e da integração dos povos de todo o mundo a esse processo iniciam um período histórico que o autor caracteriza como sendo o da modernidade.

ganharam *status* social inferior, ao serem classificados em um estágio de desenvolvimento primitivo, atrasado em relação ao mundo "civilizado" de referenciais eurocêntricos. Desse modo, foi estabelecida uma linha imaginária e esquemática de classificação de pessoas, grupos e sociedades que respresentava uma noção evolucionista e de progresso da história da espécie humana. A aculturação do índio, consequentemente, foi vista como fundamental para minimizar essa inferioridade e possibilitar a aquisição da cidadania, com a diferença cultural sendo vista como um obstáculo à sua "evolução" e integração à civilização.

As concepções e as representações classificatórias das diferenças étnico-raciais deixaram marcas profundas nas sociedades latino-americanas, promovendo uma "colonialidade do ser", que impede a participação indígena de uma forma justa e igualitária dentro da modernidade. Sobre os povos indígenas, recaem representações estereotipadas e inferiorizantes, fortemente cristalizadas no imaginário de países da América Latina, o que impede o acesso à cidadania plena dos indígenas de todo continente, incluindo o Brasil. Urquiza (2001, p. 337) escreve que,

> Com raras exceções, os povos indígenas no Brasil foram vistos, ao longo destes séculos, ora como posse (tentativas de escravidão e trabalhos forçados), ora como povos selvagens que deveriam sofrer os efeitos da evangelização e civilização, ora como empecilhos ao desenvolvimento do país (massacres praticados pelos bandeirantes e pelas frentes de expansão das fronteiras agropastoris). Só mais recentemente, em 1910, com a criação do Serviço de Proteção aos Índios (SPI), o estado brasileiro estabelece, pela primeira vez, uma política para atendê-los.

Para Quijano (2014), a assimilação cultural tem sido uma política deliberada desenvolvida pelos Estados mediante sistemas institucionalizados de educação pública. A difusão da educação escolar formal figura, portanto, como uma estratégia utilizada para promover a assimilação dos indígenas à cultura dos dominadores, que costuma ser também chamada cultura nacional. Para esse fim, contribuem também o trabalho desenvolvido por outras instituições governamentais, por instituições religiosas e militares.

A formação de sistemas educativos nacionais, o Direito e as Forças Armadas foram fundamentais para a construção de identidades nacionais, nas quais as diferenças e hierarquias estariam bem abrigadas e definidas. Com esse objetivo, deu-se um grande investimento de recursos pelos Estados no fortalecimento de certas identidades, elevadas ao patamar de identidades nacionais, o que fez com que elas se tornassem mais importantes e respeitadas do que as demais (SANTOS, 2008). Segundo Santos (2008, p. 294),

> Na maior parte dos casos, a identidade nacional se assenta na identidade da etnia ou grupo social dominante. As políticas culturais, educativas, de saúde e outras do Estado visam naturalizar essas diferenças enquanto universalismo e consequentemente transmutar o acto de violência impositiva em princípio de legitimidade e de consenso social. A maioria dos nacionalismos e das identidades nacionais do Estado nacional foram construídos nessa base e, portanto, com base na supressão de identidades rivais. Quanto mais vincado é este processo, mais distintamente estamos perante um nacionalismo racializado ou, melhor, perante um racismo nacionalizado. De fato, nestes contextos, qualquer expressão de identidade cultural é denunciada como episódio de neo-colonialismo, tribalismo, racismo, ou ainda como um atentado à identidade nacional.

Santos (2008) acredita que os camponeses, os indígenas e os imigrantes estrangeiros foram especialmente atingidos pela homogeneização cultural, descaracterizadora das diferenças. A aplicação de políticas vinculadas ao universalismo antidiferencialista[7] frequentemente tem buscado assimilação desses grupos, ou a sua adequação a normatividades nacionais e abstratas, muitas vezes traduzidas em lei, mediante a criação de mecanismos de controle e coerção das diferenças verificadas no interior dos Estados nacionais.

De acordo com Santos (2008), a negação dos particularismos, das especificidades culturais, necessidades e aspirações de diferentes grupos culturais, regionais, étnicos e religiosos encontrados no interior dos Estados-nação tem sido tomada como necessária à aquisição da cidadania. A assimilação da diferença, que se processa pela homogeneização e pelo apagamento da diversidade, foi, por muito tempo, tida como condição para a participação na vida política, restando, aos que se recusavam a ela, a inevitável exclusão dos processos políticos e decisórios da nação.

---

[7] Para Boaventura Moreira de Andrade (2008), o universalismo funciona como um dispositivo ideológico de gestão da desigualdade, que ora opera pela sua forma antidiferencialista, ora pela sua forma diferencialista. No chamado universalismo antidiferencialista, as diferenças são ocultadas, mediante tentativas de homogeneização e descaracterização. As comparações, quando realizadas, são simples e unidimensionais, mas nunca densas e contextuais, visto que os próprios termos de comparação são de antemão negados. Já no chamado universalismo diferencialista, o que ocorre é uma absolutização das diferenças, que são relativizadas ao extremo, a ponto de torná-las incomparáveis, inassimiláveis, pela ausência completa de critérios transculturais. Como resultado disso, tem-se uma intensa segregação da diferença.

As populações indígenas das Américas, sobreviventes de sociedades que passaram por processos de colonização, cujas identidades históricas são anteriores à conquista europeia do continente, não aceitaram, imediata e pacificamente, as tentativas de homogeneização conduzidas pelo poder colonial. A denominação comum e coletiva de "índios" que lhes foi imposta para legitimar a exploração econômica e a expropriação de suas terras estava entre as estratégias de classificação e nomeação das diferenças encontradas entre as populações ameríndias, que foram assim racializadas pelo poder colonial. Conforme Grosfoguel (2013, p. 46),

> La categoría de "indio" constituyó una nueva invención identitaria moderno/colonial que homogeneizó las heterogéneas identidades que existían en el continente americano antes de la llegada de los europeos. También es importante recordar que Colón pensaba que había llegado a la India y, de ahí, el uso del término "indio" para designar a las poblaciones que encontró. Aparte de este error geográfico eurocéntrico, surge "indio" como una nueva identidad.

Hauber (2007) constata que os debates sobre os indígenas são constantes e centrais para o pensamento latino-americano, pois a necessidade de justificação ideológica para a apropriação das Américas pelos europeus esteve presente desde os primórdios da conquista do continente. As discussões referentes às populações indígenas, na América Latina, não podem ser entendidas senão em relação à colonialidade do padrão de poder vigente. Por conseguinte, afirma Quijano (2014, p. 643), a solução efetiva do "problema indígena" implicaria a subversão e a desintegração desse padrão de poder, que promove "el *des-encuentro* entre nación, identidad y democracia".

Ainda no século XVI, teólogos como Ginés de Sepúlveda, fray Bartolomé de las Casas e fray Francisco de Vitoria travaram vários debates acerca da humanidade dos índios, bem como sobre os seus direitos teológicos e jurídicos. Para explicar a natureza dos indígenas, os três clérigos desenvolveram argumentos que iam desde o reconhecimento de sua possível humanidade, até a afirmação de sua animalidade e barbárie, debatendo ainda sobre a legitimidade da conquista, a justeza da guerra contra essas populações, de sua escravização e evangelização, além dos métodos peninsulares de colonização, que incluíam as formas de organização política, social, administrativa e tributária implantadas nas colônias. Embora cada um desses autores tenha abraçado uma posição diferenciada em algum aspecto, em comum, eles tinham o fato de não contestarem o colonialismo espanhol imposto às populações nativas americanas (OCHOA, 2014).

No pensamento desses teólogos, é possível identificar os pressupostos que compõem o complexo processo de formação discursiva da colonialidade nas Américas e que constituem a base do projeto civilizador ocidental, ou seja, as raízes da Modernidade com seu "ethos universalizante" (OCHOA, 2014, p. 13). Ao negarem ao índio a sua qualidade de sujeito com plenos direitos, atribuindo-lhe uma identidade negativa, como ocorre no caso de Sepúlveda; ou, ainda, uma identidade superpositiva, como o faz Las Casas, tais pensadores contribuíram para despojar os indígenas de suas identidades, posicionando-os, assim, "[...] en el lugar de un 'outro' negado y subordinado" (OCHOA, 2014, p. 13).

Grosfoguel (2013) destaca que, embora a palavra raça não tenha sido usada nas controvérsias teológicas do século XVI acerca da humanidade ou da animalidade dos índios, sobre se teriam ou não alma, sobre a legitimidade da escravização e da conquista das Américas, o debate era já claramente racista, no sentido empregado pelo racismo científico do século XIX. A desumanização das populações americanas nativas, verificada nesses debates teológicos, reforçados por um discurso racista institucional de Estado, então representado pela monarquia cristã castelhana no século XVI, era muito semelhante às concepções de caráter biológico sobre a natureza humana dos povos não europeus, as quais motivaram os debates científicos do século XIX, igualmente endossados por um discurso racista dos Estados nacionais imperiais europeus desse período. Para Grosfoguel (2013), as lógicas institucionais racistas verificadas nesses dois períodos históricos acabaram por se configurar como o princípio organizador da divisão internacional do trabalho e da acumulação capitalista em escala mundial.

Ochoa (2014) acrescenta que a desumanização do índio, a qual se expressa na negação de sua condição de sujeito, tem também como raízes centrais a sua feminização e o uso de uma violência misógina-genocida contra as populações conquistadas. À semelhança das mulheres, os índios estavam entre aqueles caracterizados pela falta de racionalidade, pela inferioridade epistêmica e, por isso, excluídos das estruturas de conhecimento ocidentais. Conforme a autora, o genocídio e o epistemicídio das populações ameríndias conquistadas foram fundamentais para a imposição de um padrão de poder colonial e da própria Modernidade, ao criarem as condições para que a Europa alcançasse um sentido de superioridade nunca experimentado em sua história (OCHOA, 2014).

No que se refere aos povos indígenas do Brasil, o controle e a regulamentação, por parte do Estado, acerca das diferenças verificadas entre as populações ameríndias também se deram como exercício da tutela estatal sobre essas populações. Na legislação infraconstitucional republicana, o regime tutelar aplicado aos índios consta desde o Código Civil de 1916, sendo incorporado, em 1934, ao texto constitucional, e reafirmado pela Constituição Federal de 1967. Em 1973, a tutela seria mais uma vez reforçada com a edição do Estatuto do Índio, ou Lei 6.001/73. Em sua condição jurídica, os índios foram equiparados aos incapazes ou aos menores de idade, tornando-se legalmente impossibilitados de exercer certos direitos, senão por intermédio do Estado, representado, inicialmente, pelo SPI e, posteriormente, pela Funai.

Embora os indígenas sejam, ao longo de nossa história, frequentemente retratados como um símbolo de brasilidade e louvados pela sua preciosa participação na composição sociocultural brasileira, eles também são vistos, simultaneamente, como preguiçosos e incompetentes, necessitando ser disciplinados a fim de promover o seu engajamento no trabalho, treinados no gerenciamento racional dos recursos e convencidos acerca dos males do nomadismo. Por supostamente serem socialmente atrasados e economicamente improdutivos, precisavam ainda da tutela do Estado, ou de missionários, para administrar suas terras e seus recursos e para organizar o seu trabalho (GARFIELD, 2011).

A tutela indígena foi, muitas vezes, utilizada como instrumento de controle e de coerção das diferenças verificadas entre os povos autóctones. Seu exercício baseava-se na ideia de que as suas especificidades culturais os colocariam numa condição de inferioridade, impedindo-os de reconhecerem suas verdadeiras necessidades, que ao Estado cabia definir. Após um longo processo de luta envolvendo inúmeras reivindicações por autonomia, a tutela foi finalmente relativizada pela Constituição Federal de 1988, embora o Estatuto do Índio jamais tenha sido efetivamente revogado. Nas palavras de Urquiza (2001, p. 336):

> Somente no final do século XX o Estado Brasileiro, a partir da Constituição Federal de 1988, reconhece, finalmente, a diversidade sociocultural dos povos indígenas. O Brasil nunca foi, na prática, um país monocultural, ainda que durante estes mais de 4 séculos tenha tentado negar e invisibilizar os povos distintos da matriz europeia.

Pacheco de Oliveira (2014) explica que, a partir da edição da Constituição de 1988, foi invertida a tendência, que até então vigorava no país, de integração das populações indígenas, mediante a adoção de políticas voltadas para a homogeneização e para a anulação de suas diferenças culturais. Pela primeira vez, as sociedades indígenas foram reconhecidas como portadoras de culturas que eram diferentes entre si e daquelas do Ocidente. Segundo o novo ordenamento constitucional, as crenças e os costumes que motivam as ações dos membros dessas culturas não podem ser considerados como desprovidos de sentido ou estigmatizados como manifestações de atraso e, muito menos, discriminados ou perseguidos, dada a conotação de infração legal que tais atos adquiriram, decorrentes de seu enquadramento como abuso, menosprezo e racismo (PACHECO DE OLIVEIRA, 2014).

Segundo Pacheco de Oliveira (2014), nos quadros jurídicos nacionais anteriores, nunca se cogitou a aceitação da diferença cultural como um componente legítimo do ordenamento social e legal. A diferença cultural era tida como um obstáculo a ser removido em uma sociedade em que predominava a intolerância diante de outros modos de vida e na qual a religião cristã ditava as formas de convivência e de organização da sociedade colonial e, posteriormente, imperial, influindo, ainda, nos comportamentos sociais adotados durante quase todo o Brasil republicano. Apenas como fenômeno passageiro, a diferença poderia ser, portanto, tolerada, o que explica os esforços dispendidos nos processos voltados para a aculturação e a assimilação dos índios.

Embora os povos autóctones fossem pensados como uma parte orgânica e constitutiva do Brasil, a convivência das populações de matriz europeia com as culturas nativas foi, por muito tempo, pensada como temporária, até o desaparecimento definitivo dos indígenas. Até que a assimilação do índio ocorresse, era necessário que essa convivência fosse rigorosamente regrada. Enquanto isso, as populações indígenas eram tuteladas por representantes do poder colonial e, posteriormente, estatal, encarregados de dirigi-las. O controle sobre as crenças e os costumes nativos e a mediação permanente nas relações estabelecidas entre as populações autóctones e os não indígenas foram, por isso, recorrentes nos regimes tutelares impostos pelos três principais agentes responsáveis pela subjugação das populações nativas do Brasil desde os tempos coloniais, quais sejam: os missionários, os colonos e o Estado (PACHECO DE OLIVEIRA, 2014).

1.3 Missionários, educação e disciplina nas comunidades xavante

A partir do contato com a sociedade nacional, ocorrido entre as décadas de 1940 e 1950, diversas tendências ideológicas passaram a influenciar a vida dos Xavante, conferindo diferentes experiências históricas às diversas comunidades. A influência missionária salesiana marcou, em especial, as comunidades xavante situadas nas Terras Indígenas São Marcos e Sangradouro, onde foram instaladas missões religiosas. Nessas áreas, os missionários empreenderam esforços na transformação dos comportamentos indígenas, de modo a suprimir costumes e a introduzir novos códigos de comportamento e sistemas de crenças e valores. As práticas espirituais, tidas como "feitiçarias", e o comportamento sexual indígena, em especial a prática da poligamia, preocupavam os missionários salesianos, que buscavam desenvolver a consciência individual dos indígenas, centrando seus ensinamentos na ideia de salvação pessoal, o que conflitava com as noções culturais xavante de que a existência do indivíduo depende de seu pertencimento e inserção na coletividade (GARFIELD, 2011).

A Missão Salesiana de São Marcos executava atividades de assistência à saúde e à educação, de organização da mão de obra indígena, além de trabalhos voltados para a instalação de infraestrutura, como aquela que se relacionava à execução de atividades agrícolas, desenvolvidas em consonância com certas técnicas recém-introduzidas entre os indígenas pelos padres, que ainda forneciam aos Xavante as máquinas e as ferramentas por eles utilizadas (LOPES, 1980).

A educação salesiana destacou-se, principalmente, pela implantação de internatos que, ao retirarem os jovens e as crianças do convívio cotidiano com suas famílias nas aldeias, terminavam por impedir que os processos tradicionais de socialização os atingissem de forma completa. A alfabetização e a iniciação à Aritmética eram realizados em conexão com a catequese e a evangelização (LOPES, 1980). Lopes (1980, p. 10) resume tal situação como uma troca "[...] permitida e até certo ponto bastante consciente entre as duas partes: os índios deixam-se catequizar e os missionários garantem assistência, proteção e apoio na defesa das terras".

No trabalho *Missionários e Índios no Mato Grosso*, desenvolvido com os Xavante da Terra Indígena São Marcos, na década de 1980, Cláudia Menezes (1984) afirma que os pressupostos da pedagogia missionária salesiana foram gestados durante mais de meio século de atuação e prática com os índios bororo, iniciadas em fins do século XIX. Os trabalhos com os Xavante, contudo, começaram apenas na década de 1950, com os primeiros contatos sistemáticos desse povo com os "brancos". A escola e o internato indígena da aldeia São Marcos foram fundados pela ordem em 1963, permanecendo o internato em funcionamento até a segunda metade da década de 1980. Já a escola ficou sob a administração dos padres até o ano de 2011. Em 2012, a direção da escola indígena em São Marcos foi finalmente assumida pelos próprios Xavante.

Conforme Menezes (1984), as ideias de atuação missionária dos salesianos com os indígenas foram, em grande medida, orientadas pelo livro de um dos missionários da ordem, Padre Cobalchini, denominado *A Luz do Cruzeiro do Sul*. De caráter marcadamente racial, o pressuposto central dessa obra é a afirmação da existência de uma diferença física e cultural entre indígenas e não indígenas. Tal pressuposto baseava-se em uma desigualdade tida como natural, pois, segundo Cobalchini, os indígenas "[...] pertenceriam a uma outra raça e sangue", suas condições de vida seriam primitivas e precárias, tornando necessária a intervenção e a ação missionária entre esses povos a fim de auxiliá-los no seu progressivo aprimoramento rumo à civilização (MENEZES, 1984, p. 57).

A presença histórica das populações indígenas no continente sul-americano dava lugar a discursos pseudocientíficos, fundamentados em estereótipos, no senso comum do infantilismo indígena e de sua condição de menoridade. Essas ideias baseavam-se num binarismo estruturante, que se utilizava de um conjunto de qualificativos que se opunham mutuamente, tais como superior/inferior, simples/complexo, puro/impuro, selvagem/civilizado, o que evidenciava o caráter eurocêntrico da proposta missionária (MENEZES, 1984).

Lopes (1980) esclarece que, na ação civilizatória promovida entre os índios, Estado e Igreja foram parceiros, visto que a conversão, por intermédio do trabalho missionário, assim como a educação escolar, esteve, por muito tempo, a cargo dos padres salesianos na aldeia São Marcos. Além disso, tais ações foram tidas como de grande importância para o sucesso na transformação de certas crenças e práticas indígenas consideradas incompatíveis com os princípios cristãos. Para ampliar o seu controle sobre os índios e assim convertê-los, os missionários aprenderam, inclusive, a língua xavante, que foi por eles transcrita para o nosso sistema alfabético e traduzida, com a produção de dicionários que traziam a correspondência entre palavras nas línguas portuguesa e xavante.

Menezes (1984) explica que a libertação dos indígenas de sua natureza supostamente selvagem, mesmo contra a sua vontade, era considerada necessária para retirá-los de sua condição de a-historicidade. Esse era o objetivo da tarefa missionária, caracterizada por um forte sentido salvacionista. De acordo com esse entendimento defendido pelos missionários salesianos, a conquista da civilização resultava da evangelização. Assim, seria impossível civilizar o indígena sem, simultaneamente, evangelizá-lo, já que civilização e evangelização seriam o resultado de um mesmo ato de consciência. A evolução dos povos se daria mediante o aperfeiçoamento gradual de mentalidades, e esse movimento determinaria o aprimoramento progressivo das suas instituições, cabendo à Igreja Católica, como depositária da revelação divina, orientar as sociedades em direção a esse trajeto rumo à conversão e à civilização. O trabalho educativo-religioso era, assim, legitimado pela empresa da salvação, ou seja, pela cristianização do mundo, realizada à margem do poder do Estado. Pelo intermédio da Missão, sociedades indígenas, tais como a sociedade xavante, seriam conduzidas da barbárie ao progresso e, dessa forma, incorporadas à sociedade nacional (MENEZES, 1984).

Menezes (1984) ainda observa que a atuação dos padres salesianos esteve particularmente voltada para os adolescentes e jovens xavante, com a criação de internatos destinados à sua educação. Para o sucesso do programa de ensino, era necessário, contudo, que os indígenas abandonassem o nomadismo e tivessem residência permanente. Sua fixação à terra, para nela se dedicarem às atividades econômicas compatíveis com um modo de vida "civilizado", era vista como necessária para se garantir educação das crianças pelos religiosos. O aldeamento da população escolar de ambos os sexos, a submissão à disciplina cotidiana das aulas e a formação espiritual eram, portanto, fundamentais para o funcionamento dos centros missionários. Aos padres cabia ainda definir e organizar o trabalho indígena, orientando e direcionando os adultos às atividades produtivas. As crianças e os jovens, por sua vez, eram incorporados ao sistema de ensino formal da missão, posto que "[...] a ação religiosa deve privilegiar inteligências tenras" (MENEZES, 1984, p. 61).

De acordo com Menezes (1984), o abandono das tradições e das atividades econômicas indígenas, a acumulação de bens materiais em decorrência da introdução de novas atividades, em especial a agricultura e a pecuária, a adoção de noções e de valores inculcados pela educação escolar, estavam entre os objetivos do trabalho missionário da ordem salesiana junto às populações indígenas, explicitados no conjunto de instruções do Padre Colbachini, elaborado a partir da experiência missionária salesiana com os Bororo. Tratava-se de uma clara tentativa de disciplinarização dos povos indígenas, submetidos à atuação missionária, a uma lógica eurocentrada, bastante diferenciada das lógicas indígenas e das formas tradicionais de educação dos jovens xavante.

Como bem aponta Menezes (1984), Estado e Igreja atuaram de maneira complementar nesse processo. O Estado era o guardião exclusivo dos símbolos da nacionalidade, da identificação com o território do país, o encarregado de legislar e regular a sociedade civil. A observância às normas jurídico-políticas do Estado seria, portanto, a condição para a aquisição da cidadania dos indivíduos, sujeitos a uma série de direitos e deveres. Quanto à Igreja, a ela cabia o monopólio do sagrado, da moral, do trabalho de evangelização e de salvação das almas.

Santos (2004) assinala que o processo de conquista e de colonização política, militar e econômica, nas Américas, foi inseparável da conquista espiritual dos povos indígenas. Desse modo,

> [...] as instituições religiosas cristãs, sobretudo igrejas, monastérios e colégios, também foram transladadas e implantadas nas regiões conquistadas, passando a ser os principais centros de difusão do pensamento histórico e cosmogônico do Velho Mundo. (SANTOS, 2004, p. 193).

Segundo o autor, a rápida expansão do cristianismo pela América, durante o século XVI, contou também com trabalhos missionários de pesquisa, que envolviam o estudo das línguas, dos hábitos, da religiosidade e do pensamento nativos. Esses conhecimentos foram utilizados para facilitar a inserção dos missionários nas comunidades indígenas, dotando os evangelizadores de instrumentos para a pregação da nova religião e de meios mais eficazes de combate às antigas religiões indígenas, vistas como idolatrias (SANTOS, 2004).

As tentativas de disciplinarização dos indígenas também envolveram o controle dos corpos e da sexualidade, do ócio e do lazer, mediante a difusão de valores cristãos discordantes das concepções de trabalho e família que vigoravam entre os Xavante. Menezes (1984, p. 90) esclarece que para os missionários era

> [...] indispensável controlar e racionalizar as forças que operam na comunidade de modo que possa ser inserto um conjunto de hábitos e novas representações religiosas — estimuladoras

do desenvolvimento do individualismo como estratégia de rompimento com as estruturas tradicionais — moralizando os mecanismos de reprodução biológica e social, de forma a coibir a infidelidade e a poligamia que ferem o instituto do matrimônio monogâmico, um dos pilares da ética cristã.

Nas falas dos narradores indígenas entrevistados, é possível vislumbrar, por vezes, traços de um modelo de família diferenciado dos padrões familiares ocidentais cristãos, formado por arranjos conjugais poligâmicos. Ao narrar um episódio de sua infância, Raimundo Urébété Ai'réro conta:

> *[...] minha tia verdadeira, que era a segunda esposa do meu pai, me levou até o rio para beber água e tomar banho. Antigamente, quando viviam só os Xavante, as tias cuidavam dos sobrinhos como se fossem seus próprios filhos. Elas cuidavam de nós como se fossemos seus filhos.* (Raimundo Urébété Ai'réro, janeiro de 2017).

Os missionários repreendiam os padrões indígenas de casamento, comportamento sexual e ornamentação corporal. O casamento de meninas pré-puberes, a poliginia praticada por uma parte dos homens xavante, em especial os mais velhos, e as relações sexuais estabelecidas entre homens e suas cunhadas foram alvos de sucessivas investidas dos missionários visando à sua supressão. A perseguição missionária atingiu também o *wai'a*, considerado, pelos Xavante, como sua mais importante cerimônia de caráter espiritual, e alcançou ainda o ritual de nomeação feminina, vigorosamente combatido pelos padres devido à prática de relações sexuais extraconjugais contida na cerimônia. Essa última foi praticamente extinta de todas as comunidades xavante, após o contato (GARFIELD, 2011). Segundo Menezes (1984, p. 315),

> Tanto os missionários quanto as autoridades oficiais interferem habitualmente nos costumes e nas práticas religiosas indígenas que lhes parecem amorais. No que se refere aos Xavante, a política moralizadora dos salesianos mostra-se menos coercitiva se comparada à intervenção radical realizada pelas Missões do Alto do rio Negro com o intuito de desmobilizar crenças e rituais, desrespeitando o uso de objetos de culto, proibindo festas e impedindo funerais. No entanto, até hoje os índios de São Marcos convivem e lidam com certas imposições geradas pelo contato, relativas ao disciplinamento da vida cerimonial como um todo, processo que implica em modificações no modo indígena de conceber o tempo e o pudor.

Foucault (1999) ressalta que as relações de poder não se encontram em posição de exterioridade a outros tipos de relações, sejam elas de caráter econômico, sexual ou relações de conhecimento. As relações de poder são imanentes a todas as outras, são resultantes das desigualdades e dos desequilíbrios que costumam caracterizar todas essas relações. Para o autor, "[...] as relações de poder não estão em posição de superestrutura, com um simples papel de proibição ou de recondução; possuem, lá onde atuam, um papel diretamente produtor" (FOUCAULT, 1999, p. 90).

Segundo Foucault (1999), poder e saber são articulados no discurso, formado por elementos descontínuos que atendem a certas funções que não são uniformes e nem estáveis. No entendimento do autor, não há um mundo do discurso dividido entre o discurso admitido e o discurso excluído, ou entre o discurso dominante e o dominado, mas sim uma multiplicidade de elementos discursivos que possuem diferentes estratégias e que atuam em diferentes contextos. Há enunciações exigidas e enunciações interditadas, que podem variar de sentido, conforme aquele que fala, sua posição de poder e o contexto institucional em que se encontra (FOUCAULT, 1999).

Foucault (1999) acrescenta que os discursos e os silêncios não são submetidos de uma vez por todas ao poder, e tampouco são opostos a ele, visto que eles se inserem em contextos complexos e instáveis. Os discursos podem funcionar tanto como instrumento, como efeito de poder, como também como obstáculo, ponto de resistência, estratégia de oposição. Os silêncios, por sua vez, podem servir para ocultar segredos que ameaçam o poder instituído, podem fixar interdições e funcionar como forma de resistência, quando a ação não é possível. Tendo isso em conta, é possível afirmar que os discursos são produzidos e atuam em meio a um campo de correlações de forças, que podem circular entre estratégias opostas (FOUCAULT, 1999). Segundo o autor,

> Não se trata de perguntar aos discursos sobre o sexo, de que teoria implícita derivam, ou que divisões morais introduzem, ou que ideologia — dominante ou dominada — representam; mas, ao contrário, cumpre interrogá-los nos dois níveis, o de sua produtividade tática (que efeitos recíprocos de poder e saber proporcionam) e o de sua integração estratégica (que conjuntura e que correlação de forças torna necessária sua utilização em tal ou qual episódio dos diversos confrontos produzidos). (FOUCAULT, 1999, p. 97).

Foucault (1999) aponta que dispositivos de saber e poder sobre o sexo não nasceram em bloco no século XVIII, mas começaram então a assumir coerência e a atingir certa eficácia na ordem do poder e da produtividade. Esses dispositivos envolvem a socialização das condutas de procriação, com a sua incitação e interdição visando o controle de nascimentos, a psiquiatrização do prazer perverso, com a definição de comportamentos sexuais considerados patológicos, e a pedagogização da sexualidade infantil, como forma de garantir uma educação sexual capaz de coibir condutas consideradas inadequadas, ou antinaturais, que poderiam se transformar em patologias comportamentais, segundo os critérios médicos vigentes (FOUCAULT, 1999).

Foucault (1999, p. 131) enfatiza que "[...] as disciplinas do corpo e as regulações da população são os dois pólos em torno dos quais se desenvolveu a organização do poder sobre a vida". Para o autor, esse biopoder foi indispensável ao desenvolvimento do capitalismo, garantido "[...] à custa da inserção controlada dos corpos no aparelho de produção e por meio de um ajustamento dos fenômenos de população aos processos econômicos" (FOUCAULT, 1999, p. 132). Mais ainda, esse biopoder foi capaz de tornar esses corpos mais úteis e dóceis, intensificando suas forças, suas aptidões e seu tempo de vida para assim garantir a expansão e a distribuição das forças produtivas necessárias ao capital (FOUCAULT, 1999).

Menezes (1984) pontua que a ocultação do corpo no cotidiano é um padrão de comportamento ocidental, que costumava ser exigido dos grupos indígenas a partir do contato com a sociedade nacional. Certos tipos de interdição corpórea eram considerados saneadores por missionários e por agentes governamentais, por supostamente prevenir a impudência e conter desejos, e, mais do que isso, indicavam a presença de novos padrões de conduta a serem observados pelos indígenas, estabelecendo uma fronteira entre o ser social e o indivíduo psicobiológico. No entendimento missionário, "As proibições servem, assim, para manter sob controle uma sensorialidade que, sendo excessiva, é perigosa por aproximar os humanos da bestialidade" (MENEZES, 1984, p. 17).

Em seu trabalho *A pintura do corpo e os ornamentos Xavante*, Müller (1976) afirma que modos tradicionais indígenas de exibição dos corpos, pintados e ornamentados, compõem um código ou linguagem simbólica, que, no caso dos Xavante, informa sobre a ordem social e sobre como a sociedade xavante é idealmente estruturada por seus membros. Esse código simbólico é frequentemente utilizado pelos povos indígenas para a socialização dos indivíduos e na comunicação de mensagens referentes à ordem social que, entre os Xavante, remetem à divisão de sua sociedade em clãs, linhagens e classes de idade.

Com a intervenção missionária, foram incorporados, aos modos tradicionais de exibição dos corpos, elementos oriundos de um novo código de comportamento, que passaram a ser adotados pelos indígenas, tais como as vestimentas ocidentais, parcialmente utilizadas, sob a forma de shorts, ou calções, ainda que em associação às pinturas e aos ornamentos cerimoniais utilizados nos períodos de festas e rituais (MENEZES, 1984).

A conduta moral dos indígenas era alvo de críticas por parte dos religiosos, que adotavam medidas preventivas envolvendo restrições e proibições, em relação aos jovens, com o intuito de controlar a sua sexualidade, considerada exacerbada pelos missionários. Os esforços dos religiosos chegaram a produzir alguns efeitos, visto que alguns jovens indígenas passaram a fazer objeção a certas práticas tradicionais xavante, tais como o acesso sexual à noiva pelos homens da patrilinhagem do noivo, ou seja, seus irmãos reais ou classificatórios (MENEZES, 1984).

Menezes (1984) destaca que a preocupação com a disciplina corpórea assumida pelos missionários, em sua atuação na Terra Indígena São Marcos, era parte de um esforço mais amplo voltado para a conversão dos indígenas, a extirpação do paganismo e a inculcação de uma consciência individual menos atrelada à organização social xavante. A necessidade de disciplinarização do corpo estava ainda relacionada à preocupação missionária com os cuidados com a saúde, à exigência de limpeza, ao estímulo aos exercícios físicos e ao trabalho árduo. Isso tudo estava em consonância com certas representações cristãs que encaram o controle do corpo como instrumento de uma prática salvacionista e que requerem, para tal, a formação de uma consciência e vontade individuais (MENEZES, 1984).

Mediante a atuação missionária, e, também, dos órgãos tutelares, certas noções comportamentais eram impostas aos Xavante, com o intuito de inculcar novas formas de atuação individualizada nos indígenas. Isso, no entanto, contrariava o modo de proceder de suas instituições, que são instâncias voltadas para o conjunto da sociedade (MENEZES, 1984).

Entre os Xavante, o processo educativo é atribuição de todos os membros do grupo e se dá por intermédio das redes sociais de transferência de conhecimentos. A dinâmica de relacionamento entre as gerações é determinada pelo sistema de classes de idades, responsável por configurar um padrão de reciprocidade que deve presidir os relacionamentos sociais. Como esclarece Maybury-Lewis (1984, p. 211),

> [...] a passagem de uma classe de idade através das categorias de idade corresponde a uma progressão linear. Representa uma série de aproximações à maturidade. A razão principal para a constituição de uma classe de idade é a preparação de seus membros para a iniciação. Depois dos grandes rituais a classe passa à categoria de rapazes que, na verdade, corresponde à dos "guerreiros". Os rapazes desta categoria, no entanto, embora alvo de muita admiração, estão ainda sujeitos à autoridade dos mais velhos e são vistos como socialmente imaturos. Mesmo quando uma classe de idade atinge a categoria de homens maduros, seus membros, como vimos, não detêm imediatamente o mesmo *status* que os homens mais velhos. Maturidade plena só é obtida, no âmbito da comunidade, quando os homens chegam à posição de anciãos, isto é, quando sua classe de idade é uma das quatro superiores.

Ao tentar afastar os jovens dos seus grupos de referência mais próximos, ligados ao seu grupo doméstico e à sua linhagem, com o seu encaminhamento ao internato da missão, os religiosos buscavam intervir nos processos educativos comunitários e, desse modo, disseminar novos valores. Embora a intervenção missionária tenha sido justificada por uma suposta necessidade de promover a autonomia e a autossuficiência dos jovens diante dos homens maduros — detentores de privilégios dentro das comunidades xavante — a lógica missionária, que impelia o internamento de jovens, adiando ao máximo o seu retorno às aldeias, estava, na realidade, pautada pela necessidade de se incutir ideias envolvendo a apropriação individual de bens e de recursos. Os missionários pretendiam introjetar tais ideias nos jovens internos durante os anos nos quais eles permaneciam afastados da vida comunitária (MEZEZES, 1984). Como assinala Menezes (1984, p. 206-207),

> A ruptura do modelo de funcionamento institucional xavante, que prevê o casamento dos jovens imediatamente após terem sido iniciados, resulta de expedientes que visam minar o modo de pensar indígena, trabalho realizado durante os anos de permanência no internato. A proposta missionária, considerada pelos salesianos "inovadora" e quase "revolucionária", é implantar bases ideológicas no seio da própria sociedade

indígena, conquistando para suporte das novas ideias as gerações jovens, que se encarregarão de reproduzi-las no âmbito da aldeia.

Durante entrevista realizada no decorrer dos trabalhos de campo, Daniel Tsi'õmõwẽ Wari se recorda da atuação de padres e freiras na aldeia São Marcos e dos tempos do internato, para onde as crianças, muitas vezes pequenas, eram encaminhadas, afastando-se do convívio familiar. O narrador assim descreve a situação:

> *Algumas meninas lavavam roupas, eu não sei qual das meninas fazia o trabalho, as maiores faziam o trabalho como lavar roupa, elas trabalhavam muito as meninas do grupo Anarowa,[8] cozinhavam, e ali foi criado o internato das meninas. Tinham meninas muito pequenas do grupo Ai'rere, foram criadas pelas meninas Anarowa, que as levavam de mãos dadas para a missa. As meninas Ai'rere não foram criadas pelas mães e sim pelas Anarowa. Foram criadas nesse internato, as Anarowa davam banho e arrumavam as pequenas.* (Daniel Tsi'õmõwẽ Wari, julho de 2017).

Os religiosos esforçavam-se por adiar a reabsorção social dos adolescentes e, dessa forma, impedir que os jovens voltassem a se submeter às normas que vigoravam nas aldeias, uma vez abandonada a escola e o trabalho realizado sob a supervisão dos padres. Assim, eles buscavam introduzir um estilo de vida calcado em novos valores, enfatizando, em especial, a concepção do indivíduo como ser moral, racional e autônomo. Essa nova forma de experimentar o mundo opunha-se ao sistema de crenças e de atitudes que vigoravam entre os indígenas, centrados nos interesses da comunidade. Ao estimularem a independência e a individualidade dos jovens, mediante a difusão de novos comportamentos, os missionários acabavam por indiretamente fomentar situações potencialmente conflitivas, de atrito no interior das comunidades, já que os jovens são considerados, pelas comunidades xavante, como socialmente imaturos, ainda não amplamente inseridos nos processos de socialização indígena, como o são os homens mais velhos (MENEZES, 1984).

Assim como ocorre entre outros povos Jê setentrionais, os Xavante estabelecem distinções entre homens e mulheres solteiros, casados e pais de uma prole pequena ou numerosa, de modo a classificar os seus membros em uma dada posição, que varia em prestígio e autoridade. Os velhos são os detentores do saber cerimonial e, por isso, dispõem de um capital sim-

---

[8] *Anarowa* e *Airere* são dois grupos etários entre os sete que formam as classes de idade xavante.

bólico na sociedade xavante, que os estima e os respeita. Entre os Xavante, os homens idosos e maduros são considerados seres sociais completos e devem, idealmente, ter seus conselhos, seus desejos e suas atitudes acatados pelos mais jovens. Os jovens iniciados, denominados *ritei'wa*, encaram os homens maduros, os chamados *ipredu*, com certa hostilidade, em decorrência do papel subalterno desempenhado pelos primeiros em relação a esses últimos, que dispõem de vantagens no acesso às mulheres e à distribuição de bens materiais (MENEZES, 1984).

Na sociedade xavante, alguns papéis e certas posições sociais estavam prescritos aos jovens, que não podiam, por exemplo, participar das negociações referentes ao próprio casamento, que são condicionadas por regras que regulam as trocas matrimoniais entre as famílias dos futuros cônjuges. Os casamentos, considerados como assunto que dizia respeito à comunidade, não eram questionados pelos adolescentes, antes da interferência missionária, que passou a prover os jovens de novos valores, ou de recursos ideológicos necessários a um posicionamento envolvendo a questão. Ao se insurgirem contra os critérios da escolha matrimonial dos pais, os jovens passaram a se colocar em situação de confronto com os homens mais velhos, que tinham completa autonomia na decisão e na negociação envolvendo os arranjos matrimoniais (MENEZES, 1984).

A educação xavante é marcada por uma ação socializadora metódica das gerações adultas sobre os membros imaturos, mediante a utilização de mecanismos sociais de integração, adaptados às fases de maturação do indivíduo. A socialização das crianças de ambos os sexos é recebida dos avós e dos pais. Na adolescência, enquanto as meninas permanecem junto às suas famílias, passando a ser mais intensamente orientadas pela sua parentela feminina, as mães, avós e tias maternas, os meninos a serem iniciados separam-se de suas famílias, passando a viver na casa dos adolescentes, ou na casa dos homens solteiros, denominada *hö*, com outros jovens, membros de sua classe de idade,[9] sob a supervisão de padrinhos ou mentores, os chamados *danhohui'wa*, responsáveis pela orientação, pelo aconselhamento e pela transmissão de conhecimentos aos jovens em iniciação (*wapté*) (MENEZES, 1984).

---

[9] As classes de idade são grupos etários cerimoniais que dividem a sociedade xavante e que estão presentes nas comunidades das nove terras habitadas por esse povo indígena. Na sociedade xavante, há oito classes de idade, nomeadas da seguinte maneira: *Hötörä* (peixinho), *Tirowa* (carrapato), *Ētēpa* (pedra grande), *Abare'u* (pequi), *Nõdzó'u* (milho), *Ānarowa* (esterco), *Tsada'ró* (sol) e *Ai'rêre* (palmeira pequena).

Após um período de aproximadamente cinco anos de intenso aprendizado, convivência e colaboração na casa dos adolescentes, esses são submetidos à cerimônia *Danhõno*, que culmina com o ritual de furação da orelha, chamado *dapo'redzapu*, que marca a passagem do jovem à vida adulta na condição de iniciado, ou *ritei'wa*. A partir dessa etapa, os jovens podem iniciar a vida sexual e se casar, sendo então substituídos por uma nova classe de idade em iniciação, que tomará o seu lugar no *hö*, na condição de *wapté*. Dessa forma, as classes de idade se sucedem e, a cada novo ciclo, progridem em direção a uma nova etapa da vida cerimonial xavante. Os *ritei'wa* posteriormente se tornarão *danhohui'wa*, ou padrinhos de um novo grupo de *wapté* e, encerrada a sua participação como mentores desses jovens, atingirão o *status* de *iprédu*, ou homens maduros.

A passagem à maturidade plena envolve a recepção e a transmissão de valores, ideias, habilidades e crenças que formam uma ordenação lógica do mundo, a qual os membros da sociedade têm acesso na medida em que se integram à vida cerimonial xavante, participando dela como membros de uma classe de idade e de grupos cerimoniais específicos. Assim, os saberes que garantem a reprodução da ordem social são reelaborados e repassados às gerações seguintes (MENEZES, 1984).

Após o contato com a sociedade nacional, os processos tradicionais de educação indígena passaram, contudo, a concorrer com ações pedagógicas externas ao grupo, promovidas por missionários e pelos órgãos tutelares, que se sucederam nos trabalhos de imposição simbólica direcionada aos Xavante. Ao tomarem para si o encargo de educar os indígenas e formar neles uma nova consciência moral, os missionários dedicaram-se a impor, aos Xavante, uma outra visão de mundo, formada por uma "constelação de ideias próprias do universo ideológico moderno" (MENEZES, 1984, p. 230).

Menezes (1984) afirma que, embora estivesse entre os objetivos educativos do regulamento da escola salesiana da Missão de São Marcos o fortalecimento da cultura xavante, nele também constava uma diretriz relativa ao trabalho de orientação dos indígenas rumo à sua gradativa integração à sociedade nacional, em conformidade com a sua progressiva compreensão dos problemas e dos valores dessa sociedade. Dessa forma, a proposta pedagógica salesiana demonstrava sua afinidade com as ações oficiais do órgão tutelar indígena do pós-contato.

Segundo Menezes (1984), toda a prática de educação, conduzida por religiosos, ou pelos órgãos governamentais nas aldeias, esteve comprometida com a reprodução de saberes oficiais. Cabia à escola e ao sistema de ensino inculcar normas, regras morais, valores cívicos estranhos à cultura indígena. Para que isso ocorresse, era fundamental o aprendizado da língua portuguesa, considerado necessário à internalização de um novo código linguístico formado por categorias de pensamento e de regras de comportamento e de ação desconhecidos pelos Xavante. As práticas escolares eram, portanto, parte do epistemicído praticado pelos missionários contra os conhecimentos indígenas (MENEZES, 1984). Conforme Menezes (1984, p. 281),

> [...] o aparelho escolar não visa, como a ideologia escolar e religiosa quer fazer crer, a um único fim, o de educar e formar; nem serve como elemento unificador, no sentido de reduzir as diferenças, ideal postulado pelo projeto civilizatório missionário de assimilação e progresso do indígena. Esta ideologia mistificadora da escola capitalista partilhada pelas diferentes classes sociais tem sido também incorporada pelos índios. Eles creem que a instrução e o treinamento que recebem na Missão será capaz de instrumentalizá-los para enfrentar e superar as influências constrangedoras e as pressões da sociedade dominante.

Lopes (1980) explica que os Xavante permitiram que os jovens fossem submetidos a um regime disciplinar externo, em troca do ensino formal, por acreditarem que, com os conhecimentos assim adquiridos, poderiam melhor representar os seus interesses em face aos missionários e aos órgãos governamentais. As relações com representantes da sociedade nacional não foram — e não são — necessariamente harmoniosas, isentas de conflitos, mas estiveram — e estão — envoltas numa crise permanente que, conforme a conjuntura, varia em intensidade, atenuando-se quando há convergência de interesses e aguçando-se quando há divergências entre os propósitos indígenas e os objetivos de agentes externos. Em consonância com esse entendimento, Menezes (1984, p. 280) escreve que

> Os Xavante, por sua vez, confrontados por uma sociedade, "da escrita e do contrato", e cientes da discriminação sofrida por pertencerem a uma sociedade oral, desejam o aprendizado da escrita, considerada um instrumento necessário à sua nova condição de existência. Para os indígenas, ser alfabetizado em língua portuguesa traz a possibilidade de compreensão de mecanismos de funcionamento da sociedade nacional. Por esse motivo, a escola passou a ser aceitável e até mesmo indispensável para os indígenas que, confrontados com um novo modo de vida, buscam formas de interpretá-lo.

Os Xavante logo perceberam que o aprendizado adquirido nas escolas missionárias poderia ser utilizado na negociação de seus interesses e de suas demandas junto à sociedade não indígena. Essa percepção, que envolve um cálculo ou a manipulação de relações de força desiguais, sugere um senso estratégico, por parte dos indígenas, que demonstram estar atentos às brechas e às oportunidades decorrentes das situações de contato estabelecidas com os não índios para, a partir delas, conseguirem usufruir de certos benefícios ou de escapatórias para situações opressivas. A seguinte fala de Raimundo Urébété Ai'réro, entrevistado durante os trabalhos de campo realizados na Terra Indígena São Marcos, é elucidativa desse tipo de percepção.

> *Foi assim a luta dos grandes guerreiros e padres, não matando, mas usando de estratégia, e no papel escrito. Existia uma ameaça muito grande, ainda existem essas ameaças por causa da demarcação da terra. E hoje, os jovens pensam o quê? Matar os brancos? Em primeiro lugar, usar a inteligência, usar a linguagem escrita e colocar isso no papel, documentar. Eles têm que pensar na luta que travaram os analfabetos, os jovens precisam se lembrar disso para lutarem de outra forma, documentando. Precisam também se organizar para não ouvir a enganação do homem branco, porque até hoje somos ameaçados de tomarem a nossa terra.* (Raimundo Urébété Ai'réro, janeiro de 2017).

As práticas educativas missionárias, porém, uma vez dissociadas das necessidades indígenas, também contribuíram para eventualmente debilitar os valores culturais xavante. Para a escola missionária, os jovens e as crianças indígenas eram desprovidos de informação e de capacidade reflexiva e, por isso, cabia a ela conduzi-los na formação de novos hábitos, capacitando-os a pensar, de modo a ensejar um melhor aproveitamento de suas aptidões individuais. Para isso, era necessário romper com o tempo anterior de socialização vivido nas aldeias, impondo-lhes uma nova disciplina (MENEZES, 1984).

Foucault (2011) define a disciplina como uma técnica de distribuição dos indivíduos por meio da inserção de corpos em espaços delimitados e classificatórios, ou uma técnica de organização desse espaço capaz de isolar, esquadrinhar e hierarquizar os corpos. A disciplina envolve uma relação de poder, a qual não se encontra em posição de exterioridade com respeito a outros tipos de relações (processos econômicos, relações de conhecimento, relações sexuais). Para o autor, a disciplinarização envolve uma distribuição de indivíduos no espaço, com a especificação de locais heterogêneos a todos os outros, fechados em si mesmos. Por conseguinte, importa aos processos disciplinares

> [...] estabelecer as presenças e as ausências, saber onde e como encontrar os indivíduos, instaurar as comunicações uteis, interromper as outras, poder a cada instante vigiar o comportamento de cada um, aprecia-lo, sanciona-lo, medir as qualidades ou os méritos. A disciplina organiza um espaço analítico (FOUCAULT, 2004, p. 122).

Foucault (2004, p. 123) também observa que "[...] o espaço disciplinar tende a se dividir em tantas parcelas quanto corpos ou elementos há a repartir". Mediante a disciplinarização do espaço, são organizadas as presenças e as ausências, ou seja, as táticas de "[...] antideserção, de antivadigagem e de antiaglomeração", que permitem o controle sobre "[...] onde e como encontrar os indivíduos, de modo a evitar o seu desaparecimento descontrolado, sua circulação difusa, sua coagulação inutilizável e perigosa" (FOUCAULT, 2004, p. 123). Os lugares ocupados pelos indivíduos, num dado sistema classificatório, o qual é estabelecido por um processo disciplinar, permitem a transformação de "[...] multidões confusas, inúteis ou perigosas em multiplicidades organizadas" (FOUCAULT, 2004, p. 125-26).

A disciplina envolve ainda um controle do tempo, ao obrigar que ocupações determinadas sejam realizadas em horários específicos. Ela regula os ciclos de repetição, os ritmos das atividades, como é possível observar nos colégios, nos hospitais e nas fábricas. Segundo Foucault (2004, p. 128), "Durante séculos, as ordens religiosas foram mestras de disciplinas: eram os especialistas do tempo, grandes técnicos dos ritmos e das atividades regulares".

O controle do tempo pelas práticas disciplinares está ligado também ao controle do corpo. Para isso, corpo e gesto devem ser postos em correlação, visando à eficácia e à rapidez, pois, para um bom emprego do tempo, é necessário um bom emprego do corpo, ou um corpo disciplinado, livre da ociosidade e da inutilidade. O sucesso dos procedimentos disciplinares, portanto, implica a docilidade do corpo, conseguida até em suas mínimas operações e comportamentos (FOUCAULT, 2004).

Foucault (2004, p. 136) escreve que "[...] os procedimentos disciplinares revelam um tempo linear, cujos momentos se integram uns nos outros, e que se orienta para um ponto terminal e estável. Em suma, um tempo 'evolutivo'". As técnicas disciplinares, que estão ligadas às técnicas administrativas e econômicas de controle, são responsáveis pela criação de um tempo social de tipo serial, cumulativo e orientado, definido em termos de "progresso". Essa nova forma de gerir o tempo e de torná-lo útil contribuiu para o surgimento de uma historicidade "evolutiva", ligada a "[...] um modo de funcionamento do poder, da mesma forma que a 'história-rememoração' das crônicas, das genealogias, das proezas, dos reinos e dos atos esteve muito tempo ligada a outra modalidade de poder" (FOUCAULT, 2004, p. 136).

Com o "[...] surgimento de novas técnicas de sujeição, a 'dinâmica' das evoluções contínuas tende a substituir a 'dinástica' dos acontecimentos solenes" (FOUCAULT, 2004, p. 136).

Entre as técnicas de imposição de uma disciplina, está a do "exercício", caracterizado por ser uma técnica pela qual se impõe aos corpos tarefas — ao mesmo tempo repetitivas, diferentes e graduadas — como forma de conduzir o comportamento do indivíduo por uma espécie de percurso em direção a um estado terminal. Os objetivos são a observação, a qualificação e a obtenção de um crescimento, mediante a imposição de uma coerção contínua e progressiva em tarefas cuja execução envolve uma crescente complexidade. Conforme Foucault (2004, p. 136-137), "[...] o exercício teve uma longa história: é encontrado nas práticas militares, religiosas, universitárias — às vezes ritual de iniciação, cerimônia preparatória, ensaio teatral, prova". Sua origem é religiosa, sendo posteriormente introduzido no exército e na escola, visando a aquisição de um saber, aptidão ou comportamento adequado.

A disciplina, mais do que uma arte de repartir os corpos e deles extrair e acumular o tempo, é, portanto, uma técnica utilizada para aproveitar ao máximo as forças disponíveis, de modo a obter um aparelho eficiente. Essa eficiência é, em grande parte, conseguida com a utilização de técnicas de adestramento, adotadas pelo poder disciplinar. Dessa forma, multidões confusas e inúteis de corpos são transformadas em elementos individualmente produtivos. A fabricação de indivíduos como "pequenas células separadas" ou "autonomias orgânicas", na descrição de Foucault (2004, p. 143), é fundamental para a imposição de disciplina, que simultaneamente toma os indivíduos como objetos e como instrumentos de seu exercício. O poder disciplinar, contudo, não é ostensivo, mas modesto, pois se utiliza de instrumentos simples para garantir o seu sucesso, como "[...] o olhar hierárquico, a sanção normalizadora e sua combinação num procedimento que lhe é específico, o exame" (FOUCAULT, 2004, p. 143).

Foucault (2004) afirma que foi graças à introdução da vigilância hierarquizada, instituída a partir do século XVIII, que o poder disciplinar passou a controlar um sistema integrado, formado por indivíduos, mas também organizado em torno de uma rede de múltiplas relações hierárquicas, que torna possível a fiscalização completa e constante de todos. Conforme o autor, o poder disciplinar é múltiplo, automático e anônimo, e, embora seja também invisível, ele "[...] impõe aos que submete um princípio de visibilidade obrigatória", que lhe facilita o controle (FOUCAULT, 2004, p. 156). Desse modo, a disciplina regula os movimentos dos corpos, prevenindo conluios, confusões, aglomerações e a circulação aleatória, alheia ao seu controle, neutralizando os efeitos do contrapoder nascidos da resistência à dominação. A adoção pelo poder disciplinar de táticas de distribuição e ajustamento dos corpos, dos gestos e dos ritmos, mediante a utilização de métodos conjuntamente aplicados, tais como os horários, os treinamentos, os exercícios e a vigilância, atua ainda no sentido de extrair o máximo dos corpos em termos de tempo e de força (FOUCAULT, 2004).

A disciplina também se manifesta em um minucioso controle do tempo, ao estabelecer uma sujeição do corpo ao tempo, com o objetivo de produzir o máximo de eficácia. Rufer (2010) esclarece que até mesmo nossas percepções temporais são atingidas por um modo eurocentrado de compreensão do mundo, caracterizado por uma lógica homogeneizante, que conduz à rejeição das múltiplas temporalidades vividas por grupos minoritários que convivem no interior do Estado-nação. De acordo com o autor,

> El eje del tiempo cronológico vinculado al espacio es lo que produjo las condiciones de posibilidad para pensar una historia global: el éxito de la modernidade no fue sólo secularizar el tiempo, sino elevar al universal esse patrón cultural específico, hacerlo "global" y especializado (RUFER, 2010, p. 17).

Ao se referir ao processo de descolonização da África, Rufer (2010) afirma que as tentativas de criação de narrativas homogêneas e unificadas sobre o passado, capazes de legitimar os movimentos de descolonização, esbarraram na existência de múltiplas perspectivas temporais dos povos que formavam as nações em processo de independência, os quais tinham com o tempo uma relação intersubjetiva, na qual combinavam as ordens simbólicas da comunidade, o trabalho e a reprodução. Embora essas ordens tenham sido, em muitos casos, cooptadas pela modernidade colonial e entrelaçadas com os tempos do capital, do desenvolvimento e do progresso, outros tipos de temporalidade continuaram a coexistir.

Bhabha (2007) assinala que a construção da ideia de nação vale-se de uma estratégia narrativa que reforça uma temporalidade homogênea, marcada por uma percepção linear, que reforça a ideia de causalidade e de continuidade histórica e que influencia a produção cultural e as projeções políticas nacionais. Apesar dos esforços investidos nessa estratégia narrativa, no interior da nação, permanecem convivendo distintas e ambivalentes temporalidades, advindas das diferenças culturais dos grupos que formam a nação e que não se encontram atrelados ao ideário e às expectativas de modernidade. Como bem observa Rufer (2010, p. 15-16):

> [...] al examinar la historia reciente de espacios como África y la construcción de sus historias nacionales, vemos que primero fue necesario domesticar una noción de tiempo, antes de poder crear la idea de un presente como agenda y como proyección política: el tiempo de las revoluciones internas y de las nuevas naciones poscoloniales fue pensado dentro de la misma lógica del tiempo del capital.

Segundo Rufer (2010), a homogeneização da experiência temporal foi, em grande parte, conseguida pela imposição discursiva de relatos históricos que buscavam legitimar e consolidar o Estado-nação, identificando-o com ideias de progresso e desenvolvimento. Essa homogeneização implicou o ocultamento da multiplicidade e a heterogeneidade das experiências e das temporalidades indígenas com o intuito de se destacarem as construções narrativas totalizantes e homogeneizadoras do Estado-nação, concebidas como discursos de autoridade e fundamentadas em um sentido de continuidade histórica.

Rufer (2010) destaca que a correspondência entre tempo e nação seria um elemento-chave para a modernidade ocidental. A ideia de um tempo único e externo, moldado pela imposição discursiva dos relatos históricos, ou das chamadas "pedagogias nacionais", responde a um processo político de articulação hegemônica, que impõe a percepção de um sentido histórico, construído a partir de uma sucessão monolítica de acontecimentos que se realizam no tempo "como destino". Essa concepção vazia e homogênea de temporalidade, que se pretende universal e totalizante, não seria afetada por subjetividades e experiências culturais articuladas pela memória de grupos e moldadas fora do discurso histórico do Estado-nação (RUFER, 2010).

Rufer (2010) acrescenta que os discursos históricos frequentemente reafirmam a separação entre sociedades de cultura, ou seja, sociedades tradicionais, arcaicas, pré-modernas, e sociedades de história, as únicas nas quais a experiência da modernidade seria possível. Para o autor, a diferenciação estabelecida entre ambos os tipos de sociedade tem servido à reafirmação de um discurso político envolvendo as sociedades históricas modernas, marcadas por uma temporalidade, definida pelo autor, como sendo uma temporalidade de "destino-progresso". Rufer (2010) ainda pontua que as sociedades indígenas não se encontram apenas sob o domínio da antropologia — e fora do domínio da história — por uma questão de lógica disciplinar, por não possuírem escrita, ou por necessitarem, para a sua compreensão, de processos especiais de tradução, mas sim por não estarem completamente subsumidas à perspectiva temporal moderna do capital, embora, em muitos aspectos, não tenham como escapar de sua lógica colonial.

Cada sociedade tem sua maneira própria de viver o tempo. Nas sociedades tidas como arcaicas, a temporalidade não segue um fluxo homogêneo, de crescimento contínuo, como ocorre no tempo de sociedades capitalistas, mas é orientada por um ciclo de repetições, o qual é perturbado por acontecimentos naturais cheios de significados, ou por rituais importantes (CASTORIADIS, 2007).

Entre os Xavante, o tempo não estava tradicionalmente dividido em anos, meses e semanas, mas era percebido como um tempo que se alterava segundo um padrão de quatro divisões, ditadas pelos períodos de seca e de chuva, definidos como "início da chuva", "centro da chuva", "secou de novo" e "centro da seca", pelo calendário cerimonial das festas e dos rituais e pela sucessão dos ciclos relativos ao sistema de classes de idade e sua passagem, com duração de aproximadamente cinco anos, pela casa dos homens solteiros. Essas categorias ainda são utilizadas nas comunidades xavante, embora, com a introdução de uma temporalidade externa à vida das aldeias, as horas e os dias também passaram a ser contados (MENEZES, 1984).

Esforços foram envidados pelos missionários e pelos órgãos tutelares para ajustar o tempo indígena, considerado como ocioso, ou como "tempo de lazer", ao tempo exigido pelos trabalhos agrícolas cotidianos introduzidos pela Missão, pelo SPI e pela Funai. Para isso, o calendário cerimonial indígena teve suas principais atividades transferidas para os feriados e os fins de semana, sendo intercalados, nas áreas com uma influência missionária mais intensa, com os ritos católicos, como as missas dominicais, das quais muitas comunidades, em especial as das aldeias São Marcos e Sangradouro, passaram a participar (MENEZES, 1984).

1.4 Políticas indigenistas e a ocupação do Centro-Oeste

O trabalho missionário desenvolvido entre os Xavante convergia em muitos aspectos com as propostas dos órgãos tutelares — o SPI e, posteriormente, a Funai — voltadas para a assimilação do índio à sociedade nacional. Essa assimilação — resultado de um processo de aculturação promovido pelos órgãos governamentais e pelas instituições religiosas — era vista como fundamental para o sucesso das políticas de ocupação do interior do país. A integração de extensas áreas do Brasil, consideradas "desabitadas", pressupunha a conquista dos territórios indígenas e era legitimada por uma concepção de mundo forjada a partir de uma estrutura de conhecimento eurocentrada, alçada ao patamar de "universal", como forma de justificar o domínio e a subjugação dos povos indígenas aos interesses nacionais. A criação do SPI esteve, em grande medida, relacionada a esse projeto integracionista, visto que a "pacificação" de povos considerados "hostis" era uma condição fundamental para a expansão das frentes de ocupação do território brasileiro, em constantes embates com os índios.

Massacres e extermínios de índios, ocorridos em conflitos advindos da expansão nacional sobre as terras indígenas, eram noticiados pela imprensa nos grandes centros do país, no princípio do século XX, levando certos grupos a criarem associações destinadas à defesa dos índios e que se encarregaram de direcionar as pressões e os apelos por providências ao governo brasileiro.[10] Como assinala Darcy Ribeiro (1996, p. 148), "[...] a população citadina, distanciada não só geográfica mas historicamente das fronteiras de expansão, e desligada dos interesses de chacinadores de índios, já não podia aceitar o tratamento tradicional dos problemas indígenas, a ferro e fogo".

Com a edição do Decreto n.º 8.072, de 20 de julho de 1910, foi criado o Serviço de Proteção aos Índios e Localização de Trabalhadores Nacionais (SPILTN),[11] vinculado ao Ministério da Agricultura, Indústria e Comércio (MAIC), inaugurado em 7 de setembro desse mesmo ano. De acordo com Darcy Ribeiro (1996, p. 157-158), o órgão

---

[10] Carneiro da Cunha (1987) assinala que, pela primeira vez, em 1908, o Brasil foi publicamente acusado de massacrar índios em denúncia realizada no "XVI Congresso de Americanistas" em Viena, Áustria.

[11] Souza Lima esclarece (1992) que, além da proteção aos índios, a atuação do SPILTN previa a fixação, no campo, da mão de obra rural não estrangeira, com a implantação de um sistema de controle do acesso à propriedade e de treinamento técnico da força de trabalho em centros agrícolas. A expectativa de que as populações indígenas pudessem se tornar futuros trabalhadores rurais da nação também se evidencia no nome e nas atribuições do órgão.

> [...] previa uma organização que, partindo de núcleos de atração de índios hostis e arredios, passava a povoações destinadas a índios já em caminho de hábitos mais sedentários e, daí, a centros agrícolas onde, já afeitos ao trabalho nos moldes rurais brasileiros, receberiam uma gleba de terras para se instalarem, juntamente com sertanejos. Esta perspectiva otimista fizera atribuir, à nova instituição, tanto as funções de amparo aos índios, quanto a incumbência de promover a colonização com trabalhadores rurais. Os índios, quando para isto amadurecidos, seriam localizados em núcleos agrícolas, ao lado de sertanejos.

Souza Lima (1992) explica que a expansão do Estado nacional sobre as terras indígenas, no período republicano, foi fundamental para a criação do SPILTN, posteriormente apenas Serviço de Proteção aos Índios (SPI).[12] Formalmente separado das ordens eclesiásticas que protagonizaram os trabalhos desenvolvidos junto às populações indígenas durante o período colonial e, em parceria com administração leiga, durante o Império, o SPI foi "[...] o primeiro aparelho de poder governamentalizado instituído para gerir a relação entre os povos indígenas, distintos grupos sociais e demais aparelhos de poder". (SOUZA LIMA, 1992, p. 155).

Segundo Souza Lima (1992), a gestão unificada do SPI de um grande número de povos indígenas diferenciados e dispersos em um amplo espaço geográfico, e ainda não completamente controlado pelo aparelho estatal nacional, criou a necessidade de homogeneização de concepções relativas ao exercício das tecnologias de poder utilizadas pela administração pública. Embora, na prática, essa homogeneidade tenha, muitas vezes, restringindo-se às produções discursivas difundidas pelo órgão indigenista, visto que, na concretude de sua atuação cotidiana, as práticas governamentais foram bastante heterogêneas, a criação do SPI teve um papel importante na formalização processual da política indigenista brasileira e, consequentemente, na sua burocratização.

Em 1931, com a edição do Decreto n.º 19.670, de 4 de janeiro de 1931, o SPI foi anexado ao Ministério do Trabalho, Indústria e Comércio (MTIC), criado em 1930 e responsável pela regulação das relações entre capital e trabalho no país. Ao MTIC cabia as atribuições relativas à indústria, ao comércio e à imigração-colonização, antes à cargo do MAIC. Em 1936,

---

[12] Uma vez reconhecida a especificidade do problema indígena, o antigo SPILTN passaria a tratar exclusivamente dele, perdendo, em 1918, suas atribuições relativas à localização de trabalhadores nacionais e, com isso, reduzindo a sua nomenclatura para SPI.

o SPI seria novamente transferido para a esfera de um terceiro ministério, o da Guerra, passando a vincular-se à Inspetoria Especial de Fronteiras, ligada ao estado-maior do Exército, com a publicação do Decreto n.º 911, de 18 de junho de 1932 (SOUZA LIMA, 1992).

A militarização do SPI vinha de encontro às preocupações com a "nacionalização" dos então chamados "silvícolas", em especial daqueles situados em áreas fronteiriças, a fim de impedir que fossem atraídos por nações limítrofes, colocando em risco a segurança das fronteiras do Brasil. A ação protecionista do SPI esteve assim direcionada para a educação dos indígenas, mediante o ensino de moral e cívica, práticas agrícolas e atividades físicas, como forma de promover a sua progressiva aculturação e, consequentemente, a sua incorporação à nação (SOUZA LIMA, 1992).

Souza Lima (1992) destaca que, embora o exército almejasse o controle territorial das fronteiras nacionais, ele não contava, nessa época, com meios de penetração, fixação e fiscalização de imensas regiões interioranas. Por esse motivo, a militarização do SPI, a instalação de postos indígenas e a transformação dos índios em "guardas de fronteiras" estiveram entre as estratégias utilizadas para garantir a territorialização dos poderes do Estado (SOUZA LIMA, 1992, p. 166).

A formulação da política indigenista desenvolvida pelo SPI coube, em especial, aos positivistas, inspirados no evolucionismo humanista de Auguste Comte. Para eles, os índios se encontrariam na etapa "fetichista" de desenvolvimento do espírito humano, que poderia, no entanto, ser superada mediante a ação educativa, assistencial e protetiva do Estado, que cultivasse nos indígenas as habilidades voltadas para o manejo das "artes e indústrias da sociedade ocidental". (RIBEIRO, 1996, p. 154). Dessa forma, poderiam os indígenas ascender a uma nova etapa civilizatória e, assim, contribuir para o progresso da nação.

A instauração da ditadura varguista e a implantação do Estado Novo, em 1937, trouxeram alterações à máquina burocrático-administrativa do Estado brasileiro, afetando também o SPI, que novamente volta a se vincular ao Ministério da Agricultura, com a publicação do Decreto n.º 1.736, de 3 de novembro de 1939. A partir de então, a ação protetiva do órgão indigenista passa a se associar, de forma mais acentuada, à colonização do território. A proposta era orientar e estimular os indígenas no cultivo do solo, de modo a torná-los "úteis ao país", o que ocorreria mediante o seu engajamento nas atividades agrícolas como trabalhadores rurais (SOUZA LIMA, 1992, p. 167-168).

Em consonância com o ideário governamental difundido no período, foi lançado, em 1938, o programa denominado Marcha para o Oeste, que englobava um conjunto de ações direcionadas à ocupação, ao povoamento e à integração de regiões ainda escassamente habitadas do Brasil. Conforme Souza Lima (1992), o mote da retórica do Estado Novo, no que se refere à Marcha para o Oeste, era o controle do espaço geográfico do país, notadamente em seus limites internacionais, em um período em que as estratégias e as representações geopolíticas, voltadas para a defesa e para a segurança nacional, encontravam-se em evidência, devido ao desenrolar dos acontecimentos da Segunda Guerra Mundial.

O Brasil já tinha então uma tradição de idealização dos índios, que os líderes políticos e os pensadores nacionalistas buscaram adaptar para formular o seu projeto de nação, no período do Estado Novo (GARFIELD, 2011). Em 19 de abril de 1943, Vargas decretaria o Dia do Índio e, nos anos subsequentes, promoveria eventos cívicos e cerimônias públicas para comemorar a data. Como bem resume Garfield (2011, p. 53), "Por meio de formalidades e cerimoniais, políticos e intelectuais do Estado Novo representaram as identidades culturais tanto dos índios quanto do Estado".

Exibições culturais em museus, programas de rádio, discursos e filmes sobre índios foram promovidos pelo Departamento de Imprensa e Propaganda (DIP). Fundado em 1939, o Conselho de Proteção aos Índios possuía equipes etnográficas encarregadas da coleta de artefatos para compor um futuro museu do índio.

Hobsbawm (2012) afirma que as tradições são frequentemente inventadas, construídas e formalmente institucionalizadas, ainda que o seu surgimento no tempo seja eventualmente difícil de localizar, devido à sua rápida consolidação. Elas se caracterizam por estabelecer, com o passado histórico, uma continuidade artificial, pois ainda que assumam formas que se remetem a situações anteriores, essas tradições são, em realidade, uma reação a situações novas. Sua frequente menção ao passado e seu caráter de repetição quase obrigatório buscam evidenciar o contraste entre as mudanças e as inovações do mundo moderno e as formas de proceder do passado, "numa tentativa de estruturar, de uma maneira imutável e invariável, ao menos alguns aspectos da vida social". (HOBSBAWM, 2012, p. 8).

As "pacificações" conduzidas pelo órgão indigenista ganharam um amplo destaque na imprensa dessa época, juntamente às notícias relativas à penetração do nordeste do Mato Grosso pela Expedição Roncador-Xingu, fundada em 1943, e posteriormente vinculada à Fundação Brasil Central. Tais notícias eram evidentemente controladas pelo Departamento de Imprensa e Propaganda (DIP), que impunha a repetição dos mesmos textos aos diversos jornais da época, buscando destacar as façanhas heroicas conduzidas por agentes do Estado, como ocorreu inicialmente com Rondon e, posteriormente, com os irmãos Villas Boas. Garfield (2011, p. 50) assinala que

> O impulso do Estado de romantizar e subordinar os índios encontrou outro forte apoiador em Cândido Rondon, engenheiro do Exército que chefiava a Comissão das Linhas Estratégicas e que atuou como primeiro diretor do SPI quando de sua criação em 1910. Em 1939, Vargas nomeou Rondon chefe do CNPI (Conselho Nacional de Proteção aos Índios), órgão encarregado de promover e divulgar a cultura indígena e as políticas de Estado, e que servia de elo intergovernamental para assuntos indígenas.

Até esse momento, o padrão fundiário imposto aos grupos indígenas supunha a demarcação de pequenas porções de terra, de onde os indígenas extrairiam somente a sua subsistência básica, devendo o restante ser obtido com a sua inserção no mercado de trabalho regional, por intermédio do SPI. No final da década de 1940 e início da de 1950, esse padrão foi alterado, em decorrência das propostas surgidas em torno da criação do Parque Indígena do Xingu (SOUZA LIMA, 1992).

Souza Lima (1992) observa que a legislação da época não previa a figura de um Parque Indígena formado por uma grande porção territorial resguardada da ocupação não indígena para fins de preservação simultânea da flora, da fauna e de grupos indígenas, enquanto durasse a sua paulatina aculturação. Esse modelo de definição fundiária para grupos indígenas — que possibilitava a demarcação de terras sensivelmente maiores que aquelas reservadas aos índios pelo SPI no princípio do século — foi, a partir de então, transformado em modelo de atuação fundiária do órgão protecionista que sucedeu ao SPI, a Funai, embora ele nem sempre tenha se concretizado em todas as situações, dadas as pressões políticas invariavelmente enfrentadas no decorrer dos processos demarcatórios, especialmente nas regiões onde a fronteira agrícola já tinha se fechado, "[...] impossibilitando a constituição de grandes reservas de terra em mãos de aparelhos de poder do Estado". (SOUZA LIMA, 1992, p. 169).

A política indigenista desenvolvida pelo Estado brasileiro foi muitas vezes contraditória, pois, ao mesmo tempo que serviu aos propósitos governamentais direcionados à colonização, tentou, simultaneamente, garantir direitos territoriais mínimos aos grupos indígenas situados na região Centro-Oeste do Brasil. Ainda que a demarcação de terras tenha garantido a manutenção de parcelas do território xavante ameaçado pela cobiça de particulares, o contato com a sociedade nacional, mediante a chamada "pacificação xavante", também permitiu a liberação de grande parte do antigo território indígena para a colonização, ao restringir as comunidades xavante a espaços delimitados pelo Estado, facilitando a ocupação do seu entorno por não índios.

Durante o período que antecede o Estado varguista e nos anos subsequentes, inclusive durante todo o regime militar, o ideário de uma integração nacional ainda norteava a política indigenista oficial, fazendo com que as diferenças étnicas e culturais verificadas entre as populações indígenas fossem vistas como provisórias, já que o destino dos indígenas seria o de serem incorporados à "comunhão nacional". O principal objetivo da política indigenista, portanto, era promover a assimilação dos indígenas, ou seja, a sua integração à sociedade brasileira. Conforme o explicitado no texto constitucional de 1946, em seu artigo 5º, posteriormente reeditado *ipsis litteris* no texto constitucional de 1967, no seu artigo 8º, à União cabia a competência de legislar sobre a "[...] incorporação do silvícola à comunhão nacional". Nesses esforços, o Estado brasileiro não estava sozinho, visto que, nesse período, governos de toda a América Latina promoviam um movimento político-cultural denominado *indigenismo*, voltado para a compreensão etnográfica dos povos indígenas e o desenvolvimento de projetos não coercitivos para a sua integração socioeconômica aos Estados-nações (GARFIELD, 2011).

Para os críticos da atuação do SPI, os *slogans* difundidos pelo órgão tutelar, tais como os de "assistência, proteção e pacificação", ocultavam a natureza essencialmente violenta da conquista dos índios, visto que a extinção de povos e de culturas era o objetivo final da política de assimilação desenvolvida pelo SPI, que, antes de tudo, visava expandir o poder estatal e da burocracia federal no interior do país. Mais do que a aquisição de conhecimentos sobre os indígenas, a flora e a fauna do Mato Grosso, as expedições de exploração tinham por objetivo impor o poder do Estado nos sertões (DIACON, 2006).

Nos postos indígenas mantidos pela Comissão Rondon e pelo SPI, a mão de obra indígena era colocada à serviço do Estado, sob a supervisão de um agente estatal, o chamado encarregado do posto, que interferia nas atividades nativas, em sua língua, vestuário e modos de vida, impondo-lhes uma temporalidade e espacialidade diferenciadas dos "ciclos, ritmos e limites da vida indígena". (DIACON, 2006, p. 143).

A conversão dos povos indígenas em brasileiros, ou a sua "nacionalização", foi acompanhada de um "racismo epistêmico", que pressupunha a inferioridade dos conhecimentos dos povos ameríndios e a necessidade de sua transformação em algo supostamente melhor. Tudo isso produziu uma situação de invisibilidade desses povos, aos quais se atribuiu uma identidade genérica de "índios". Sob o manto dessa identidade genérica, as especificidades culturais de diversos povos foram ocultadas; e suas histórias particulares, silenciadas, por serem discordantes, ou, simplesmente, muito diferentes daquelas oficialmente difundidas sobre a história do país.

Hall (2005) destaca que, no mundo moderno, as identidades nacionais foram forjadas mediante um violento processo de imposição cultural, voltado para a homogeneização da diversidade verificada entre os povos submetidos ao poder do Estado-nação. Mais do que uma entidade política que outorga a condição legal de cidadania àqueles que estão sob a sua influência, a nação é uma fonte de sentidos, um sistema de representação cultural compartilhado por aqueles que vivem num determinado espaço comum, o território nacional. De acordo com o autor,

> A lealdade e a identificação que, numa era pré-moderna ou em sociedades mais tradicionais, eram dadas à tribo, ao povo, à religião e à região, foram transferidas gradualmente, nas sociedades ocidentais, à cultura nacional. As diferenças regionais e étnicas foram gradualmente sendo colocadas, de forma subordinada, sob aquilo que Gellner chama de "teto político" do Estado-nação, que se tornou, assim, uma fonte poderosa de significados para as identidades culturais modernas. (HALL, 2005, p. 49).

As nacionalidades latino-americanas, incluindo a brasileira, foram, muitas vezes, pensadas como incompletas em virtude da presença indígena e de sua marcante diversidade étnica e cultural. O entendimento corrente era de que a afirmação da nação dependia da elevação da condição do índio, ou seja, da sua aculturação. As diferentes identidades indígenas tornaram-se, assim, um problema para a constituição dos Estados nacionais na América Latina, em decorrência da ideia de que a fragilidade cultural da nação estaria associada à heterogeneidade indígena (BRITO, 2011).

As tentativas de enquadramento legal e epistêmico pelo Estado brasileiro da população xavante à cultura nacional são percebidas pelos narradores indígenas. Ao discorrer sobre o estado atual do povo xavante e o convívio relativamente pacífico estabelecido com os não índios, que perdura apesar de todos os conflitos e prejuízos históricos advindos da perda de partes do território xavante, Daniel Tsi'õmõwẽ Wari, um dos participantes da pesquisa, comenta:

> *Vocês estão em paz, porque diminuímos a nossa bravura e nos enquadraram dentro de uma lei e temos carteira de identidade para sermos punidos. Se não tivéssemos a identidade, hoje, nós pegaríamos vocês no corpo a corpo, estrangulando-os tranquilamente. Vocês não são corajosos.* (Daniel Tsi'õmõwẽ Wari, janeiro de 2017).

Apesar de toda a exaltação em torno da figura do índio, promovida pelo Estado Novo, os indígenas ainda representavam um problema para esse mesmo Estado, especialmente os grupos hostis, ainda não pacificados, como os Xavante, que tenazmente permaneciam repelindo as tentativas de conquista de seus territórios. Suas instituições e tradições, diferentes das estruturas socioeconômicas e valores culturais dominantes, eram um desafio ao projeto de nação que se pretendida implantar, tornando, para isso, necessária a regulação de seu estilo de vida, assim como a mercantilização de suas terras. Com esse intuito, foram utilizados mecanismos ideológicos de dominação, que envolveram a equiparação dos indígenas à condição de crianças, ou de incapazes, o que justificava a sua tutela pelo Estado, ou, eventualmente, por missionários, que deveriam, como tutores, exercer a tarefa de educar e disciplinar as populações indígenas dentro de um conjunto de valores (GARFIELD, 2011).

Embora o SPI e, posteriormente, a Funai, se propusessem a conduzir, de forma gradual, a "evolução" dos índios, afirmando, em seus discursos oficiais, que sua disposição não era a de coagir, mas sim de utilizar a vigilância e a persuasão para alcançar seus objetivos; na prática, os órgãos tutelares raramente endossaram as demandas indígenas por autonomia e, tampouco, as suas reivindicações territoriais. Ainda no regime de Vargas, intensificaram-se as invasões das terras indígenas no interior do país, estimuladas pela Marcha para o Oeste, sem que o SPI pudesse, ou quisesse, conter ou se opor a esse processo.

O sistema tutelar, cuja justificação era defender a população indígena, foi facilmente subvertido pelo estigma social do infantilismo, da incompetência e da preguiça, que acompanhava o imaginário da época, legitimando a apropriação das terras e do trabalho indígena por particulares e representantes do próprio Estado (GARFIELD, 2011). Como bem descreve Garfield (2011, p. 67), "Sufocados pela retórica governamental, os índios lutaram para articular e expressar suas necessidades materiais e culturais".

Ao narrar as histórias de conflito entre os Xavante e não indígenas que resultaram em mortes e significativas perdas territoriais, ocorridas após o período do contato com os não índios, Daniel Tsi'õmõwẽ Wari reflete:

> *Assim fazem os homens brancos com o nosso povo. Quem vai nos pagar? O Michel Temer que entrou agora vai nos pagar? Ou aquele governador do estado que está em Cuiabá? Os brancos já fazem isso conosco há muito tempo, não param de nos perseguir querendo tomar a nossa pequena terra. Vocês têm que parar com isso, já acabaram com toda a terra e hoje só tem terra desmatada e pastos de vacas. Por que fazer isso com a terra? Vocês não trabalham com a mão, usam máquinas, mas falam mal de nós e nos chamam de preguiçosos. Vocês trabalham usando trator e nós com a mão. Se vocês trabalhassem igual, usando a mão, morreriam de fome. Conto isso, a história do que o homem branco fazia com a gente. (Daniel Tsi'õmõwẽ Wari, janeiro de 2017).*

CAPÍTULO 2

PESQUISA DE CAMPO, HISTÓRIA ORAL E NARRATIVAS XAVANTE

2.1 Diálogos e polifonia

Ainda que em contato com, ou inseridas em sociedades nacionais, muitas sociedades indígenas, como é o caso da xavante, permanecem pouco letradas. Clifford defende que a história da passagem do oral/auditivo para a escrita tem sido complexa e difícil, desde a antiguidade. Se as palavras e os atos são passageiros, a escrita é duradoura, ela "fixa" o acontecimento e expande o seu significado. Para o autor, a etnografia atuaria nesse processo de transição crucial do oral para o escrito, construindo um texto a partir da vida (CLIFFORD, 2016).

Nos trabalhos desenvolvidos junto às comunidades indígenas, a etnografia tem sido a metodologia frequentemente adotada, formando a base disciplinar da antropologia social e cultural modernas. Entendida, por certos autores, como um trabalho de observação, interpretação e análise de grupos humanos que são considerados em suas especificidades, a etnografia está indubitavelmente voltada para uma busca de "estruturas de significação". (CLIFFORD, 2011, p. 9).

A etnografia é constituída de uma experiência e de uma escrita, as quais são forjadas num campo articulado por tensões, ambiguidades e indeterminações que caracterizam as relações de poder entre etnógrafos e nativos, algumas delas marcadamente coloniais (CLIFFORD, 2011). Para Clifford (2016, p. 41),

> O trabalho etnográfico de fato enredou-se em um mundo de desigualdades de poder duradouras e em estado de transformação, e essas implicações continuam. Esse trabalho coloca em cena relações de poder. Mas sua função nessas relações é complexa, por vezes ambivalente, e potencialmente contra-hegemônica.

Embora o trabalho aqui desenvolvido com os Xavante não seja o resultado de uma etnografia, ele também envolveu uma experiência de campo.

Esse já está repleto de textos, visto que são muitos os trabalhos publicados sobre os Xavante que, há mais de 50 anos, vêm sendo estudados. Obviamente, vários desses trabalhos já tinham sido consultados pela autora deste livro, antes de sua experiência de campo desenvolvida nas Terras Indígenas Parabubure e São Marcos, influenciando seu olhar sobre os Xavante.

Os primeiros estudos etnográficos sistematizados sobre os Xavante foram realizados por David Maybury-Lewis, resultando no livro *A sociedade xavante*, um clássico da literatura antropológica publicado, pela primeira vez, em 1974. Esse trabalho foi o primeiro a descrever e a elaborar um modelo explicativo sobre a estrutura social xavante, sua divisão em dois clãs, os rituais de iniciação, os diferentes grupos etários e o sistema de parentesco. O autor foi o primeiro ainda a desenvolver o conceito de "faccionalismo" aplicado a essa sociedade.

Outros trabalhos sucederiam o de Maybury-Lewis, sendo por ele influenciados, passando a constituir-se referências importantes para o estudo da sociedade xavante. Entre esses trabalhos, destacam-se o de Regina Müler (1976), o de Aracy Lopes (1980), o de Laura Graham (1983, 1995) e o de James R. Welch (2009), todos eles de caráter fundamentalmente antropológico e etnográfico, centrados em diferentes aspectos da estrutura social, cerimonial e de parentesco xavante.

Em seu trabalho *A pintura do corpo e os ornamentos Xavante: arte visual e comunicação social* (1976), Regina Müller busca estudar a ornamentação corporal xavante como forma de expressão simbólica de sua ordem social, que aparece relacionada à divisão da sociedade em grupos sociais, *status*, passagem de *status* e crises sociais. Segundo a autora, a pintura corporal xavante é uma linguagem simbólica que informa sobre a ordem social, fornecendo, assim, um modelo de como a sociedade é estruturada idealmente por seus membros. A interpretação desse simbolismo nos permitiria compreender os princípios estruturais dessa sociedade indígena, tais como são concebidos por seus membros, assim como a sua relação com o comportamento efetivo dos indivíduos.

Na tese defendida em 1980, sob o título de *Nomes e amigos: da prática Xavante a uma reflexão sobre os Jê*, Aracy Lopes busca detalhar a transmissão de nomes pessoais e a amizade formalizada entre indivíduos que, na sociedade xavante, chamam-se mutuamente de *i-ãmo*, literalmente traduzido por "meu outro". Essas relações interpessoais formalizadas, que recebem expressão ritual, ultrapassam os limites dos grupos domésticos, das facções políticas e das metades clânicas exogâmicas. São relações cerimoniais que vinculam indivíduos reconhecidos mutualmente como "outros", como "os que não pertencem ao meu grupo", mas que pressupõem a colaboração e a ajuda mútua (LOPES, 1980, p. 29).

Já na obra de Laura Graham, *Performance Dinamics and Social Diminesions in Xavante Narrative* (1983), a autora realiza uma interpretação da performance oral xavante, concentrando-se na dramatização do mito de criação denominado *Homana'u'u ö Wasu'u,* encenada pelo chefe Warodi e outros membros do clã *Poreza'ono,* durante a estadia da autora na aldeia de Pimentel Barbosa. Segundo Graham, a performance xavante que ocorre durante a encenação do mito teria uma função educativa, voltada para a transmissão, de uma geração mais velha à outra mais jovem, de princípios e regras de conduta valorizados pela sociedade xavante, tais como o princípio da reciprocidade e da equidade entre os clãs. A encenação do mito permitiria ainda a ocorrência de disputas por poder e prestígio dentro das comunidades, mediante a afirmação de lideranças reconhecidas pelos seus talentos oratórios e performáticos.

Posteriormente, a autora aprofundar-se-ia no tema da performance oral xavante em seu trabalho denominado *Performing dreams: discourses of immortality among the Xavante of central Brazil* (1995). Nessa obra, a pesquisadora analisa uma performance envolvendo a comunidade da aldeia Pimentel Barbosa durante a execução de três cantos-danças ensinados em sonho pelos ancestrais ao chefe xavante Warodi. As práticas expressivas que integram e perpetuam a identidade xavante são analisadas e inseridas pela autora em seu contexto etnográfico.

Cabe destacar ainda o estudo de James R. Welch (2009), realizado na Terra Indígena Pimentel Barbosa, sobre classes de idade xavante masculinas e femininas, investigadas em seu duplo aspecto estrutural e de expressão cerimonial. Nele, o pesquisador busca desvendar como as classificações de idade xavante têm sido socialmente experienciadas pelos indígenas no presente, além de demonstrar o quanto algumas características, profundamente arraigadas na sociedade xavante, tais como a sua organização dual e a ênfase no parentesco, também se fazem sentir no instituto das classes de idade.

Outros autores fundamentais para uma compreensão antropológica da sociedade xavante são Giaccaria e Heide, com os trabalhos *Xavante, o povo autêntico* (1972), *Jerônimo Xavante conta* (1975) e *Jerônimo Xavante sonha* (1975). Essas obras oferecem informações etnográficas e linguísticas, resultado de um convívio intenso e prolongado dos autores, missionários salesianos, entre os Xavante.

A experiência etnográfica envolve um trabalho de campo, que implica uma convivência com um novo modo de vida, que o pesquisador tenta compreender. A pesquisa de campo, contudo, é apenas uma parte do trabalho do pesquisador, que, ao voltar ao seu local de origem, precisa ainda descrever o "seu povo", segundo convenções de representação já circunscritas, difundidas e consolidadas em sua disciplina. Essa descrição implica um processo de tradução cultural,[13] que é muito mais do que uma tradução linguística. Ela envolve jogos discursivos próprios, o que inclui a escrita de um texto estruturado segundo regras estabelecidas, construído numa língua diferente daquela do povo estudado, dirigido a uma audiência muito específica, para quem se deseja apresentar outro modo de vida (ASAD, 2016).

A experiência etnográfica, portanto, tem sido frequentemente utilizada para legitimar discursos de autoridade, ao evocar "[...] uma presença participativa, um contato sensível com o mundo a ser compreendido, uma relação de afinidade emocional com o seu povo, uma concretude de percepção" (CLIFFORD, 2011, p. 36). O autor acrescenta que:

> A palavra também sugere um conhecimento cumulativo, que vai se aprofundando ("sua experiência de dez anos na Nova Guiné"). Os sentidos se juntaram para legitimar o sentimento ou a intuição real, ainda que inexprimível, do etnógrafo a respeito do "seu" povo. É importante notar, porém, que esse "mundo", quando concebido como uma criação da experiência, é subjetivo, não dialógico ou intersubjetivo. O etnógrafo acumula conhecimento pessoal sobre o campo (a forma possessiva "meu povo" foi até recentemente bastante usada nos círculos antropológicos, mas a frase na verdade significa "minha experiência"). (CLIFFORD, 2011, p. 36).

Na tradição etnográfica, Malinowisk é reconhecido como um dos principais entusiastas e incentivadores dos trabalhos de campo que caracterizam o método etnográfico, em especial a chamada "observação participante". Na introdução de sua obra, *Os argonatas do Pacífico ocidental*, Malinowisk (2016, p. 102) esclarece que "[...] o ideal primário e básico do trabalho de campo

---

[13] Para Asad (2016), a tradução feita pelo antropólogo não é meramente linguística, mas também um aprendizado sobre como viver outra forma de vida. Esse aprendizado implica uma compreensão dos contextos relevantes para certos eventos discursivos, o que requer uma vivência cultural dentro da sociedade estudada.

etnográfico é fornecer um esboço claro e firme da constituição social e desenredar das irrelevâncias as leis e regularidades de todos os fenômenos".

Para o autor, "Toda área da cultura tribal em todos os seus aspectos deve ser examinada na pesquisa". (MALINOWISKI, 2016, p. 102). Ele define ainda que o trabalho etnográfico "[...] consiste em colher dados concretos de evidência e fazer as inferências gerais por si mesmo". (MALINOWISKI, 2016, p. 103).

O método etnográfico, contudo, não é formado apenas pela experiência de campo, mas também por uma escrita, que, em muitos casos, funcionou como uma construção retórica de legitimação de uma prática representacional voltada ao "resgate" de um objeto considerado em processo de desaparição. O outro etnografado, perdido em um tempo e espaço que se desintegram, seria "salvo" no texto (CLIFFORD, 2016).

Embora Clifford (2016) não negue a existência de casos específicos em que costumes e línguas estejam de fato desaparecendo, ou o valor do seu registro sob a forma escrita, o autor questiona o pressuposto de que uma mudança rápida produziria um imediato desvanecimento de algo tão essencial, como é a cultura, ou a identidade diferenciada e coerente de um povo. Conforme o autor, a autoridade científica e moral de uma etnografia de resgate, ou redentora, partiria do pressuposto — compartilhado, em muitos casos, pela história oral — de que a outra sociedade é frágil, que precisaria ser representada por alguém "de fora" e que o importante nela não é o seu presente ou o seu futuro, mas o seu passado (CLIFFORD, 2016).

Para Clifford (2016), o *status* do intelectual-pesquisador de campo, entendido como o responsável por transformar a cultura em escrita, foi abalado pela compreensão de que os povos estudados estão continuamente escrevendo a si mesmos. No trabalho etnográfico, os dados culturais são deslocados da *performance* oral para a escrita descritiva. Assim, "[...] tanto o informante quanto o pesquisador são leitores e 're-escritores' de uma invenção cultural". (CLIFFORD, 2011, p. 83). O autor ressalta:

> De fato, muitas etnografias incluem algum relato parcial do trabalho de campo como parte de sua representação de uma realidade cultural. Mas seja de modo implícito ou explícito que a narrativa do trabalho de campo apareça na etnografia, sua forma mesmo — a definição de seu tema, o horizonte do que ela pode representar — é a expressão textual da ficção dramatizada de comunidade que tornou possível a pesquisa.

> Assim, com graus variados de explicitação, as etnografias são ficções tanto de outra realidade cultural quanto de seu próprio modo de construção. (CLIFFORD, 2011, p. 193).

Ainda que o etnógrafo, ou o pesquisador de história oral, seja o responsável pela gravação do mito em um gravador, ou por copiá-lo em suas anotações de campo, a sua recitação é realizada por informantes nativos, que interpretam os costumes de seu povo em conversas estabelecidas com o pesquisador. O reconhecimento do papel ativo dos colaboradores nativos tem produzido questionamentos acerca da chamada "autoridade etnográfica" e da etnografia como prática de textualização (CLIFFORD, 2016).

No decorrer dos trabalhos de campo, não é também incomum o pesquisador identificar situações de intertextualidade presentes nos relatos dos seus informantes, visto que muitos deles leem e escrevem, ouvem rádio e veem televisão, guardam diários, cartas, recortes e fotografias. Povos até recentemente não letrados têm progressivamente adquirido o domínio da escrita. Assim, "[...] se muitas fontes escritas são baseadas na oralidade, a oralidade moderna, por si só, está saturada de escrita" (PORTELLI, 1997, p. 33). Além disso, não são muitas as culturas que, atualmente, não foram textualizadas, seja pelos etnógrafos e demais pesquisadores, seja pelos próprios povos interessados em perpetuar seus registros (CLIFFORD, 2011).

A presença de "textos" provenientes de narrativas elaboradas fora das comunidades xavante pode ser identificada nas falas dos narradores aqui pesquisados, tal como ocorre no seguinte trecho do relato de Daniel Tsi'õmõwẽ Wari, que descreve, nos seguintes termos, a chegada dos homens "brancos" ao Brasil e o personagem histórico de D. Pedro.

> *D. Pedro, eu odeio esse nome, ele que estava perdido no mar, e o barco dele estava girando para lá e para cá, e do nada chegou e encontrou o povo nativo. Na verdade, ele estava perdido e chegou aqui sem querer. Mas o homem branco mentiroso deixou o livro dizendo que ele é o descobridor.* (Daniel Tsi'õmõwẽ Wari, janeiro de 2017).

Ele continua, mais adiante, narrando outro episódio, popularmente atribuído ao bandeirante Bartolomeu Bueno da Silva, que teria colocado fogo num recipiente com querosene, como se ali contivesse água, ameaçando os indígenas de fazer o mesmo com os rios, caso eles não lhe entregassem o ouro. Sobre isso, Daniel conta:

> *E vocês [os "brancos"] mentiram para roubar o ouro, o diamante. Se os índios não juntassem os diamantes, eles ameaçaram queimar o rio. Na verdade, ele não queimou a verdadeira água que foi pega para ele. Ele, na verdade, derramou querosene e ascendeu. Por causa disso, os índios ficaram com medo e juntaram diamantes.* (Daniel Tsi'õmõwẽ Wari, janeiro de 2017).

Daniel também contesta uma das versões teórica/acadêmica ouvida por ele sobre a chegada do homem ao continente americano, que afirma que os povos indígenas seriam originários da Ásia e que teriam adentrado nas Américas pelo estreito de Bering. Para Daniel, a versão dos homens "brancos" sobre a ocupação do continente seria mais uma mentira, entre tantas outras contadas por eles em seus livros. Isso porque, segundo o mito de origem xavante, os ancestrais Tasa'amri e Butsé, os respectivos fundadores dos clãs *Öwawẽ* e *Põ'redza'õnõ*, teriam verdadeiramente surgido de dois pedaços de madeira, em terras brasileiras. Assim, Daniel explica:

> *E a outra história do homem branco que os indígenas atravessaram o mar no caminho por um estreito de Bering é uma mentira. Como assim? Como o mar era tão grande, ninguém conseguiria atravessar. E onde eles pararam quando escureceu? No meio do mar? Se dormissem, o mar os levaria. Brancos, vocês são tão mentirosos, vocês mentem muito! Os Xavante já existiam aqui no Brasil, surgiram dos pauzinhos de madeira! Os que surgiram primeiro ouviram uma voz: "— Tasa'amri, acorde! Butsé, acorde!" De onde veio essa voz? Essa voz veio do arco-íris.* (Daniel Tsi'õmõwẽ Wari, julho de 2017).

Entre os pesquisadores, persiste uma tendência de eventualmente encobrir as influências do entorno recebidas pelas comunidades indígenas, mas elas existem e podem ser percebidas nas falas dos narradores, conforme o observado nos relatos anteriores. À essas influências, que incluem narrativas ouvidas, formuladas em ambientes externos à aldeia, os narradores muitas vezes atribuem significados distintos daqueles identificados em seu contexto original de produção.

Muitas pesquisas realizadas com comunidades indígenas foram precedidas por relatos de missionários, viajantes, administradores, autoridades locais e mesmo outros etnógrafos. Há casos, entretanto, de pesquisadores que escondem, desmerecem ou marginalizam essa produção textual, como se a sua própria fosse a única responsável por transportar a cultura nativa para a forma escrita. Reconhecer as leituras de transcrições que precedem ao trabalho de campo significa reconhecer que a própria experiência de campo também se encontra repleta de textos (CLIFFORD, 2016).

O trabalho de pesquisa de campo, em comunidades indígenas, não se limita a um processo cumulativo de coletar "experiências" ou a um "aprendizado" cultural por um sujeito autônomo. Conforme Clifford (2011, p. 203), o trabalho de campo é "[...] um encontro historicamente contingente, não controlado e dialógico, que, em alguma medida, envolve tanto o conflito quando a colaboração na produção de textos".

As tentativas de pesquisadores, voltadas para conseguir encontros verdadeiros em seus trabalhos de campo, costumam esbarrar em propósitos políticos, éticos e pessoais, que influenciam a transmissão do conhecimento intercultural. Nem a experiência e nem a atividade interpretativa são imparciais, isentas. Os trabalhos de etnografia, como os de história oral, envolvem negociações entre sujeitos que se encontram em interação. Isso significa dizer que "[...] paradigmas de experiências e interpretação dão lugar a paradigmas discursivos de diálogo e polifonia" ou que o trabalho de campo é "[...] significativamente composto por eventos de linguagem". (CLIFFORD, 2011, p. 41-42).

Grupos humanos, quaisquer que sejam eles, articulam-se, classificam, possuem uma "literatura oral" ou inscrevem seu mundo em atos rituais, ou seja, "textualizam" significados. A etnografia, por exemplo, é uma tradução da experiência para o texto e pode ser feita de várias maneiras, o que acarreta consequências éticas e políticas importantes. A textualização pode ocorrer mediante a descrição dos resultados individuais de pesquisa e ser o resultado da observação, da intepretação e do diálogo, logrando apresentar múltiplas vozes ou apenas uma. No trabalho etnográfico, o outro pode ser representado de várias formas: como sendo estável e dotado de uma essência, como um produto de uma narrativa de descoberta, ou, ainda, como resultado de circunstâncias históricas específicas. Em qualquer uma dessas representações, porém, prevalece o pressuposto de que as experiências e os discursos são transformados em escrita (CLIFFORD, 2016).

Diferentemente do que ocorre em trabalhos de historiografia convencionais, em que o historiador recebe um texto (sua fonte) já elaborado — quais sejam: os documentos produzidos no passado sobre o tema estudado —, o etnógrafo, assim como o pesquisador empenhado na elaboração de um trabalho de história oral, precisa "construir um texto". A construção desse *corpus* envolve, portanto, diferenças metodológicas significativas em relação ao primeiro tipo de pesquisa.

Sobre os Xavante, além dos vários trabalhos etnográficos e antropológicos produzidos, alguns deles aqui citados, é ainda possível encontrar trabalhos historiográficos bastante relevantes. Um deles é a tese de Oswaldo Ravagnani, denominada *A experiência Xavante com o Mundo dos Brancos* (1978), na qual o autor faz uma análise dos registros históricos arquivísticos sobre os Xavante da *Provincia de Goyaz* produzidos durante os séculos XVIII e XIX.

Outro trabalho historiográfico de destaque é o de Cláudia Menezes, intitulado *Missionários e índios em Mato Grosso: os Xavantes da Reserva de São Marcos* (1984), centrado em fontes documentais produzidas pelas missões salesianas em suas atividades de educação e de evangelização desenvolvidas junto à população xavante da Terra Indígena São Marcos. Embora a autora tenha realizado um trabalho de campo — em que buscou observar o cotidiano da aldeia São Marcos em interação com a missão salesiana —, em sua tese, predominam as fontes documentais escritas, produzidas pelos missionários.

Historiográfico também é o trabalho de Seth Garfield (2011), que resultou no livro denominado *A luta indígena no coração do Brasil – Política indigenista, a Marcha para o Oeste e os índios Xavante (1937-1988)*, em que o autor busca analisar a política indigenista desenvolvida pelo Estado brasileiro ao longo de mais de 50 anos, tomando os Xavante como caso exemplar. A luta dos Xavante pela defesa dos seus direitos, nesse período, é retomada pelo autor, que destaca a resistência indígena ao contato com a sociedade nacional durante o Estado varguista e as táticas e as estratégias de pressão adotadas pelos Xavante durante governos militares, com o intuito de obrigá-los a demarcar suas terras. A participação indígena na Assembleia Constituinte, que resultou na promulgação da Constituição federal de 1988, encerra o ciclo de lutas analisados pelo autor.

Cabe ainda mencionar a tese de doutoramento de Maria Lúcia Gomide, apresentada ao Programa de Pós-Graduação de Geografia Física da Universidade de São Paulo, e intitulado *Marãnã Bödödi – A territorialidade Xavante nos caminhos do Ró* (2009), na qual a autora aborda aspectos da territorialidade xavante nas Terras Indígenas Sangradouro, Areões e Pimentel Barbosa. Ainda que a autora não desenvolva um trabalho metodologicamente classificado como de história oral, ou mesmo de etnografia, os relatos indígenas por ela coletados durante sua experiência de campo nas terras xavante são utilizados como fontes de pesquisa.

Também tem crescido significativamente o número de trabalhos escritos sobre os Xavante e que estão disponíveis nos repositórios institucionais de universidades do país, em especial naquelas situadas na região Centro Oeste, onde é possível conhecer parte da produção acadêmica de estudantes indígena de graduação e pós-graduação. Muitos desses trabalhos têm recorrido, inclusive, às fontes orais e buscam retratar diferentes aspectos da vida e da cultura dos povos indígenas aos quais esses estudantes pertencem.

No que se refere aos trabalhos não acadêmicos, destaca-se o livro *Wamrêmé Za'ra – Nossa palavra: mito e história do povo Xavante* (1998), produzido pela comunidade xavante da aldeia Etênhiritipa, Terra indígena Pimentel Barbosa, em parceria com o Núcleo de Cultura Indígena e a Editora Senac de São Paulo. Nesse livro, um grupo de anciãos do clã *Po'redza'õnõ*, os quais nasceram num período anterior ao contato com os não indígenas, narra os mitos de origem e as principais histórias de seu povo, demonstrando preocupações com a transmissão de um legado, tendo em vista a perspectiva de sua morte, por se tratar de narradores idosos.

A pesquisa aqui desenvolvida, portanto, foi iniciada com consultas ao vasto material produzido sobre os Xavante por missionários, jornais, revistas, órgãos indigenistas, etnógrafos, antropólogos, historiadores, estudantes de graduação e pós-graduação indígenas e não indígenas. A leitura de toda essa produção textual não foi integralmente realizada pela pesquisadora, mas definitivamente influenciou sua experiência de campo, fazendo com que ela estivesse, desde o início, marcada por diálogos estabelecidos com muitos outros trabalhos.

Embora a pesquisa a que nos propusemos seja diferente de uma etnografia, tanto em seus objetivos como no tempo dispendido junto às comunidades estudadas, alguns aspectos metodológicos comuns à prática etnográfica podem ser nela identificados. Entre eles, está a realização de um trabalho de campo nas comunidades pesquisadas, o que requer um esforço de interação e de inserção nessas comunidades, cuja colaboração e cujo empenho são fundamentais para que se possa levar adiante a pesquisa. As etnografias, contudo, costumam demandar um convívio mais prolongado com as comunidades pesquisadas. Já o trabalho de campo necessário à realização de uma pesquisa de história oral pode eventualmente se resumir ao tempo necessário às negociações prévias para explicar e obter a permissão para o desenvolvimento do trabalho, para a realização das entrevistas propriamente ditas e para os retornos pontuais destinados ao encontro com os narradores entrevistados, com o intuito de apresentar as transcrições dos relatos gravados, solicitar eventuais esclarecimentos e confirmar a autorização para a publicação do material.

As abordagens de historiadores e de etnógrafos voltadas para a reconstrução de histórias vêm convergindo, de muitas formas, nos estudos sobre as sociedades indígenas. A metodologia da história oral tem sido aplicada tanto para satisfazer o interesse antropológico de aliar categorias culturais, cosmologias e símbolos ao controle disciplinado dos registros escritos por parte dos historiadores, como para responder a questionamentos sobre a quem cabe formular e contar histórias em uma dada sociedade, ou que vozes no interior de uma coletividade são destacadas e quais são marginalizadas. Paralelamente a isso, os próprios povos indígenas têm exigido que suas tradições orais sejam levadas a sério como visões legítimas da história, questionando quem controla as imagens e as representações de suas vidas que são repassadas ao resto do mundo (CRUIKSHANK, 2006).

Cruikshank alerta-nos para a existência de debates mais amplos sobre o privilégio concedido à teoria, por meio de uma prática de pesquisa ocidental, em trabalhos historiográficos de reconstrução de histórias indígenas, os quais também envolvem questões éticas de autoexpressão dessas pequenas sociedades. Conforme o autor,

> Os exemplos tirados das Filipinas, da Nova Zelândia, de Uganda e da Colúmbia Britânica mostram que uma das contribuições mais diretas que a tradição oral pode prestar ao discurso acadêmico é complicar nossas perguntas. Historiadores e antropólogos, imersos no projeto de reexaminar o passado, indagam sobre o que realmente aconteceu, como incorporar os pontos de vista dos diversos participantes e como avaliar diferentes tipos de evidências, mas essas questões são em geral levantadas tomando por base conceitos e categorias ocidentais. As questões levantadas pelos povos indígenas muito provavelmente procurarão saber de quem é a história que faz a história legítima. Quem identifica os "eventos" reunidos no texto histórico? Como se constituiu o significado de "lugar"? Quais os problemas que surgem quando se tenta codificar tradições orais como "fontes" históricas? (CRUIKSHANK, 2006, p. 163).

Tais considerações envolvem ponderações de caráter epistemológico que implicam o questionamento de cânones de pensamento e o monopólio da autoridade do conhecimento produzido por alguns poucos homens, em ambientes acadêmicos situados em alguns poucos países. Ao reivindicarem a participação nos debates envolvendo o conhecimento que é produzido sobre si, as comunidades indígenas — em vários casos representadas por pesquisadores nativos — vêm contribuindo para inserir, nos espaços acadêmicos, outras epistemologias, cosmologias e visões de mundo, as quais são construídas a partir de geopolíticas e corpo-políticas do conhecimento, consideradas "não ocidentais". (GROSFOGUEL, 2014).

Viveiros de Castro (2002) destaca que o conhecimento antropológico — assim como o de história oral — ocorre no encontro entre dois sujeitos, o pesquisador e o nativo, sendo, portanto, um conhecimento relacional. Ainda que ambos sejam sujeitos cognoscentes, o pesquisador e o nativo não costumam estar situados no mesmo plano de discurso na relação que se estabelece durante o trabalho de campo. Nela, o pesquisador frequentemente possui uma vantagem epistemológica sobre o nativo, pois ainda que o sentido estabelecido pelo primeiro dependa do segundo, é o pesquisador quem se encarrega de explicar, interpretar, traduzir, textualizar e contextualizar o observado no decorrer da pesquisa (VIVEIROS, 2002).

Tendo isso em conta, Viveiros de Castro (2002) propõe uma experiência de equivalência de direitos entre os discursos do antropólogo/pesquisador e os do nativo, enfatizando a condição mutuamente constituinte de ambos os discursos, produzidos na relação de conhecimento estabelecida entre os dois sujeitos. Para o autor, os conceitos assim elaborados são relacionais, já que refletem uma relação de inteligibilidade entre duas culturas, que são projetadas a partir de pressupostos imaginados, sempre passíveis de equivocação.[14]

2.2 Fontes orais: diálogos entre entrevistador e entrevistado

Janaína Amado e Marieta Ferreira (2006) definem a história oral como sendo uma metodologia de pesquisa que nos remete a uma dimensão técnica e a uma dimensão teórica e cujo uso transcende a disciplina histórica, abarcando também outras áreas do conhecimento, tais como a Psicologia e a Antropologia. De acordo com as autoras (2006), na história oral, o testemunho representa o núcleo da investigação, nunca sua parte

---

[14] O conceito de equivocação é definido por Viveiros de Castro (2004) como sendo uma condição de possibilidade do discurso presente em qualquer processo de tradução. Seu significado não é uma mera facticidade negativa, mas a comunicação de diferenças que, ao invés de serem silenciadas, são apresentadas a partir de outras perspectivas. Na teoria perspectivista de Viveiros de Castro, a equivocação não se refere à mera dificuldade de se entender que existem diferentes formas de compreensão do mundo, mas à falta de percepção de que existem diferentes mundos, que são vistos e descritos.

assessória. O uso sistemático do testemunho pela história oral possibilita o esclarecimento de trajetórias individuais, de eventos ou de processos, que, em muitos casos, não têm como ser entendidos ou elucidados de outra maneira. Ao descrever os possíveis usos da história oral, Amado e Ferreira (2006, p. XIV) acrescentam:

> [...] são depoimentos de analfabetos, rebeldes, mulheres, crianças, miseráveis, prisioneiros, loucos... São histórias de movimentos sociais populares, de lutas cotidianas encobertas ou esquecidas, de versões menosprezadas; essa característica permitiu inclusive que uma vertente da história oral se tenha constituído ligada à história dos excluídos.

Na história oral, os documentos são gerados a partir de um diálogo entre entrevistador e entrevistados, o que faz com que o historiador afaste-se de interpretações fundadas numa rígida separação entre sujeito/objeto de pesquisa. Conforme Amado e Ferreira (2006, p. XV), "[...] na história oral, o objeto de estudo do historiador é recuperado e recriado por intermédio da memória dos informantes". Tendo isso em conta, "[...] a instância da memória passa, necessariamente, a nortear as réflexões históricas, acarretando desdobramentos teóricos e metodológicos importantes". (AMADO; FERREIRA, 2006, p. XV).

A história oral caracteriza-se por ser um procedimento destinado à constituição de novas fontes de pesquisa histórica, as quais são geradas a partir de depoimentos orais colhidos em conformidade com certos métodos e pressupostos teóricos. Ao expor o processo de constituição dessas fontes, a história oral evidencia a subjetividade do *corpus* documental utilizado em trabalhos historiográficos, os quais estão eventualmente ocultos no trabalho com as fontes escritas e de cujo processo de constituição o historiador não participa (LOZANO, 2006).

Alguns trabalhos etnográficos transmitem a falsa impressão de que o pesquisador "coleta" dados, ao invés de "produzi-los" em colaboração com os seus informantes (CLIFFORD, 2011). O mesmo raciocínio vale para os trabalhos de história oral, nos quais os dados são produzidos e não coletados, como ocorre em um arquivo, no qual o historiador depara-se com documentos previamente elaborados, sem a sua participação, cabendo-lhe apenas o trabalho de organização e intepretação posterior das fontes.

As pesquisas envolvendo fontes orais implicam em considerações sobre questões ligadas à memória, à narrativa, à subjetividade e ao diálogo, nem sempre observadas em outras abordagens historiográficas. Como esclarece Portelli (2016, p. 11), a diferença da história oral em relação aos documentos históricos diz respeito ao fato de que "[...] as fontes orais não são encontradas, mas cocriadas pelo historiador". Sem a sua presença, as fontes orais não existiriam sob a forma que lhe são apresentadas, pois elas surgem do estímulo e do papel ativo desempenhado pelo historiador na entrevista, ou seja, as fontes orais são geradas na entrevista, na troca dialógica estabelecida entre pesquisador e colaborador. Nessa interação, perguntas e respostas nem sempre estão em consonância, já que a agenda do historiador nem sempre corresponde à do narrador, pois aquilo que o pesquisador quer saber não necessariamente corresponde ao que o narrador deseja contar.

O descompasso entre perguntas e respostas, muitas vezes observado em trabalhos de história oral, pôde ser identificado em vários momentos das falas dos narradores xavante. Embora os principais tópicos questionados — o contato com os não indígenas e as demarcações das terras xavante — tenham sido contemplados em quase todos os relatos, esses não se restringiram às temáticas propostas nos roteiros de entrevistas apresentados. Assuntos relacionados à saúde, à educação, ao comportamento, aos costumes, à tradição, à expectativa de futuro, entre outros temas, foram abordados pelos narradores xavante, o que demonstra não apenas a subjetividade das fontes orais, mas também o amplo alcance e as limitações implicadas na utilização dessa metodologia de pesquisa.

Frequentemente, os trabalhos que se utilizam das fontes orais são alvos de questionamentos envolvendo a precisão das lembranças daqueles que colaboram com tais trabalhos, cujas narrativas são tomadas como fontes de pesquisa. Argumenta-se que os relatos orais foram elaborados em um momento distante daquele em que os eventos ocorreram e que, por isso, estariam submetidos à distorção da memória imperfeita. No entanto, algo semelhante ocorre com os documentos escritos, comumente produzidos algum tempo após a ocorrência do evento a que se referem e, muitas vezes, por pessoas que não participaram dele (PORTELLI, 1997).

Portelli (1997) defende que o envolvimento pessoal, por vezes íntimo, das fontes orais com os acontecimentos narrados pode compensar a distância cronológica que os separa. Em algumas culturas, são ainda observados mecanismos de ajuda para a memória, como a repetição sistemática das mesmas histórias, a discussão com os membros da comunidade, ou a adoção de narrativas formalizadas e de uma métrica que contribuem para a preservação de uma versão textual de um evento.

Às fontes orais, contudo, não se costuma atribuir a mesma autoridade concedida às fontes escritas. Embora os documentos escritos, em última instância, estejam também carregados de subjetividade, ainda persiste a hierarquia que os coloca acima dos documentos explicitamente identificados como "orais". Isso, provavelmente, ocorre pelo fato de os documentos escritos serem desvinculados de sua origem, ainda que eles sejam, por exemplo, meras transcrições de fontes orais feitas por um historiador, ou por um juiz ou escrivão, que fazem escolhas subjetivas acerca do que é ou não é registrado (PORTELLI, 2010).

Para Portelli (1997), o conteúdo das fontes escritas independe das hipóteses estabelecidas pelo pesquisador, na medida em que as fontes apresentam-se sob o formato de textos fixos, estáveis. Já as fontes orais dependem diretamente dos questionamentos propostos pelo pesquisador no diálogo que se desenvolve durante a entrevista. Em ambos os tipos de documento, contudo, há sempre subjetividade e seletividade, embora, para a história oral, a subjetividade verificada nas fontes, que eventualmente incluem distorções, erros, omissões e silêncios, não é tida como depreciativa, mas como tema de pesquisa e objeto de análise (SANTHIAGO, 2008).

As fontes orais ajudam-nos a questionar as fronteiras que separam aquilo que pertence e o que é alheio à História, ao nos permitir o acesso à historicidade das vidas privadas e a redefinição de noções preconcebidas sobre o espaço público e o espaço privado (PORTELLI, 2016). Portelli (2016, p. 16) esclarece que:

> Em última instância, a história oral diz respeito ao significado histórico da experiência pessoal, por um lado, e ao impacto pessoal das questões históricas, por outro. O cerne duro da história oral reside exatamente nesse ponto, no qual a história invade as vidas privadas (por exemplo: quando a guerra invade o espaço doméstico sob a forma de uma bomba jogada de um avião) ou quando as vidas privadas são sugadas para dentro da história (por exemplo: a experiência das trincheiras na Primeira Guerra Mundial ou a experiência das tropas italianas na campanha russa na Segunda Guerra Mundial).

Cruikshank (2006) observa que as narrativas orais devem ser analisadas menos como evidências do passado e mais como construções sociais do presente. Por conseguinte, elas não devem ser ingenuamente vasculhadas com a finalidade de se chegar aos "fatos", mas entendidas, no contexto em que são produzidas, como formas culturais que organizam a percepção e dão sentido aos acontecimentos.

Na oralidade, o discurso não está finalizado, mas atua como um discurso em processo, que se desenrola no próprio ato de rememorar e contar, que contém uma dimensão performática e é influenciado pelos acontecimentos do presente (PORTELLI, 2016). A história oralmente narrada só adquire forma no encontro pessoal decorrente da pesquisa de campo, pois é no diálogo propiciado pelo encontro, entre pesquisador e o colaborador, que os conteúdos da memória são evocados e verbalmente articulados. Assim, mais do que "recolher" memórias e performances verbais, o pesquisador as provoca com a sua presença, com suas perguntas e reações. Tendo isso em conta, a diferença cultural entre pesquisador e narrador pode, inclusive, propiciar estímulos imprevistos, forçando o narrador a explorar aspectos de sua experiência pouco enfatizados nas histórias contadas àqueles que compõem o seu círculo mais próximo. Segundo Portelli (2016, p. 98):

> Ao contrário do texto escrito, a narrativa oral é renovada a cada contação, à medida que ela passa pelo corpo e pela mente do falante. Então, mesmo quando cantores e contadores de histórias se esforçam para repetir a história e a canção "do jeito que eu ouvi", "do jeito que ela sempre foi contada" — e eles acreditam fazer isso —, a performance oral é uma experiência em constante mudança, localizada no tempo e no espaço, moldada tanto pela reação do ouvinte quanto pelo estado mental do performer. Portanto, mesmo na história mais repetida, existe sempre um grau de improvisação e reinvenção.

A situação de diálogo colocada pela entrevista também pode conter barreiras, que, no entanto, são fluidas e móveis, passíveis de negociações e de contínuas modificações advindas da interação entre os interlocutores (PORTELLI, 2010). Nessa interação, a recordação não se dá de forma passiva, mas a partir de uma constante e ativa reelaboração dos fatos, cujos significados são construídos por um trabalho de memória, que ocorre sob o filtro da linguagem (PORTELLI, 2016). Em seu esforço de atribuir sentido ao passado e às suas vidas, os narradores estão continuamente reconfigurando suas lembranças ao narrá-las. Mais do que uma depositária passiva de fatos, a memória é, portanto, um processo ativo de criação de significações e está em constante mudança (PORTELLI, 1997).

As memórias estão sempre se transformando ao longo do tempo, sem que, muitas vezes, sequer percebamos quando isso ocorre. Ainda que pareçam nítidas, que digam respeito a uma experiência rara, ou que exprimam uma reflexão retrospectiva, podem ocorrer situações em que as lembranças refiram-se a acontecimentos, ou a situações que nunca aconteceram de fato, sem que isso comprometa sua validade como fonte de pesquisa, já que o que se almeja, em grande parte dos trabalhos de história oral, é a compreensão das subjetividades dos narradores e as suas formas de atribuir sentido aos acontecimentos (KOTRE, 2013).

Para Portelli (2016, p. 21), a oralidade "[...] não é apenas o veículo de informação, mas também um componente de seu significado". Isso ocorre porque "[...] a forma dialógica e narrativa das fontes culmina na densidade e na complexidade da própria linguagem". (PORTELLI, 2016, p. 21). O autor ainda afirma que "[...] a tonalidade e as ênfases do discurso oral carregam a história e a identidade dos falantes e transmitem significados que vão bem além da intenção consciente destes". (PORTELLI, 2016, p. 21). Na perspectiva de Portelli (2010, p. 20),

> Estas diferenças resultam num uso diferente do espaço: em vez de uma "roda" de ouvintes, a situação de entrevista instituiu uma bipolaridade dialógica, dois sujeitos face a face, mediados pelo emprego estratégico de um microfone. Em torno desse objeto os dois se olham. A ideia de que existe um "observado" e um "observador" é uma ilusão positivista: durante todo o tempo, enquanto o pesquisador olha para o narrador, o narrador olha para ele, a fim de entender quem é e o que quer, e de modelar seu próprio discurso a partir dessas percepções. A "entre/vista", afinal, é uma troca de olhares. E bem mais do que outras formas de arte verbal, a história oral é um gênero multivocal, resultado do trabalho comum de uma pluralidade de autores em diálogos.

Verena Alberti (2005) ressalta que a escolha dos entrevistados, ou daqueles que contribuirão com suas narrativas para a pesquisa, não deve ser orientada por critérios meramente quantitativos, por preocupações com amostragens, mas sim pelo significado da experiência do entrevistado e a posição por ele ocupada no grupo. Tendo isso em conta, indivíduos que participaram, viveram, presenciaram ou inteiraram-se de ocorrências ou de situações ligadas ao tema pesquisado são capazes de fornecer depoimentos mais significativos. Por isso, devem ter prioridade na escolha para a participação na pesquisa. Como afirma Passerini (2006), há uma estreita ligação entre memória e experiência vivida, entre tradição e capacidade de experiência.

Diferentemente dos documentos escritos, os documentos orais não foram colhidos, mas produzidos dialogicamente, a partir do estímulo do historiador, que seleciona as pessoas que serão entrevistadas e que contribui para a moldagem dos testemunhos, ao colocar as questões e reagir às respostas (PORTELLI, 1997). O historiador é aquele que estimula a eclosão do texto, é o responsável por dar forma e estabelecer o contexto ao testemunho, é o autor do documento produzido em colaboração com o entrevistado (SANTHIAGO, 2008).

O diálogo estabelecido na entrevista significa, portanto, o encontro entre duas intencionalidades. O pesquisador organiza seu trabalho com o intuito de conhecer um aspecto da realidade, escolhendo narradores que contribuam com esse objetivo. Os entrevistados, por sua vez, recorrem à memória em suas falas, reconstruindo o passado com valores do presente, que são moldados a partir das experiências vivenciadas. Em suas narrativas, que podem conter esquecimentos e omissões, de forma deliberada ou não, eles expressam a imagem que possuem de si e as opiniões que desejam transmitir (LANG, 2013).

A memória não é um depósito de informações prontas e imediatas, mas um processo de produção gradual de significados, marcado pela influência do sujeito, do interlocutor e de condições ambientais e, por isso, as narrativas orais possuem um alto grau de mutabilidade e instabilidade (PORTELLI, 2010). O resultado da entrevista nem sempre é aquele inicialmente previsto, já que a situação de diálogo entre pesquisador e entrevistado é única e específica e, como tal, deve ser considerada na análise e na interpretação posterior dos resultados (LANG, 2013).

Worcman (2013) assinala que, mais do que a subjetividade, a característica mais expressiva da fonte oral está na singularidade da narrativa. A narrativa traduz sempre uma perspectiva pessoal que o indivíduo possui da própria experiência ou sobre um tema específico. Trata-se, portanto, de uma articulação singular que cada narrador faz para construir sua própria história e que permite que relações de causa e efeito, definições de trama e destaques dados ao conjunto de eventos sejam explicitados. Tendo isso em conta, é possível afirmar que a narrativa é sempre forjada a partir de um certo olhar, ou seja, de uma perspectiva.

Assim como no trabalho etnográfico, os trabalhos de história oral também requerem a cumplicidade entre o pesquisador e os colaboradores, o que pode, contudo, esbarrar em obstáculos advindos da incompatibilidade entre o calendário acadêmico do pesquisador, a duração dos recursos disponíveis para a pesquisa e o ritmo dos colaboradores (CLIFFORD, 2011). Para Castillejo Cuéllar (2009), os compromissos de curto prazo podem dificultar a consolidação da confiança entre pesquisadores e colaboradores, pois a confiança baseia-se no conhecimento mútuo, que implica en um certo tempo de convivência. A confiança não é um procedimento mecânico, mas o resultado da sustentação de um encontro, da negociação de um espaço íntimo, intersubjetivo e, até mesmo, político.

Castillejo Cuéllar (2009) afirma que, em algumas pesquisas, pode ocorrer do encontro suscitado pela entrevista ser autoritário e vertical, seja em sua estrutura hierárquica, seja em suas dinâmicas internas. Isso ocorre porque ainda que o colaborador conte a sua história, ele pode fazê-lo em um ambiente controlado, no qual a hierarquia está bem estabelecida. Além disso, é comum o colaborador perder completamente o controle das narrativas gravadas, desconhecendo seu uso posterior pelo pesquisador. Como bem observa Castillejo Cuéllar (2009, p. 56-57), o "testemunho" do indivíduo costuma, em seguida, ser convertido em uma "história", em fonte de prestígio do acadêmico num circuito de recompensas.

Ao se referir, em sua obra, *Los arquivos del dolor*, a trabalhos acadêmicos que fazem uso de testemunhos de vítimas de violência na África do Sul, durante o regime do Aparthaid, Castillejo Cuéllar (2009, p. 57) explica:

> Este patrón crea una profunda ironía y una tragedia: la de querer hablar y, al mismo tiempo, evitarlo. Cuando aparentemente se rompe el circuito del silencio en el momento de la entrevista, o cuando la palabra parece convertirse en un instrumento de reconocimiento y el académico en su conducto, el testimonio suele ser "recolonizado" y "hurtado", como escuché decir a estos sobrevivientes. De esta manera, el "reconocimiento" y, por supuesto, el "acto de registrarlo" se tornan vagas realidades, dispositivos ilusorios inventados por el experto para legitimar su trabajo, en los que las expresiones y voces de las víctimas – a menudo fuera de contexto – llenan los "vacíos" dejados por su texto. Los testimonios son usados hasta el cansacio y de una manera tal que adquieren un valor de cambio basado en su poder de circulación.

Castillejo Cuéllar (2009) defende que a negociação de um espaço de intercâmbio — que inclua formas alternativas de dissolver, ao menos idealmente, os padrões de interação criados por aqueles que nos precederam — é um dever do pesquisador preocupado em romper com a violência que permeia os trabalhos acadêmicos. Isso não apenas requer um compromisso mais profundo e durador, mas também uma autorreflexão e uma sensibilidade distinta, ou seja: uma ética da "colaboração".

2.3 Entrevistas: modos de produção e narradores

A formação de um quadro de entrevistados é fundamental para os trabalhos de história oral e implica questionamentos concernentes à representatividade dos narradores escolhidos no conjunto de outros tantos possíveis (LANG, 2013). Para Alberti (2005), a escolha dos entrevistados de uma pesquisa oral deve seguir critérios qualitativos e não quantitativos. A autora esclarece que a quantidade de narradores necessária à pesquisa é aquela que permite a articulação dos relatos entre si, a fim de se obter inferências significativas para os propósitos do trabalho, assim como certo grau de generalização dos seus resultados (ALBERTI, 2005).

Os trabalhos de campo desenvolvidos para os propósitos deste livro ocorreram nas Terras Indígenas São Marcos e Parabubure, durante os meses de dezembro de 2016, janeiro e julho de 2017 e julho de 2018, e envolveram dez narradores xavante. Esses foram indicados pelas suas respectivas comunidades para a participação na pesquisa por serem por elas considerados como narradores competentes, aptos a responderem aos questionamentos propostos, em razão de suas experiências relacionadas aos temas estudados. Da Terra Indígena São Marcos, os entrevistados foram Daniel Tsi'õmõwẽ Wari e Raimundo Urébeté Ai'réro, moradores da aldeia São Marcos (Etẽnhõ'repré), Sílvio Tsipé 'Rairãté, morador da aldeia Rainha da Paz (Etẽ'rã urã), Tobias Tserenhimi'rãmi Tsere'õmowi, morador da aldeia Nova Esperança e Agnelo Temrité Wadzatse, morador da Aldeia Imaculada Conceição (Dzub'adze). Na Terra Indígena Parabubure, as entrevistas foram realizadas com Celestino Tsereróm'õ Tseredzéré, residente na aldeia Parabubu, Osana Tõmõtsu e Germano Tsimi'wadzé Tseredzatsé, moradores da aldeia São Pedro, Roberto Tseredzadi, morador da aldeia Buruwẽ e Eduardo Tseredzaró, da aldeia São Jorge ('Rituwawẽ).

Foram entrevistados narradores dos dois clãs que dividem a sociedade xavante: quatro *Po'redza'õnõ* e seis *Öwawẽ*. À exceção de apenas um narrador, todos eles nasceram em um período anterior ao contato do povo xavante com os não indígenas, ocorrido entre as décadas de 1940 e 1950, e possuem uma idade estimada entre 70 e 90 anos.

Em atendimento ao recorte temporal da pesquisa, os narradores foram questionados sobre o contato com a sociedade nacional, ocorrido entre as décadas de 1940 e 1950, e sobre o processo de reconhecimento das terras xavante pelo Estado brasileiro, o qual culminou com a sua demarcação, na década de 1970. Para a realização das entrevistas, foram elaborados roteiros semiestruturados, que foram previamente mostrados aos narradores xavante. Durante esses quase três meses de pesquisa de campo, permaneci hospedada nas cidades de Campinápolis e Barra do Garças, situadas próximas às Terras Indígenas Parabubure e São Marcos, para onde me dirigia de automóvel todas as manhãs e de onde voltava no período noturno.

Em conformidade com as técnicas da história oral, que envolvem a gravação das falas, as narrativas obtidas durante as conversações estabelecidas com os narradores foram registradas em suas respectivas aldeias, com a utilização de um aparelho de gravação e filmagem.

Apesar da existência dos roteiros compostos por 16 perguntas para os entrevistados da Terra Indígena Parabubure e 18 perguntas para os entrevistados da Terra Indígena São Marcos, relativas ao contato dos Xavante com os não índios e às demarcações das terras xavante, os entrevistados não se dispuseram a respondê-las uma a uma, segundo a ordem em que foram formuladas, mas insistiram para que todas as perguntas fossem lidas antecipadamente. Após isso, cada um deles elaborou a sua própria fala, abordando os questionamentos propostos. As falas de cada narrador foram pronunciadas separadamente e em momentos distintos. Cada uma delas teve uma duração de 25 minutos a uma hora e meia.

Muitos colaboradores da pesquisa têm uma idade avançada e não se expressam bem em língua portuguesa. Apesar de três deles falarem com alguma desenvoltura o português, todos preferiram responder as perguntas em xavante, por considerarem que, em sua própria língua, as histórias seriam "mais bem contadas". Isso ocorre porque, embora alguns possam compreender o idioma e, eventualmente, até mesmo nele se engajar em um diálogo, a expressão em língua portuguesa das narrativas xavante implicaria seu empobrecimento semântico. Por conseguinte, as falas dos narradores foram proferidas em xavante, tornando imprescindível a participação de um tradutor para a execução dos trabalhos.

Na experiência de campo que caracteriza o trabalho etnográfico, a observação participante[15] é frequentemente utilizada e, por vezes, requer um aprendizado linguístico, marcado por contingências inesperadas, que fogem ao controle do pesquisador. Esse aprendizado costuma ocorrer ora

---

[15] A observação participante é uma abordagem de observação etnográfica que, partindo de interações e relações interpessoais de caráter subjetivo — que implicam um envolvimento do pesquisador com as dinâmicas do grupo estudado —, busca produzir um conhecimento sobre esse grupo. Embora o método pressuponha a coleta de dados, ele assume um caráter subjetivo, advindo da especificidade da relação que cada pesquisador estabelece com o seu campo.

em momento anterior aos trabalhos de campo, ora no decorrer deles. Em minha pesquisa de história oral, isso não aconteceu, contudo. Apesar de compreender algumas palavras do idioma xavante, o entendimento das narrativas dos colaboradores, ou mesmo a participação em um diálogo simples, não está ao meu alcance, e isso certamente dificultou a realização do trabalho. Minhas limitações linguísticas, contudo, foram parcialmente amenizadas pela presença de um tradutor, que também atuou como coautor do trabalho desenvolvido em campo.

Clifford (2011) destaca que o trabalho etnográfico, por vezes, requer a figura de um tradutor, que tenta capturar o momento do pensamento intercultural e registrar um processo social e expressivo, sobre o qual ele não tem necessariamente o controle. As traduções culturais envolvem uma correlação de poder, pois, por mais sutil e inventiva que seja uma tradução em sua forma textual, ela ocorre sempre em uma relação entre uma língua considerada "forte" e uma língua tida como "fraca" (CLIFFORD, 2016, p. 57).

Como aponta Castillejo Cuéllar (2009, p. 56), em muitos trabalhos de pesquisa desenvolvidos com povos nativos, o idioma de intercâmbio é ainda percebido como o "idioma do colonizador", o que coloca obstáculos à capacidade de expressão do informante com toda a densidade semântica relacionada às experiências vividas. Esse tipo de intercâmbio linguístico, talvez inadvertidamente, reativa a natureza hierárquica do encontro entre pesquisador e colaborador, de tal maneira que a entrevista se torna, ao final, uma exaustiva representação do passado, experimentada como uma nova forma de extração de "informação", "dados", ou "testemunhos".

Em minha pesquisa, o papel de tradutor foi desempenhado por Wellington Tserenhiru Urébété, jovem xavante bilíngue da Terra Indígena São Marcos, aluno da Universidade Federal de Goiás e ex-colega de trabalho na Coordenação Regional Xavante de Barra do Garças, entre os anos de 2010 e 2012. Wellington, ou Tserenhiru, com quem mantenho o contato e a amizade desde o ano de 2010, atuou como intérprete das entrevistas realizadas e, nos meses subsequentes ao trabalho de campo, como tradutor do material coletado, em atendimento à minha solicitação para que colaborasse com os referidos trabalhos.[16]

---

[16] O pagamento pelos trabalhos desenvolvidos por Wellington foi a compra de um *notebook*, por ele escolhido e percebido como importante para o bom andamento dos seus estudos de graduação na Faculdade de Medicina da Universidade Federal de Goiás.

Pela minha falta de fluência no idioma xavante, só pude compreender o conteúdo das primeiras entrevistas no decorrer das traduções realizadas nos meses subsequentes à primeira viagem, ocorrida entre dezembro de 2016 e janeiro de 2017. A compreensão apenas posterior do conteúdo das falas gravadas impediu que a sua problematização ocorresse no momento das entrevistas, tornando necessárias outras etapas de pesquisa de campo, ocorridas nos meses de julho de 2017 e julho de 2018. Nessas duas visitas às Terras Indígenas São Marcos e Parabubure, foram feitas novas entrevistas e foram solicitados esclarecimentos adicionais aos entrevistados sobre os relatos já traduzidos.

Ainda que alguns autores, como Rosenthal,[17] defendam uma postura menos interventiva por parte do pesquisador, que, segundo a sua perspectiva, deve evitar a interrupção dos relatos com perguntas — como forma de minimizar sua influência na organização do discurso do narrador —, a maioria dos estudiosos de história oral insiste que o pesquisador deve manter uma postura ativa durante a realização das entrevistas, solicitando o aprofundamento de determinadas questões, no curso delas, e atuando como um mediador de discursos (SANTHIAGO, 2008). Isso, contudo, não ocorreu em minha pesquisa de campo.

Por não me comunicar suficientemente bem no idioma, as entrevistas foram, em muitos momentos, conduzidas por Wellington, que se encarregou de explicar aos narradores os objetivos da pesquisa, convencendo-os a participar dela. A situação explica, em grande medida, o formato das falas dos entrevistados que, em alguns momentos, dirigiram-se a ele, mas não a mim, enquanto narravam. Wellington foi, assim, o destinatário[18] de muitas falas, e o interlocutor a quem os narradores, em várias ocasiões, interpelaram e até mesmo aconselharam na posição de homens idosos que se dirigem a um sobrinho, ou a um neto, conforme é possível observar no trecho a seguir.

> **Meu sobrinho**, *não se envolva com coisas ruins, com algo que não presta do homem branco, se fizer isso, você perderá o seu valor. Se você não é envolvido pelas coisas, as suas falas serão valorizadas e aceitas. Por isso te aconselho, aproveitando a sua vinda.* (Osana Tõmõtsu, dezembro de 2016. Grifo nosso).

---

[17] Gabrielle Rosenthal é doutora em Sociologia pela Universität Bielefeld (Alemanha), livre-docente em Sociologia pela Universität Kassel (Alemanha), diretora do Centro de Métodos em Ciências Sociais da Universität Göttingen, Alemanha.

[18] As tentativas de entrevistas realizadas com mulheres, por intermédio de Wellington, não foram bem-sucedidas, resultando em falas curtas e evasivas. Atribuímos a situação aos padrões tradicionais de transmissão das narrativas xavante, marcados por aspectos geracionais e de gênero, que idealmente envolvem a transmissão de conhecimentos de homens idosos aos homens jovens, ou entre mulheres de diferentes gerações.

Em seu livro *Por que cantam os Kĩsêdjê* (2015), Anthony Seeger conta que as formas de expressão oral *kĩsêdjê* estão divididas em gêneros narrativos, entre os quais, aquele que o autor classifica como "falas de instrução". Conforme o autor, essa forma narrativa serve tanto para relatar um evento completo, já concluso, como para transmitir ensinamentos, ou aconselhar os mais jovens (SEEGER, 2015).

Embora o objetivo da pesquisa aqui proposta não seja a classificação e apresentação dos diferentes gêneros orais xavante, as falas de instrução, ou de aconselhamento, também são frequentes nos relatos xavante, em decorrência de um padrão narrativo presente na comunicação estabelecida entre velhos e jovens. As falas de aconselhamento dirigidas a Wellington devem ser compreendidas, portanto, dentro desse contexto narrativo, potencializado pelas preocupações demonstradas pelos velhos narradores com as transformações dos comportamentos e das atitudes dos jovens, decorrentes das mudanças advindas da crescente interação com os não índios.

Segundo Graham (1983), as histórias narradas são uma expressão importante da cultura xavante e das culturas das sociedades Jê do Brasil Central, sendo utilizadas com o propósito educacional de transmissão de experiências e conhecimentos de uma geração à outra. Essas narrativas estabelecem uma continuidade entre a sociedade contemporânea xavante e o passado, de modo a estabelecer uma orientação histórica para as comunidades indígenas diante dos desafios vivenciados.

O ato de narrar significa um reencontro de experiências transmitidas, capaz de deixar impressos, na memória das gerações, elementos essenciais à vida em seus diversos momentos. Para Benjamin (1996), o narrador é um personagem oriundo de uma tradição que se encontra em extinção e cuja fonte é a experiência que é repassada oralmente, de pessoa a pessoa, num exercício de perpetuação da memória.

De acordo com Walter Benjamin (1994), o narrador retira da experiência aquilo que conta, podendo se utilizar, na composição de suas narrativas, das suas próprias experiências, ou daquelas relatadas por outros, incluindo as dos seus ouvintes. O comportamento narrativo é um comportamento que nasce e existe em função do social, que o gera e o mantém, implicando sempre uma relação entre pelo menos duas pessoas: aquela que narra e aquela que ouve.

Souza (2017) assinala que o espaço cultural e simbólico no qual o narrador está circunscrito condiciona a inspiração da narrativa, estabelecendo os limites e as possibilidades para a linguagem captar e elaborar a experiência temporal. Os diferentes tipos de tramas narrativas que caracterizam uma determinada tradição cultural podem, contudo, oscilar, pendendo ora para a sedimentação, que ocorre quando a narrativa segue padrões previamente consolidados, ora para a inovação, verificada em situações em que há uma maior liberdade para a criação individual e para a subjetividade do narrador.

Entre os Xavante, particular importância é dada à capacidade individual de expressão oral. As habilidades retóricas, que incluem a manipulação de certos recursos expressivos e performáticos, são fonte de prestígio e de *status* para aqueles que as detém. Isso significa dizer que a obtenção de posições de comando e liderança, nas comunidades xavante, costuma requerer especial desenvoltura no campo da oralidade (GRAHAN, 1995).

Maybury-Lewis (1984) destaca que a maturidade amplamente reconhecida de um homem confere a ele a autorização para participar e discursar formalmente no conselho de homens maduros. Uma performance oral bem-sucedida nesse conselho pode resultar em prestígio e poder comunitário, enquanto a recusa a esse tipo de participação coletiva equivale a uma renúncia à vida política. Embora a participação no conselho dos homens, em muitos casos, envolva embates e conflitos, "Um homem que opte por excluir-se dessas disputas e que não se imponha no conselho fazendo-se ouvir, está, de certa forma, emasculando a sua figura". (MAYBURY-LEWIS, 1984, p. 197).

Graham (1995) atribui a notável capacidade de ação e protagonismo histórico dos Xavante à eficácia de suas práticas discursivas. Mediante um processo de aprendizagem em que se desenvolve a escuta atenta das histórias narradas, também encenadas em músicas e danças, um senso de continuidade em relação ao passado é engendrado, o que reforça a percepção de controle das comunidades indígenas sobre os processos históricos que as afetam. Conforme Graham (1995, p. 25):

> These agent-centered interpretations form part of individuals' conscious understanding of the world and inform the ways they talk and think about their relations with other Xavante communities as well as Brazilian national society.

De um ponto de vista externo, centrado na documentação histórica, jornalística e etnográfica, o passado xavante tem sido descrito como uma sucessão de eventos desconexos, aparentemente caóticos, caracterizados por sucessivas tentativas dos não indígenas de impor sua dominação, ao que os Xavante teriam respondido com lutas, migrações, capitulações e outros tipos de resistência. Já na versão das comunidades indígenas, perpetuada em suas narrativas orais, os Xavante aparecem como sujeitos ativos que detêm o controle de seus processos históricos, e não como vítimas afetadas por ações de terceiros (GRAHAM, 1995).

No decorrer dos trabalhos de campo, as exortações e os conselhos comumente distribuídos pelos velhos narradores aos jovens xavante, ali representados por Wellington, repetiram-se nos relatos de quase todos os narradores que, na condição de homens idosos, possuem a atribuição de "conselheiros" encarregados da transmissão de experiências às gerações mais jovens. O fato de morar em Goiânia, estudar em uma universidade e viver durante todo o período letivo entre não índios, distante de sua aldeia situada na Terra Indígena São Marcos, faz com que Wellington seja provavelmente percebido pelos narradores como potencialmente vulnerável à manipulação do homem "branco", cujos costumes e modos de vida nem sempre são bem-vistos pelos velhos indígenas, que repudiam a adoção de certos comportamentos dos não indígenas pela juventude xavante. Assim, Daniel alerta,

> *O homem branco é sempre ouvido, como hoje vocês não param de ouvi-lo, vocês se dividem, ficam do lado do branco, um dia vão bater um no outro. Eles não vão pensar em nós, vocês são muito estúpidos. Xavante, me escutem! Vocês são muito burros! Por que vocês ficam do lado do branco? Para quê? Por acaso eles são seus irmãos para defendê-los? Vocês que são irmãos precisam se amar, os de todo território.* (Daniel Tsi'õmõwẽ Wari, julho de 2017).

Daniel Tsi'mõmõwẽ Wari é um ancião, do grupo *Nõdzô'u*, reconhecido como um grande narrador de histórias na aldeia São Marcos. Com sua habilidade de recordar e narrar, Daniel tem colaborado com estudantes indígenas xavante de São Marcos, empenhados na elaboração de seus trabalhos acadêmicos.

Conheci Daniel no ano de 2011, época em que trabalhei na Coordenação Regional da Funai Xavante, em Barra do Garças. O contato estabelecido com Daniel foi feito por Wellington, que me acompanhou durante todo o trabalho de campo nas aldeias e com quem o narrador já possuía intimidade, devido a uma amizade estabelecida, ao longo de anos, entre as famílias de Daniel e de Pedrinho Urébété, pai falecido de Wellington. As duas entrevistas feitas com Daniel ocorreram na aldeia São Marcos, nos meses de janeiro e julho de 2017, e propiciaram o acesso a narrativas detalhadas e extensas, nas quais Daniel trava um diálogo com Wellington, orientando-o sobre vários aspectos da vida xavante.

Em suas falas, Daniel apresenta-se como um homem corajoso, como um bom caçador, sempre disposto a enfrentar as dificuldades e os perigos da mata. Ao se apresentar, ele explica: *"Por que o meu nome é Tsi'õmõwẽ Wari? Porque eu já venci uma cobra grande, eu já venci em muitas coisas, eu nunca me entrego, eu nunca fujo".* (Daniel Tsi'õmõwẽ Wari, janeiro de 2017). E ainda: *"Eu encontrei muitas coisas na mata, caçando. Já matei muitas coisas perigosas, bichos desconhecidos".* (Daniel Tsi'õmõwẽ Wari, julho de 2017).

Diferentemente de alguns narradores xavante que se destacaram como lideranças pela sua capacidade de diálogo e mediação com o homem "branco", Daniel ressalta que a sua atuação sempre se deu dentro dos limites do mundo xavante, cumprindo as atribuições e as responsabilidades atinentes aos homens indígenas. Ao comparar suas ações àquelas de narradores, como Celestino, que se destacaram por sua liderança e capacidade de articulação no mundo dos não índios, Daniel fala:

> *Eu tenho pena[19] de você [de Celestino] porque você luta em prol do povo xavante contra os brancos, e eu luto internamente enfrentando animais perigosos, coisas perigosas que existem na mata, que são maiores do que nós e eu consigo matar.* (Daniel Tsi'õmõwẽ Wari, julho de 2017).

Conhecido por ter uma notável memória e grande capacidade de contar antigas histórias xavante, Daniel assim se refere à sua habilidade:

> *Eu tenho liberdade para contar as histórias. Eu era um bom ouvinte das histórias dos meus tios antigos, que já faleceram, e dei continuidade a isso, tornando essas histórias melhores.* (Daniel Tsi'õmõwẽ Wari, julho de 2017).

Apesar do reconhecimento interno do grupo, Daniel também se mostra ciente das controvérsias e divergências que convivem na memória xavante. Prevendo possíveis desavenças, em decorrência de diferenças entre suas versões e as de outros narradores, ele, de antemão, se desculpa pelo seu compromisso com a narrativa das "histórias verdadeiras": *"Não fiquem chateados comigo, eu apenas corrijo as histórias".* (Daniel Tsi'õmõwẽ Wari, janeiro de 2017).

---

[19] A palavra *pena*, aqui utilizada pelo tradutor, não possui um significado depreciativo, mas sim de solidariedade. Assim, no referido contexto, dizer "eu tenho pena de você" significa "eu me solidarizo com você".

Os relatos de Daniel são caracterizados por constantes admoestações direcionadas aos jovens xavante, bastante corriqueiras nas falas dos velhos indígenas, conforme podemos observar no trecho a seguir:

> *No passado, os grandes guerreiros, trabalhadores, caçadores que chegavam com a caça à noite, ainda recebiam menos amor, comparado com hoje, que não fazem absolutamente nada, que bebem muito álcool, que fumam maconha. Querem receber abraços? Para quê? Parem de ser estranhos! Estou conversando dessa forma para vocês me ouvirem, mesmo não gostando da minha fala. Para vocês entenderem, para vocês viverem e contarem as histórias para os seus netos quando nós não estivermos mais aqui.* (Daniel Tsi'õmõwẽ Wari, janeiro de 2017).

Embora as percepções negativas sobre os não indígenas componham os relatos de todos os narradores, elas são particularmente incisivas nas falas de Daniel, em especial nas narrativas que envolvem episódios de confronto entre os Xavante e os "brancos", no período que imediatamente antecedeu e sucedeu ao contato interétnico. Ao longo desses relatos, Daniel não poupa manifestações de raiva e indignação acerca da conduta do homem "branco", adjetivados de maneira pejorativa por ele. Conforme Daniel: *"Quando penso no homem branco, fico com raiva, porque eles não têm educação e são impiedosos, já matavam nossos ancestrais por causa da terra, para ficarem vazias essas terras para eles".* (Daniel Tsi'õmõwẽ Wari, julho de 2017).

Souza (2017) pontua que o narrador escolhe a forma, a estrutura narrativa considerada por ele como mais adequada para comunicar seus relatos e dar sentido para aquilo que narra. Para isso, faz uso dos moldes e esquemas narrativos que conhece e que melhor irão contribuir para a construção de uma identidade de si, para si e para o outro.

Ainda que os relatos de Daniel possam ser percebidos como agressivos e incômodos, devido à forma pejorativa e generalizante pela qual os não indígenas são por ele descritos, eles não chegaram a me causar estranheza. Isso ocorre provavelmente porque estou habituada aos modos de expressão narrativa dos velhos xavante e aos constantes conflitos decorrentes de cobranças, compreensíveis e justificadas, que ocorrem no cotidiano do exercício profissional no órgão indigenista, a Funai.

Em seu artigo *Nossas falas duras: discurso político e auto-representação Waiãpi*, Gallois busca explorar as representações sobre o contato dos Waiãpi meridionais em sua tradição oral, utilizando-se, para isso, de 60 relatos waiãpi gravados em diferentes aldeias e coletados entre a segunda metade da década de 1980 e início da de 1990. Conforme a autora, a retransmissão e a circulação de falas registradas em fitas e vídeos, associadas à perspectiva de terem suas narrativas difundidas entre os não índios, fez com que os narradores indígenas optassem por desenvolver, em suas falas, um discurso político construído a partir de uma retórica formalizada, com o intuito de comunicar demandas consideradas importantes para o grupo (GALLOIS, 2006).

Segundo Gallois, as narrativas waiãpi contém reflexões coletivas sobre o contato interétnico e foram formuladas a partir de discussões que vinham sendo travadas entre os indígenas sobre possíveis intervenções para o controle de situações que envolvem o contato com os não índios. Nelas, é possível identificar semelhanças retóricas e temáticas com os discursos pronunciados, em contextos similares, por líderes de outros grupos indígenas. De acordo com Gallois (2006, p. 214),

> A trajetória dos argumentos utilizados pelos Waiãpi passa basicamente de um discurso marcadamente retrospectivo para uma retórica mais agressiva, baseada numa exacerbação da diferença e da superioridade do modo de ser próprio de sua sociedade. É muito frequente, de fato, encontrarmos nesse gênero de discurso indígena argumentos que passam da acusação à ameaça, do pedido à afirmação de auto-suficiência.

A retórica da agressão, que inclui a lembrança do agravo sofrido e a perspectiva de revide, são parte de uma construção narrativa waiãpi direcionada aos interlocutores não indígenas, os chamados "brancos". Esse tipo de retórica, considerada por Gallois como um gênero oral, também é bastante frequente nas narrativas xavante, sendo particularmente utilizada por Daniel, como é possível perceber no seguinte relato:

> *Brancos, vocês são enfurecidos porque têm armas de fogo, mas nós não temos medo de vocês, mataríamos vocês apenas com um soco. Se acham destemidos porque têm armas. E quando acontece alguma coisa, os policiais homens brancos se juntam porque sentem medo. Se a cidade de Barra de Garças guerrear conosco, vamos guerrear sim, por que não? O branco se diz homem, então teremos essa guerra entre nós e os soldados de Barra do Garças, mas vocês não podem chamar os soldados de Brasília, de Goiânia e do Sul, não. Só daqui de Barra de Garças. Vocês se acham bravos porque são ajudados por outros estados, se acham valentes porque usam armas de fogo, é muito fácil pegar vocês numa luta corpo a corpo.* (Daniel Tsi'õmõwẽ Wari, julho de 2017).

Para Gallois (2006, p. 214), as chamadas "falas para fora" compõem um gênero discursivo que é classificado, pela autora, como político e motivado pelas vicissitudes do contato com os não indígenas. As semelhanças verificadas nas narrativas de diferentes povos não significam, contudo, uma uniformidade discursiva, já que cada grupo constrói sua própria estratégia de intervenção, baseada em práticas e em representações singulares, construídas a partir de diferentes modos de contato e interação com os não índios.

Na aldeia São Marcos, também foi realizada, em janeiro de 2017, uma entrevista com Raimundo Urébété Ai'réro, do grupo *Tsada'ró*. Raimundo é servidor da Funai, ex-cacique de São Marcos e narrador fluente na língua portuguesa, embora, assim como os demais narradores, tenha preferido contar sua história em xavante. Seu relato foi desenvolvido de forma sequencial e linear, com vivacidade e emoção: *"Quando me lembro de todas as coisas que passei, eu choro. Meu coração não suporta a dor e a saudade".* (Raimundo Urébété Ai'réro, janeiro de 2017).

Workman (2013) observa que a construção de uma narrativa é um processo reflexivo e organizativo, voltado para a elaboração de sentidos. Para a autora, o processo de narrar a própria história pode ser bastante impactante, ao mobilizar a afetividade do narrador, que tem a oportunidade de criar, ou de rever, o sentido de suas experiências construído em um campo situado entre o individual e o coletivo.

Raimundo fala sobre seus pais e sobre sua vida familiar: *"Depois do falecimento do meu pai, quem cuidou de mim foi minha mãe e minha tia, mesmo sendo mulheres".* (Raimundo Urébété Ai'réro, janeiro de 2017). Conta sobre a migração da Terra Indígena Parabubure a Meruri, ocorrida durante a sua infância: *"Antes disso, crescemos, se não me engano, na linguagem dos brancos, eu tinha 10 anos. A partir daí, meus pais migraram de lá e vieram por medo da doença dos brancos".* (Raimundo Urébété Ai'réro, janeiro de 2017). Narra os conflitos com os não índios por ocasião da demarcação da Terra Indígena São Marcos e o aprendizado adquirido com a convivência com os missionários:

> *Começou a disputa pela terra, nós éramos adolescentes. Eu comecei a ouvir sobre as brigas, eu já entendia sobre isso, desde pequeno. Aprendi um pouco a língua do branco e conversava na língua deles com os padres. Foi assim, fui criado com a ajuda dos padres e me tornei sábio. Graças ao conhecimento*

> *que adquiri com os padres, mas desde pequeno eu já tinha esse talento para a linguagem do branco.* (Raimundo Urébété Ai'réro, janeiro de 2017).

Candeau (2016) afirma que as memórias de infortúnios deixam traços compartilhados por muito tempo naqueles que os sofreram, ou cujos parentes ou amigos os tenham sofrido. Na relação estabelecida com o passado, que é sempre seletivo, um grupo pode fundar sua identidade em uma memória histórica alimentada por lembranças de um passado de prestígio, ou, mais frequentemente, de uma memória de sofrimentos compartilhados.

Apesar da existência de memórias traumáticas, forjadas no decorrer dos muitos conflitos entre Xavante e não indígenas, Raimundo também demonstra perceber as diferenciações existentes entre os vários tipos de "brancos", distinguindo-os segundo as formas específicas de interação e contato com eles estabelecidas. Ao esboçar uma expectativa de cooperação e apoio de seus interlocutores por mim ali representados, Raimundo demonstra entender que os não índios não são todos iguais, e que alguns podem inclusive contribuir com suas lutas: *"Quando os brancos bons nos ajudam, como essa agora que está fazendo a pesquisa".* (Raimundo Urébété Ai'réro, janeiro de 2017).

Segundo Gallois (2006), nas narrativas waiãpi, os "brancos" são classificados como amigos ou inimigos, como próximos ou distantes, conforme categorias definidas a partir dos impactos mais diretos que causam à vida do grupo. Consequentemente,

> O comportamento com relação a garimpeiros ou caçadores, governo local ou federal, Funai ou missões etc., varia de acordo com a especificidade de expectativas e reivindicações direcionadas pelos Waiãpi a esses diferentes tipos de não índios presentes em seu universo. Essa diferenciação interna atualiza a diversidade de experiências históricas concretas e sustenta diferentes alternativas no lidar com os brancos. (GALLOIS, 2006, p. 227).

Embora Raimundo compartilhe com Daniel uma opinião negativa sobre os "brancos", suas referências a eles não chegam a ser tão duras e enfáticas. Suas falas, porém, não deixam de demonstrar uma percepção pouco favorável aos não índios, além de evocarem a estranheza sentida diante de seus comportamentos. Conforme Raimundo: *"Para os brancos, todos somos bichos, só porque falamos outra língua".* E explica: *"O homem branco quer nos dizimar para tomar a nossa terra, porque, na ideia deles, somos preguiçosos e temos uma terra para nada, sem produção".* (Raimundo Urébété Ai'réro, janeiro de 2017).

Para os narradores xavante, a transmissão de seus relatos para expectadores externos ao grupo parece funcionar como uma oportunidade de propagar, para além de suas próprias comunidades, suas versões sobre sua própria história e identidade. Atento a mim como sua interlocutora, e sempre demonstrando consciência quanto aos propósitos da entrevista para a minha pesquisa, Raimundo interpelou-me algumas vezes em sua fala, conforme é possível observar no trecho que se segue:

> *Faça um esforço para nos ajudar, se você realmente gosta de nós. Eu faço esse apelo, Sílvia, me escute. Você veio para fazer esse trabalho, e eu conto essa história com muita paciência para você. Eu vou esperar a sua fala, a sua história e a sua escrita. Vou estar de ouvidos abertos sempre. Meus olhos ficarão abertos para você. Eu vou ficar num lugar bem alto te observando para encontrar você. Está aqui hoje o meu genro,[20] que você mandou, gravando a minha fala, e está aqui o roteiro na minha mão, eu vi tudo e fiz só uma história. Não tem só coisas boas, até hoje existe miséria, dificuldades, o homem branco é mau, não estou dizendo que é você, você tem um coração bom e veio buscar essa história. Eu disse dos brancos em geral, vocês imaginam muito, pensam muito, igual televisão que todo dia muda e toda noite muda. Mesmo eu tendo essa desconfiança, eu fiz essa história para você, porque você quer terminar o seu doutorado e se realmente gosta de nós, se se sente tocada em ouvir essa história, mesmo sendo mulher, nos apoie de verdade, faça esse trabalho de verdade. Eu estava em silêncio, mas fiz essa história para você, porque você veio até aqui.* (Raimundo Urébété Ai'réro, janeiro de 2017).

Embora as expectativas de Raimundo em relação ao meu trabalho não possam ser plenamente compreendidas apenas a partir das falas gravadas, elas provavelmente se referem à perspectiva de difusão das narrativas xavante para os não indígenas, o que poderia resultar numa compensação pelos danos sofridos no passado. Dessa forma, ele demonstra compreender a importância da memória para lutas voltadas para a efetivação de direitos e para uma reparação histórica.

---

[20] Ele se refere a Wellington como "genro", não porque ele o seja efetivamente, mas pela relação de consideração respeitosa estabelecida entre ambos. Isso ocorre em virtude de suas respectivas diferenças de idade e ao fato de pertencerem a clãs opostos.

Para Van Zyl (2009), a memória é uma luta sobre o poder e sobre quem decide o futuro, já que aquilo que as sociedades lembram e esquecem condiciona suas ações. O reconhecimento de uma verdade oficial sobre um passado brutal pode também contribuir para a sensibilização de futuras gerações, impondo limites ao retorno de práticas abusivas.

Essa concepção tem, inclusive, norteado processos de justiça transicional, que implicam na revelação da verdade sobre crimes do passado, concedendo reparações às vítimas, além da reforma de instituições perpetradoras de abusos e, eventualmente, até a promoção de reconciliações (ZYL, 2009). Se, do ponto de vista do indivíduo, a reparação pode representar o resgate da dignidade humana ferida durante os períodos de exceção; do ponto de vista coletivo, ela adquire um significado de acerto de contas da nação com os seus cidadãos. Consequentemente, "[...] o processo de reparação torna-se um momento ímpar na construção da história e da identidade nacional". (ZYL, 2009, p. 18).

Nos relatos dos narradores, é frequente a cobrança por reparação pelos crimes perpetrados contra o povo xavante, além das queixas advindas da constatação de que as violências, assim como outros tipos de danos ou de prejuízos, continuam a afetar o cotidiano dos povos indígenas no presente. Sobre isso, Raimundo reflete:

> *Os brancos não param, vão fazer uma usina ali no Rio das Mortes. E o que vai ser dessa terra? Para onde vão nos levar? Eles nunca pagaram a dívida com a gente, dizimaram nosso povo. O governo já deu uma indenização para cada etnia pelo que fizeram? Tem indenização para os Carajá, Caiapó e Xavante? No Mato Grosso do Sul, os Guarani são assassinados. A polícia federal, polícia militar e polícia civil entram nas aldeias e nos assassinam junto com os fazendeiros e não acontece nada com eles.* (Raimundo Urébété Ai'réro, janeiro de 2017).

Além de Daniel e Raimundo, entrevistamos, em julho de 2017, Sílvio Tsipe 'Rairãté, da aldeia Rainha da Paz, ou ̃Etẽ'rã urã, Terra Indígena São Marcos. Seu relato aparece, desde o início, entrelaçado às situações de violência e conflito vividas pelos Xavante no período que antecedeu e sucedeu o contato interétnico. Sílvio conta que perdeu o pai ainda criança, morto por um grupo xavante de Marãiwatsédé, posteriormente assassinado pelo seu grupo familiar como retaliação à morte do pai. Seguramente, foi o narrador mais velho entrevistado na Terra Indígena São Marcos, pois, ainda que não conste a data correta de seu nascimento, em seus documentos,

Sílvio pertence à classe de idade[21] dos velhos *Ētēpa*, a mesma de Celestino e Osana (ambos da Terra Indígena Parabubure), o que os coloca numa geração cuja idade atual ultrapassa os 85 anos. Uma das principais características de sua fala é o profundo conhecimento que demonstra ter da toponímia xavante, conhecida em razão das longas migrações pelo território indígena realizada no período anterior ao contato interétnico, quando os Xavante ainda se caracterizavam por ser um povo nômade.

Suas falas, assim como a dos demais narradores, encontram-se vinculadas à ocupação do território xavante, descrito, por Sílvio, nos relatos sobre as perambulações de seu grupo familiar por regiões situadas há muitos quilômetros de distância, atualmente localizadas em diferentes terras xavante, como Parabubure, Pimentel Barbosa e Areões e que, na ocasião a que se refere o narrador, ou seja, no período do pré-contato, não tinham sido ainda demarcadas como diferentes terras indígenas, compondo um território extenso e contínuo. Ao recordar o trajeto percorrido durante sua infância pelo território xavante, Sílvio conta:

> *Voltamos para o lugar chamado Pidzaiba, sempre mudávamos de lugar, eu estava sempre junto. E depois esse povo se juntou de novo no Ape. E de novo se mudaram para um lugar chamado Aróbó nhipó e mais uma vez se mudaram para o lugar chamado Uhöhãihã. E por fim, vieram para Nōrōwede para contatarem os de Nōrōtsu'rā, mas não deu certo. Então voltamos para o lugar onde estávamos para virarmos wapté, no Ariwede'rãpa, e viramos wapté.* (Sílvio Tsipe 'Rãirãté, julho de 2017).

Em sua obra *A memória coletiva*, Halbwachs (1990, p. 36) escreve que

> [...] quando um grupo humano vive muito tempo em um lugar adaptado a seus hábitos, não somente os seus movimentos, mas também seus pensamentos se regulam pela sucessão das imagens que lhe representam os objetos exteriores.

Isso significa dizer que o passado encontra-se também inscrito no meio material que nos cerca, ou que a memória encontra suporte nos objetos materiais, nas paisagens e nos espaços geográficos, que nos remetem à lembrança, à recordação do vivido.

---

[21] Na sociedade xavante, as classes de idade demarcam as diferentes gerações em intervalos de aproximadamente cinco a sete anos. A identificação da classe de idade, ou do grupo de pertencimento de um indivíduo, torna possível a indicação aproximada de sua idade.

Se, na historiografia acadêmica, a referência cronológica é evidente; nas histórias indígenas, a cronologia não tem o mesmo peso, com as narrativas sendo caracterizadas por múltiplas temporalidades, que compõem a memória relativa ao território (AGUILAR, 2011). Segundo Cruiksank (2006, p. 162),

> A tradição oral vincula a história ao lugar, mas também põe em xeque nossa noção do que seja realmente lugar. Em geral, consideramos o lugar simplesmente como uma localização — um cenário ou palco onde as pessoas fazem coisas. As tradições indígenas tornam o lugar fundamental para a compreensão do passado, e mapeiam os eventos ao longo de montanhas, trilhas e rios que ligam territórios. A tradição oral também complica nossas definições do que seja um evento. Costumamos considerar o evento um incidente isolado, aparentemente circunscrito, e vemos as histórias como ilustrações que podem complementar nossa compreensão de tais eventos. Mas nossas definições refletem nossas próprias histórias e os eventos definidos por um historiador podem parecer epifenomenais nos relatos indígenas que evocam um tipo de sequência e causalidade muito diferente.

Nas narrativas indígenas, o espaço territorial contém uma sucessão de "marcas" históricas, que evidenciam os acontecimentos que ali se desenrolaram e que formam a memória indígena. Os espaços geográficos, os objetos físicos e os atos simbólicos são, portanto, fundamentais para desencadear os gatilhos da lembrança, para possibilitar a evocação do passado (AGUILAR, 2011).

Na Terra Indígena São Marcos, outro narrador entrevistado, em julho de 2017, foi Tobias Tserenhimi'rãmi Tsere'õmowi, do grupo *Abare'u*, cujas lembranças estão também atreladas aos conflitos intraétnicos vividos pelos Xavante no período em que o contato se processava nas diferentes comunidades indígenas, quando ocorreram muitos assassinatos. Esses conflitos, ou "divisões", envolvendo diferentes grupos xavante, são esmiuçados ao longo da narrativa de Tobias, que se dirige a Wellington como seu interlocutor, chamando-o de neto: "*Ali quase deu um confronto e quase começaram uma guerra por causa daqueles que colocam uns contra os outros, como se tivessem algum poder. O episódio foi assim, **meu neto**, escute!*". (Tobias Tserenhimi'rãmi Tsere'õmowi, julho de 2017. Grifo nosso).

As motivações para tais conflitos residiam em diferentes causas, entre as quais destacam-se as acusações de feitiçaria, percebidas pelos Xavante como sendo a origem das doenças desconhecidas que, com a aproximação dos não indígenas, passaram a atingi-los. As disputas pelos bens materiais trazidos pelos forasteiros — que impressionavam imensamente os grupos em estágio inicial de contato, ou ainda não contatados — também estiveram no cerne dos conflitos envolvendo as comunidades xavante.

Na fala de Tobias, o sentimento que prevalece é a emoção, especialmente suscitada nas passagens de suas narrativas que evocavam as lembranças da morte de familiares assassinados ou vitimados por doenças. De acordo com Worckman (2013), a memória de cada indivíduo é marcada por suas experiências e por sua afetividade, forjadas na interação com seus grupos de pertencimento que, por sua vez, também têm uma memória própria, construída ao longo de uma trajetória coletiva.

Assim como Sílvio, Tobias também teve o pai assassinado por outros Xavante em sua infância e também percorreu, com seu grupo familiar, longos trajetos do antigo território xavante. Nascido em Wedezé, região contígua a atual Terra Indígena Pimentel Barbosa, ele viveu parte de sua adolescência na Terra Indígena Parabubure, onde fez os ritos de iniciação, e de onde migrou, posteriormente, em direção à Terra Indígena São Marcos. O narrador teve a sua fala gravada no Distrito Sanitário Especial Indígena (Dsei Xavante), instituição vinculada ao Ministério da Saúde, situada no município de Barra do Garças, onde então se encontrava, em julho de 2017, acompanhado de um de seus filhos.

Outro narrador entrevistado, em janeiro de 2017, na Terra Indígena São Marcos, foi Agnelo Temrité Wadzatse, do grupo *Hötörã*, cujo perfil se diferencia dos narradores anteriormente mencionados. Agnelo é relativamente jovem (tinha 50 anos na época em que foi entrevistado) e pertence a uma geração nascida nos anos de 1960, que não vivenciou os tempos do pré-contato. Participou ativamente do movimento indígena organizado — tendo integrado a Coordenação das Organizações Indígenas da Amazônia Brasileira (Coiab) e o Conselho Distrital de Saúde Indígena (Condisi) —, que é vinculado ao Dsei Xavante. Agnelo foi entrevistado na aldeia Imaculada Conceição ou Dzub'adze, onde desempenha as funções de cacique. Em seu relato, prevaleceram as preocupações sobre o futuro de seu povo, possivelmente influenciadas por reflexões elaboradas a partir dos debates que permeiam o movimento indígena no país, conforme é possível observar na narrativa a seguir:

> *Aqui, na Terra Indígena São Marcos, somos uma população de cinco mil e somos muitos. E quando fundamos novas aldeias,*

> *no meu entendimento, a terra, daqui há dez anos, não terá mais espaço, não terá mais terra, porque até lá já ocupamos tudo. Não terá mais a caça e a cultura. Outro problema que eu vou citar é a saúde indígena. A saúde indígena está em péssimas condições. Se você é do governo, pode ouvir que a situação da nossa saúde é péssima, e sem solução. Temos a terra, mas a nossa saúde é precária, a meu ver.* (Agnelo Temrité Wadzatse, janeiro de 2017).

Se adotarmos uma classificação semelhante àquela utilizada por Gallois (2006) em sua análise das narrativas waiãpi, os relatos de Agnelo podem ser identificados como "narrativas de resistência", marcadas por uma retórica que enfatiza o progressivo aumento da população indígena, "somos muitos, estamos crescendo". Esse tipo de narrativa, também direcionada aos não índios, envolve a expectativa de que o argumento do crescimento populacional indígena contribua para reforçar a necessidade da manutenção da integridade territorial, ou da ampliação das terras mediante novos processos de demarcação (GALLOIS, 2006).

A atuação de Agnelo no Condisi, órgão voltado para o controle e a fiscalização dos Dseis, também influenciou os relatos do narrador, marcados pela preocupação com às políticas de saúde direcionadas ao povo xavante. Essas falas, contudo, ainda que forjadas no contexto de sua militância política, não podem ser exclusivamente atribuídas a ela, já que a temática da saúde xavante, caracterizada por altos índices de mortalidade e pela precariedade no atendimento médico nas aldeias, aparece como uma preocupação constante nos relatos de outros narradores entrevistados. Possivelmente, a menção ao tema por diferentes narradores também se deve ao fato de Wellington ter trabalhado, no ano de 2012, no Condisi do Dsei Xavante, em Barra do Garças, e pelo fato de os narradores nutrirem expectativas sobre sua futura atuação em prol das políticas de saúde voltadas para povo xavante, já que, na época em que foram realizadas as entrevistas, Wellington era aluno do curso de Medicina da Universidade Federal de Goiás, em Goiânia.

No que se refere à Terra Indígena Parabubure, o primeiro narrador entrevistado foi Celestino Tstererómʼõ Tseredzéré, do grupo *Ẽtẽpa*. Com Celestino, foram realizadas duas entrevistas: a primeira em dezembro de 2016, em sua aldeia Parabubu, e a segunda em julho de 2017, na cidade de Nova Xavantina, onde Celestino então se encontrava, na casa de uma de suas filhas.

Celestino foi uma das lideranças de destaque nas ações de retomada das terras xavante situadas na área atualmente demarcada como Terra Indígena Parabubure, entre os anos de 1978 e 1979. Sua trajetória de coragem e iniciativa é, provavelmente, o aspecto mais marcante das falas deste narrador que conta como, em várias oportunidades, viajou a Brasília para pressionar as autoridades a tomarem as providências necessárias à demarcação da terra indígena e à expulsão dos posseiros e fazendeiros que ocupavam partes do território xavante.

Os relatos de Celestino são entusiasmados e autoelogiosos, na medida em que buscam enfatizar a sua atuação no processo de demarcação da Terra Indígena Parabubure. Sua identidade é, em grande medida, construída em torno do seu protagonismo nas referidas lutas, que ele procura ressaltar em suas narrativas:

> *Quando nós nos encontrávamos em Brasília, eu era ajudado pelo watsi'utsu,[22] o meu primo mais velho Tomás Tserenhiru, e pelo meu consogro Gabriel e pelo Abrão. Falávamos em conjunto, mas com uma só palavra: a demarcação. (Celestino Tsereróm'õ Tseredzéré, julho de 2017).*

Conforme Cartoga (2015), a memória é a instância construtora e cimentadora de identidades. Pollack (1992, p. 205) define a identidade como a "[...] imagem de si, para si e para os outros", o que significa dizer que ela sempre se produz em referência aos outros. Assim como a memória, a identidade pode ser negociada, disputada em conflitos sociais e intergrupais, particularmente nos momentos em que há a oposição entre grupos políticos diversos.

Ao longo da década de 1970, nascia o movimento indígena, que gradualmente se articulava na cena política nacional, unificando-se em torno de certas pautas políticas, tais como a demarcação das terras indígenas. Ramos (1990) ressalta que as primeiras assembleias indígenas regionais foram patrocinadas pelo Conselho Indígena Missionário (Cimi), entidade ligada à Igreja Católica, e congregaram dezenas de representantes indígenas de diferentes povos. A partir dessas assembleias, foi criada a União das Nações Indígenas (UNI), em 1980. De acordo com Ramos (1990, p. 117-118),

> Nas primeiras assembleias regionais e em muitas das falas públicas dos índios, sempre ficou muito clara a identidade destes com uma tradição específica. Não eram apenas "índios"; eram Xavante, Terena, Kaigang, Macuxi, Guarani deste ou daquele local, e assim por diante. Evocavam o pas-

---

[22] Companheiro da mesma classe de idade, porém de outro clã.

> sado com frequência, no tempo em que, antes do contato, suas culturas eram diferentes do que são hoje, mas nunca seus pronunciamentos revelaram qualquer indício do vazio cultural preconizado por Darcy Ribeiro. A causa comum de lutar numa arena política, ao mesmo tempo em que congregou os povos indígenas em torno de um nascente sentimento de "indianidade", teve também o efeito de reforçar suas distinções étnicas. O movimento indígena, gerador de uma comunidade ligada por reivindicações semelhantes advindas de vicissitudes semelhantes, revelou-se, assim, veículo de uma dupla reação: se, por um lado, os índios passaram a se identificar como "índios" perante os brancos, por outro lado, ao se olharem entre si, viam-se como povos diferenciados por tradições próprias, patrimônio distintivo a ser tenazmente preservado.

Pernasetti (2009) define ação política como a possibilidade de intervir no âmbito público, de tal maneira que essa intervenção pressuponha o início de uma transformação em um estado de coisas dentro de uma comunidade. Nas falas de Celestino, que participou dos debates ocorridos no início da formação do movimento indígena brasileiro, a recordação das lutas travadas em prol da demarcação da Terra Indígena Parabubure é particularmente evidenciada, moldando sua memória política, que constitui o cerne de sua identidade narrada: *"Eu ajudei outros povos, os chamados Tapirapé, na luta pela terra. E ajudei também na luta pela terra dos Apinajé. Eu já tinha falado que demarcaria Parabubure"*. (Celestino Tdsereróm'õ Tseredzéré, julho de 2017).

Também na Terra Indígena Parabubure, na aldeia São Pedro, conversamos, em dezembro de 2016, com Osana Tõmõtsu, velho *Ētēpa*. Seus relatos centram-se em sua participação na primeira leva migratória que se dirigiu, no período do pré-contato, à Missão Salesiana de Meruri, na convivência com os padres em São Marcos e no processo de demarcação da Terra Indígena Parabubure.

Osana viveu, por muitos anos, na aldeia São Marcos, até voltar à sua região de origem, a Terra Indígena Parabubure, estabelecendo-se na aldeia São Pedro. Suas falas não se restringiram aos temas da pesquisa sobre os quais foi questionado, mas foram também direcionadas ao diálogo estabelecido com Wellington em busca de notícias da comunidade de São Marcos, da qual se afastou, há muitos anos, em decorrência de seu retorno à Parabubure.

Bosi (1992) explica que, em busca de um enraizamento em solo comum, velhos narradores interrogam, pesquisam e confrontam os seus coetâneos, com o intuito de reforçar e atualizar suas recordações. Os diálogos e a troca de opiniões envolvendo a Terra Indígena São Marcos, a busca de vínculos e de uma identidade comum, construída em torno de uma convivência familiar passada, pautaram as narrativas de Osana, eclipsando a proposta do roteiro de entrevistas apresentado, o qual estava centrado nas temáticas do contato interétnico e da demarcação da terra indígena.

Tal como ocorreu nas falas de outros narradores, os relatos de Osana estão permeados por conselhos dirigidos a Wellington e por preocupações acerca da veracidade das histórias narradas, bastante frequentes entre os velhos xavante, sempre atentos às possíveis distorções da memória: *"Eu conto essas histórias para vocês não pegarem outras histórias que não são verdadeiras"*. (Osana Tõmõtsu, dezembro de 2016).

Outro narrador entrevistado na Terra Indígena Parabubure, em julho de 2017, foi Roberto Tseredzadi, do grupo *Nõdzó'u*, morador da aldeia Buruwẽ, que teve sua fala gravada na aldeia São Jorge, ou 'Rituwawẽ, onde então se encontrava. Roberto acompanhou a luta de Celestino quando ainda era bem jovem, atuando, muitas vezes, como seu tradutor. Com seus irmãos, ele chegou a Parabubure, vindo de Sangradouro, tal como fizeram outras várias famílias xavante que deixaram as missões salesianas de Sangradouro e São Marcos para retornar às suas terras de origem, uma vez cessadas as epidemias e os ataques armados dos não índios.

Em seu relato, Roberto descreve a dificuldade implicada na demarcação de uma terra indígena, reconhecendo o protagonismo de Celestino nas lutas pela demarcação de Parabubure. Ciente da coexistência de memórias divergentes sobre a demarcação da terra indígena e preocupado com a veracidade dos relatos coletados por Wellington e por mim, durante os trabalhos de campo, Roberto discorre, em suas falas, sobre a importância da transmissão das narrativas por ele consideradas como a "história verdadeira", repreendendo aqueles que insistem em contar outras versões sobre a demarcação da terra indígena. Segundo Roberto, *"Hoje as pessoas falam dessa terra como se eles tivessem lutado para obtê-la, muitos criam histórias falsas, isso é errado"*. (Roberto Tseredzadi, julho de 2017).

Como é possível observar na fala do narrador, a memória xavante é permanentemente reconstruída pelas demandas do presente, sendo, portanto, influenciada pelas disputas atuais que envolvem os diferentes grupos, entre os quais se dividem os indígenas. De acordo com Gagnebin (2006), a rememoração implica uma constante atenção ao presente, particularmente às ressurgências do passado no presente. Não se trata apenas de não esquecer o passado, mas também de agir sobre o presente.

Pollack (1992) descreve as memórias como formas de conhecimento da realidade que cada sociedade constrói e reelabora continuamente por meio de lutas permanentes e, por isso, elas são frequentemente permeadas pelos interesses dos grupos que as produzem e mantêm. Ainda que esses grupos aspirem à pretensão de verdade e universalidade para as suas memórias, com o intuito de garantir a sua justificação, elas não são neutras, atendendo a propósitos bastante específicos, voltados para a concorrência e disputa entre os diferentes grupos (POLLACK, 1992).

Nos relatos dos narradores da Terra Indígena Parabubure, predominam as controvérsias sobre os atores responsáveis pela demarcação da terra indígena, pois, enquanto narradores como os irmãos Roberto e Eduardo ressaltam a memória da luta de Celestino em prol da demarcação da terra indígena, narradores como Osana e Germano, vinculados a grupos em conflito com a família de Celestino, contestam o seu protagonismo no episódio. Como contraponto à atuação histórica de Celestino, Osana e Germano buscam afirmar a memória do falecido Benedito Roadzó, que, segundo eles, teria sido o primeiro a retornar de São Marcos para o território ancestral xavante, atualmente demarcado como Terra Indígena Parabubure.

Germano Tsimi'wadzé Tseredzatsé, do grupo *Abare'u*, foi outro narrador da Terra Indígena Parabubure entrevistado em dezembro de 2016. Ele é um conhecido *A'ãmã*,[23] com quem conversamos na aldeia Três Marias, onde ele então se encontrava participando de uma reunião da Associação Indígena Xavante de Nõrõtsu'rã (Asixnor).[24] O tema central de suas falas é afirmação da memória de Benedito Roadzó, a quem Germano atribui os créditos pela demarcação da Terra Indígena Parabubure: *"Assim eu conto essa história dele e da vida dele [de Benedito Roadzó]. Ele demarcou essa terra e, após isso, outros Xavante vieram, mas ninguém se lembra dele, nós não nos lembramos dele"*. (Germano Tsimi'wadzé Tseredzatsé, janeiro de 2016).

---

[23] A palavra *A'amã* foi traduzida como "defensor". Trata-se de um cargo cerimonial. A função do *A'amã* é a de defender uma determinada classe de idade situada abaixo da sua. Em suas falas cerimoniais, o *A'amã* se utiliza de uma linguagem própria, lançando mão de um vocabulário privativo em que todas as palavras começam com a letra -a. Embora apenas ele fale dessa maneira, sua linguagem deve ser compreendida pelos demais. Atualmente, nem todos os jovens conseguem efetivamente compreender a fala dos *A'amã*. Germano, o nosso narrador, é *A'amã* (defensor) do grupo *Tsada'ró*.

[24] A associação tem como missão institucional a defesa dos direitos sociais do povo xavante.

Lamentavelmente, conseguimos de Germano apenas um relato curto, pois, nesse dia, ele se encontrava fora da aldeia São Pedro, onde vive, entretido com outros assuntos relativos ao evento, com vários Xavante que também participavam da reunião. O ambiente tumultuado impediu o desenrolar de uma conversa mais longa, mas, ainda assim, as falas registradas são elucidativas dos conflitos de memória observados entre os Xavante e que envolvem até mesmo a denominação da terra indígena, oficialmente chamada Parabubure,[25] nome contestado por alguns grupos xavante da região, que apresentam o nome Nõrõtsu'rã[26] como sendo o mais adequado àquela terra.

No mês de julho de 2018, retornei com Wellington à Terra Indígena Parabubure, para conversar com mais um narrador, Eduardo Tseredzaró, morador da aldeia São Jorge, ou 'Rituwawẽ, da classe de idade dos *Nõdzó'u*. Eduardo é o irmão mais velho de Roberto, que, com ele e a pedido de Celestino, deixou a Missão Salesiana de Sangradouro e retornou a Parabubure, onde tinha vivido uma parte de sua infância, juntando-se à luta pela demarcação da terra indígena. Eduardo conta sobre sua chegada à Parabubure, então tomada por fazendeiros, que se apossaram da terra após a migração xavante em direção à Missão Salesiana de Meruri e sobre os conflitos travados com eles e com o grupo de Benedito Roadzó, que, antes de Celestino, tinha retornado de São Marcos a Parabubure, passando a viver submetido aos ocupantes "brancos" nessa região.

As ações dos fazendeiros e dos Xavante a eles vinculados — que se juntaram para expulsar as comunidades indígenas que retomavam as suas terras ancestrais e lutavam pela demarcação de Parabubure — são descritas pelo narrador em seus relatos. Ao recordar esse período da história xavante, vivenciado quando o narrador era ainda muito jovem, ele conta: *"O Celestino já tinha essa inteligência de como lutar pela terra. Eu ficava entusiasmado com isso e por isso eu mantive meus pés no chão para enfrentar o homem branco".* (Eduardo Tseredzaró, julho de 2018).

---

[25] Parabubu é o nome de uma raiz que se assemelha a um cará e que é utilizada como alimento pelos Xavante. É também o nome da aldeia onde atualmente vive Celestino, fundada em um período anterior ao contato com os não índios e à própria demarcação da terra indígena. O nome Parabubure, utilizado para designar a terra indígena, está associado a essa planta, embora venha acrescido do sufixo "-re", que, no idioma xavante, funciona como diminutivo.

[26] Nõrõsu'rã era o nome utilizado, no passado, pelos Xavante, para designar a região do rio Couto Magalhães. A área abrigou o antigo Posto Indígena Couto Magalhães, administrado pelo SPI e, posteriormente, pela Funai.

2.4 Narrativas orais: transcrição, tradução e análise

Há, entre os Xavante, uma estreita associação entre conhecimento, sabedoria e idade, visto que os mais velhos, em virtude de sua experiência, são os principais detentores do conhecimento. A associação entre conhecimento e idade não significa, contudo, que os mais jovens não possuam repertórios discursivos. Meninas e meninos, que permanecem silenciosos e atentos às narrativas dos mais velhos, são capazes de repeti-las e mesmo de variá-las em outas ocasiões. O que lhes falta é a autoridade socialmente reconhecida, que decorre da experiência de vida.

Bosi (2001) destaca que o homem maduro, ao deixar de ser um membro ativo de sua sociedade, um propulsor da vida do grupo no presente, adquire outras funções sociais, tradicionalmente consideradas como próprias da velhice. Entre elas, está a de lembrar e narrar, a de ser a memória da família, do grupo, da instituição, da sociedade.

Segundo Graham (1995), a velhice, na sociedade xavante, afasta os indivíduos das divisões faccionais. A cada etapa completada do ciclo cerimonial, os homens são inseridos em novas redes de relações, que implicam uma inclusão, cada vez mais efetiva, nos diferentes grupos que formam essa sociedade (GRANHAM, 1995).

Além de terem completado todo o ciclo cerimonial, os velhos indígenas também estão livres das atividades econômicas e produtivas às quais os jovens se encontram atrelados. Por possuírem tempo e experiência, a eles cabe o papel de conselheiros e de "guardiões da memória", que é transmitida por meio de narrativas que conectam o passado ao futuro. Conforme Graham (1995, p. 185), "Memories of the past depend on behaviors in the present, as well as on those to come in the future: the past can not be separated from behaviors that preserve it".

Ao contarem suas histórias, os narradores desempenham, de forma ativa e consciente, um trabalho de organização da memória social. Esse trabalho é profundamente valorizado pelos Xavante, que demonstram suas preocupações com a qualidade das narrativas e a fidelidade das histórias. A capacidade de memorização é vista ainda como fundamental para que os conhecimentos e as tradições herdados do passado sejam reproduzidos de maneira fidedigna, de modo a evitar a possibilidade de distorções, ou o esquecimento. Por esse motivo, aquele que narra é constantemente avaliado em suas habilidades oratórias e performáticas pelas comunidades.

A preocupação com a perpetuação da memória, ameaçada pelo esquecimento, pode ser percebida nos relatos de narradores como Daniel, que busca enfatizar, em suas falas, a importância da capacidade individual da memória para a perpetuação das narrativas xavante. Ao destacar que a autoridade do narrador advém de suas habilidades de lembrar e transmitir adequadamente as antigas histórias, Daniel assim explica a origem do reconhecimento que recebe dos seus pares:

> *[...] eu nunca me esqueço das histórias que me são contadas. Eu tenho o cérebro pequeno, mas com um grande espaço para guardar as coisas, como a tecnologia dos japoneses, nunca falha a minha memória.* (Daniel Tsi'õmõwẽ Wari, janeiro de 2017).

Narrar é contar, é conferir ordem aos fatos, é alinhar personagens, é "tecer uma intriga"[27] (Ricouer, 1994). Souza (2017) assinala que narrar as experiências vividas é reconstruir, por meio da linguagem, aquilo que passou, que já não existe, de modo a tornar presente aquilo que está ausente. É narrando que conferimos sentido às nossas experiências, que construímos nossa historicidade e nos colocamos como protagonistas de nossas vidas.

A mediação entre o tempo vivido e a narrativa é feita pela memória, que constitui o vínculo entre a consciência subjetiva, da lembrança pessoal, com aquilo que é enunciado. Pela memória, as diferentes temporalidades que atravessam o sujeito são expressas de maneira encadeada na narrativa, sob a forma de um testemunho de algo que já não existe mais e que pode ser outro tempo ou outra cultura, diferente daqueles do presente (SOUZA, 2017).

Souza (2017) também pontua que o passado que acessamos a partir do presente é sempre uma construção discursiva, uma representação de um referente que já não existe. Toda narrativa, portanto, implica uma atualização de uma experiência passada mediante a seleção de acontecimentos que são organizados com o objetivo de se construir um relato unificado, dotado de sentido. Tendo isso em conta, é possível afirmar que o narrador não relata o passado tal como ele realmente foi, mas constrói dele uma intepretação, organizada a partir dos seus valores, das suas crenças e ideias que o orientam no presente (SOUZA, 2017). Segundo Souza (2017, p. 125),

> Os relatos de que o narrador é protagonista não são um material objetivo e estático, nem uma explicação dos fatos,

---

[27] Ricouer (1994, p. 295) defende que "As intrigas, com efeito, são em si mesmas ao mesmo tempo singulares e não singulares. Falam de acontecimentos que só ocorrem nessa intriga; mas há tipos de armação da intriga que universalizam o acontecimento."

mas um modo de narrar a vida segundo um enfoque específico. Este recorte, como o próprio nome sugere, implica em determinada seleção de episódios vividos — escolha de uns, rejeição de outros —, que corresponde à decisão do narrador de como melhor lhe convém, no momento específico em que narra, ordená-los e enunciá-los.

A estrutura narrativa escolhida para dar sentido ao relato ocorre nos moldes e nos esquemas narrativos conhecidos pelo narrador e com os quais ele melhor se comunica. Nessa estrutura narrativa, ele enuncia as experiências vividas, que são organizadas de modo a compor uma unidade identitária que possa ser reconhecida pelo outro (SOUZA, 2017).

De acordo com Souza (2017), há uma constante tensão entre o individual e o coletivo nas narrativas, na medida em que elas abarcam tanto as experiências que dizem respeito apenas ao narrador, como aquelas que envolvem o seu pertencimento social e a sua identificação com determinados grupos. O enfoque coletivo da narrativa pode ser ainda vislumbrado em sua pretensão de legitimidade, que requer a sua compreensão por outras pessoas para a obtenção do reconhecimento do grupo.

Algumas narrativas são expressas com grande força argumentativa, com uma forte ordenação e unidade de sentido, enquanto outras estão marcadas por um grau maior de imprecisão, suscitando múltiplos sentidos e intepretações. Independentemente de suas características, as várias modalidades de narrativa devem ser entendidas menos como realidades em si mesmas e mais como escrituras forjadas pelas percepções que o narrador tem de si e do mundo (SOUZA, 2017).

Os contextos interpretativos em que o narrador se insere, advindos de uma exposição a comportamentos que possuem significados, conferem a ele a habilidade de dar sentido às ações, às palavras e aos objetos, segundo uma lógica socialmente instituída. A capacidade de interpretar sinais depende da existência de um contexto prévio, sendo ainda influenciada pela capacidade única que cada indivíduo tem de interpretar os significados das transformações sociais ocorridas ao longo do tempo. Dentro de uma mesma sociedade, não é possível que uma ação seja interpretada da mesma forma por todos, pois as experiências não são idênticas para todos os sujeitos, mas dependem de uma variedade de fatores, como os geracionais e de gênero.

As narrativas são, portanto, influenciadas pelas circunstâncias, assim como pelos lugares de fala dos narradores — e também o dos pesquisadores. Para se compreender o sujeito falante do discurso, Foucault (2008) defende que é necessário conhecer sua identidade, as relações por ele estabelecidas com outros indivíduos e grupos, seu *status* e sua posição social, os lugares institucionais de onde o sujeito falante obtém o seu discurso e de onde recebe legitimidades.

Em seus relatos, os narradores entrevistados contam sobre suas vidas, entrelaçando-as às temáticas da pesquisa. A menção às suas próprias vidas, contudo, não é o suficiente para que o trabalho aqui desenvolvido possa ser classificado como de história de vida, mas sim como uma pesquisa de história oral temática, ou seja, centrada na relação dos narradores com os temas de pesquisa escolhidos.

Alberti (2005) destaca que o foco dos trabalhos de história de vida são as trajetórias de indivíduos, de sua infância ao momento presente, passando por acontecimentos e por conjunturas históricas por eles vivenciados ou dos quais se inteirou. Os trabalhos de história de vida costumam exigir sucessivos encontros entre entrevistador e entrevistado para a realização das gravações, e as entrevistas são normalmente mais extensas. Nelas, são identificadas várias histórias temáticas, que podem ou não ser aprofundadas, conforme a conveniência do pesquisador.

Apesar do trabalho que aqui nos propomos não ser de história de vida, mas sim de história oral temática, nem por isso os relatos orais estão menos marcados pela subjetividade dos narradores. Cada narrador é um sujeito único, específico, com uma subjetividade própria. Suas diferenças, contudo, não os impedem de compartilhar certas experiências históricas, tais como aquelas que se relacionam às temáticas da pesquisa.

No decorrer dos trabalhos de campo, os relatos suscitados pelos diálogos estabelecidos entre narradores e entrevistadores foram gravados e filmados, de modo a compor a documentação oral utilizada como fonte de pesquisa. Conforme Portelli (2016), o relato de uma história é apenas uma parte do trabalho de história oral, ao qual se deve seguir a gravação, a produção de um vídeo ou de um texto escrito, visando à formação de um *corpus*.

Ainda que seja transcrito, o registro gravado continua sendo um documento oral. Suas condições de produção devem ser consideradas no momento da análise e incluem o diálogo entre narrador e pesquisador. É no decorrer desse diálogo que os narradores constroem sentidos e interpretam o passado, que é então atualizado pela linguagem falada (ALBERTI, 2005).

A documentação oral assim obtida pode ser convertida em texto escrito mediante um trabalho de transcrição, o que foi feito nos meses subsequentes aos trabalhos de campo. A transcrição, também realizada por Wellintgton Tserenhiru, a quem acompanhei em todos os momentos nessa etapa do trabalho, foi feita simultaneamente à tradução, dando origem aos textos produzidos em língua portuguesa,[28] utilizados como *corpus* na elaboração desse livro. O esforço conjunto foi fundamental para que pudéssemos debater os sentidos das palavras e das narrativas, visto que, entre o idioma xavante e a língua portuguesa, nem sempre há uma correspondência contextual e semântica evidente.

Santhiago (2008) enfatiza que ainda pairam dúvidas sobre qual seria o documento por excelência da história oral, se a fita ou o texto. De acordo com o autor, no ambiente acadêmico, é consensual que a escritura, dada sob a forma de um texto transcrito, prevalece sobre o documento oral. Isso não acontece apenas ao fato de que, na academia, a palavra escrita costuma ser mais valorizada; tampouco se deve a uma preocupação arquivística; mas ocorre em virtude de uma demanda imediata de utilização da documentação na elaboração de artigos, dissertações, teses e livros.

O trabalho de transcrição envolve a transformação de um documento oral, que é apartado de sua origem e especificidade, em um documento escrito, que obedece a um modelo, a um padrão de "documento". A transformação da palavra falada em escrita não é um procedimento neutro, contudo, pois toda transcrição envolve uma seleção, que se dá mediante uma escolha. Embora essas escolhas possam parecer secundárias, como as de caráter ortográfico ou as de pontuação, elas fornecem indícios do comportamento mental que norteou a transcrição (PORTELLI, 2010).

Uma vez realizada a transcrição, teve início o processo de análise de cada uma das entrevistas, que foram comparadas com o intuito de identificar os pontos comuns às narrativas, assim como seus aspectos peculiares. Os relatos foram ainda interpretados, avaliados em seus diferentes aspectos e complementados por informações obtidas de fontes bibliográficas, a fim de melhor esclarecê-los. Nas palavras de Lang (2013, p. 77),

> A interpretação envolve uma avaliação dos dados obtidos através da história oral, complementados pelas informações obtidas de outras fontes, para responder, explicar ou esclarecer a questão proposta. Essa avaliação é feita

---

[28] Não foram produzidos textos no idioma xavante, dado o trabalho adicional que isso implicaria.

segundo os parâmetros do referencial teórico e da ótica da disciplina orientadora do trabalho.

Posteriormente, retornei às terras indígenas portando cópias das entrevistas transcritas que foram entregues aos narradores, de quem obtive a anuência para a continuidade dos trabalhos por meio de cartas contendo a sua autorização para o uso de suas falas.

As entrevistas aparentemente foram vistas, pelos narradores xavante, como uma oportunidade de terem suas falas transmitidas para além dos limites de suas aldeias, e, provavelmente por isso, eles se mostraram especialmente motivados a colaborar com o trabalho. Em vários momentos de seus relatos, eles buscaram comunicar suas demandas e interpelaram seus interlocutores não índios, reais ou imaginários, como podemos perceber na seguinte exortação de Celestino: *"Ampliem as terras de todas as nações indígenas, vocês não são os verdadeiros donos da terra. Nossa população está crescendo numa pequena terra. Pense em nós!"*. (Celestino Tsererómʼõ Tseredzéré, dezembro de 2016).

A expectativa de colaboração da pesquisadora no encaminhamento das demandas indígenas a atores externos às comunidades talvez possa explicar a adesão dos narradores à pesquisa. O fato da pesquisadora ser também servidora da Funai provavelmente também contribuiu para alimentar essa expectativa, embora isso não esteja claro nas falas de todos os narradores.

Para Kopenawa e Albert (2015), ao conferirem ao pesquisador o papel de intermediário na comunicação que se deseja estabelecer com representantes da sociedade envolvente, os que se deixam estudar têm em vista um acordo, fundamentado em uma relação de troca, que o autor denomina "pacto etnográfico". Segundo os autores, as características dessa relação, ou desse pacto, forjada entre o nativo, que se coloca na posição de anfitrião e educador, e o pesquisador, que desempenha o papel de hóspede e aprendiz, se processa nos seguintes termos.

> Ao lhe oferecerem seu saber, os anfitriões do etnógrafo aceitam a incumbência de ressocializá-lo numa forma que lhes parece mais adequada à condição humana. Contudo, para além da cumplicidade ou empatia que o estranho noviço possa ter inspirado, a transmissão visa, antes de tudo, para além de sua pessoa, o mundo do qual ele jamais deixa de ser um representante, queira ele ou não. De fato, em seus esforços pedagógicos, seus anfitriões têm por objetivo primeiro tentar reverter, tanto quanto possível, a troca desigual subjacente

> à relação etnográfica. De modo que os ensinamentos de seus supostos "informantes" são dispensados por razões de ordem principalmente diplomática. Sua paciente educação se aplica, em primeiro lugar, a nos fazer passar pela posição de embaixador improvisado de um universo ameaçador ao papel de tradutor benevolente, capaz de fazer ouvir nele sua alteridade e eventualmente possibilitar alianças. (KOPENAWA; ALBERT, 2015, p. 521).

Embora o trabalho aqui desenvolvido não seja uma etnografia, a explicação de Kopenawa e Albert para a relação estabelecida entre pesquisador e nativo, no pacto etnográfico, parece também se aplicar ao caso. De acordo com os autores, a natureza dessa relação, construída no decorrer dos trabalhos de campo, permite que os "informantes" adquiram confiança no pesquisador, avaliando a sua aptidão como intermediário a serviço dos interesses nativos na comunicação entre os dois mundos. Dessa forma, o pesquisador é reeducado, no decorrer dos seus trabalhos de campo, por aqueles que aceitam a sua presença como intérprete e divulgador de uma causa, ainda que ele acredite estar apenas "colhendo dados" (KOPENAWA; ALBERT, 2015).

CAPÍTULO 3

NARRATIVAS DE CONTATOS E CONFLITOS INTERÉTNICOS E INTRACOMUNITÁRIOS: DOS ALDEAMENTOS DO SÉCULO XIX ÀS DÉCADAS DE 1940 E 1950

3.1 Notas sobre o contato e as cosmologias indígenas

O desaparecimento de vários povos indígenas esteve entre as mais dramáticas consequências do chamado "encontro"[29] entre sociedades do Velho e do Novo Mundo. Carneiro da Cunha (1992) ressalta que a mortandade verificada entre as populações ameríndias, por ocasião da chegada dos europeus no continente americano, foi o resultado de um processo complexo que envolveu homens e micro-organismos e que se deu em um momento em que a economia capitalista, em sua etapa mercantil, se consolidava.

As epidemias, as guerras de conquista e o apresamento de índios para a sua escravização causaram desestruturação social, a fuga para outras regiões, muitas delas já ocupadas por outros povos e, consequentemente, o exacerbamento da guerra indígena (CARNEIRO DA CUNHA, 1992). No que se refere à população indígena do Brasil, Carneiro da Cunha (1992, p. 12) pontua:

> Motivos mesquinhos e não uma deliberada política de extermínio conseguiram esse resultado espantoso de reduzir uma população que estava na casa dos milhões em 1.500 aos parcos 200 mil índios[30] que hoje habitam o Brasil.

Atualmente, considera-se que as epidemias foram o principal agente da depopulação indígena, visto que a barreira epidemiológica, desfavorável aos europeus na África, revelou-se favorável a eles nas Américas. No conti-

---

[29] O termo "encontro" é eventualmente utilizado para designar os primeiros contatos estabelecidos entre europeus e indígenas nas Américas.

[30] Segundo o Censo IBGE 2010, a população indígena, no Brasil, é de 896.917 pessoas, distribuídas em mais de 240 povos.

nente americano, agentes patogênicos da varíola, do sarampo, da coqueluche, da catapora, do tifo, da difteria, da gripe e da peste bubônica afetaram drasticamente a população ameríndia, dado o isolamento do continente. Fatores ecológicos e sociais, tais como o clima, a altitude, a densidade da população ou o seu relativo isolamento também contribuíram para amplificar ou reduzir os impactos advindos das situações de contato, visto que "[...] os microorganismos não incidiram num vácuo social e político, e sim num mundo socialmente ordenado". (CARNEIRO DA CUNHA, 1992, p. 13).

Estimativas de diferentes pesquisadores apontam que as terras baixas da América do Sul eram habitadas por uma população situada entre 1 e 8,5 milhões de pessoas, por ocasião da chegada dos europeus. Apesar do expressivo declínio populacional ocasionado pelo contato com os "brancos", a ideia de que os indígenas eram apenas vítimas de um sistema mundial, ou de uma política e de uma prática que lhes eram externas e destrutivas, tem sido questionada, por contribuir para ocultar a sua atuação histórica (CARNEIRO DA CUNHA, 1992). Carneiro da Cunha (1992) assinala que, à despeito do apagamento historiográfico, os índios sempre desempenharam um papel político importante, seja em suas aldeias, seja nos interstícios da política indigenista. De acordo com a autora,

> A percepção de uma política e de uma consciência histórica em que os índios são sujeitos, e não apenas vítimas, só é nova eventualmente para nós. Para os índios, ela parece ser costumeira. É significativo que dois eventos fundamentais — a gênese do homem branco e a iniciativa do contato — sejam frequentemente apreendidos nas sociedades indígenas como o produto de sua própria ação ou vontade. (CARNEIRO DA CUNHA, 1992, p. 18).

Albert (2002) afirma que as sociedades que conseguem sobreviver ao contato tendem a capturar e transfigurar aquilo que lhe é proposto ou imposto aos seus próprios termos culturais. Para além da oposição situada entre os polos da resistência e da submissão e, independentemente de confrontos políticos, como guerras, rebeliões e protestos, as condições de violência e de sujeição vivenciadas costumam ser culturalmente apropriadas.

O trabalho simbólico e político das sociedades ameríndias acerca do contato com os não indígenas envolve, portanto, apropriações históricas específicas, conformadas pelos distintos modos de inserção de cada uma dessas sociedades no mundo contemporâneo. Ainda que a opressão advinda da colonização tenha sido vivenciada por diferentes povos, cada sociedade elabora, de uma maneira muito particular, a sua entrada na modernidade, o que significa que "[...] em pensamento, palavras, ações e omissões, cada uma participa da construção de sua história, de nossa história". (CARNEIRO DA CUNHA, 2002, p. 7).

Enquanto antropólogos frequentemente se dedicam à compreensão das cosmologias ameríndias, o estudo das representações ou das cosmologias daqueles que desembarcaram em terras brasileiras nos primeiros séculos de conquista e colonização tem sido, prioritariamente, deixado a cargo de historiadores, a exemplo de Sérgio Buarque de Holanda, com seu clássico *Visão do Paraíso: os motivos edénicos no descobrimento e colonização do Brasil*, publicado, pela primeira vez, em 1959. Aos historiadores coube, portanto, o estudo das mentalidades dos conquistadores e da teologia prática dos missionários, enquanto os antropólogos encarregaram-se do estudo das "ilusões" dos índios (CARNEIRO DA CUNHA, 2009).

Albert (2002) observa que as experiências envolvendo os primeiros contatos com os não indígenas — sejam elas relativas ao confronto linguístico, seja acerca da introdução de objetos manufaturados ou as que dizem respeito à contaminação epidemiológica — foram culturalmente vividas e pensadas, fornecendo os fundamentos históricos e simbólicos para a construção de interpretações subsequentes das práticas do encontro colonial.

A reflexão sobre a gênese do homem "branco", propiciada pelas situações de contato, observada em diferentes mitologias indígenas, frequentemente se difere da gênese de outros povos indígenas também considerados "estrangeiros" ou inimigos. Mais do que a ideia da simples alteridade, a gênese do homem "branco" introduz o tema da desigualdade de poder e da tecnologia, gerando inúmeras narrativas explicativas e especulativas entre os povos indígenas, inclusive entre o povo xavante aqui pesquisado (CARNEIRO DA CUNHA, 1992).

A divisão proposta por certas sociedades indígenas de sua história em duas eras — Antes do Branco e Depois do Branco — demonstra a existência de estratégias próprias envolvendo múltiplos e diferenciados atores para os dois períodos e, além disso, mostra que as formas de ação empregadas são adaptadas aos impasses advindos de modos de dominação específicos. É notável que diferentes povos que vivenciaram o contato em momentos distintos afirmem ter "pacificado os brancos", atribuindo para si a posição de sujeitos e não de vítimas dessas situações de interação. Carneiro da Cunha (2002, p. 7) esclarece:

> "Pacificar os brancos" significa várias coisas: situá-los, aos brancos e aos seus objetos, numa visão de mundo, esvaziá-los de sua agressividade, de sua malignidade, de sua letalidade, domesticá-los desta vez não contra, e sim através deles, recrutá-los em suma para sua própria continuidade.

A centralidade dos fatores históricos, situacionais e pragmáticos concernentes ao contato interétnico também pode ser vislumbrada nas lutas indígenas por direitos e melhores condições de convivência com a sociedade nacional. Essas lutas estão fundamentadas em uma cultura histórica[31] que pode coexistir e até mesmo se fundir com concepções míticas de origem ou com certas formas de organização social de cada povo, motivando novos jeitos de se atuar politicamente (TURNER, 1993).

Para fazer face aos desafios impostos pelos poderes coloniais, ou pelas sociedades nacionais, as sociedades indígenas têm, ao longo de sua história, recorrido ora à tradição, ora à invenção, obtendo êxito em se perpetuarem como grupos diferenciados. Albert (2002, p. 11) destaca que:

> Os grupos estudados têm experiências interétnicas extremamente diversas: alguns enfrentaram, oficialmente, seus "primeiros contatos" em décadas recentes (Waimiri-Atroari e Arara), outros tiveram seus antepassados escravizados no século XVIII (Baniwa, Makuxi). Enquanto alguns são descritos no processo de decifrar, cosmológica e ontologicamente, o seu encontro com os brancos, outros haveriam já, de tal maneira, absorvido esse encontro na forma de memória implícita que a presença narrativa dos brancos é relegada a meros detalhes alusivos (Wapishana).

A política indígena envolve uma elaboração ativa de situações novas e específicas, que são articuladas com práticas sociais mais antigas, pensadas a partir de pressupostos cosmológicos próprios. As lógicas que norteiam as estratégias das sociedades ameríndias direcionadas à convivência ou ao enfrentamento das estruturas sociopolíticas de origem europeia são, portanto, bastante diversificadas, como o são as diferentes sociedades que as produzem (CARNEIRO DA CUNHA, 2009).

As especificidades e as sutilezas dessas lógicas e formas de agências de cada uma dessas sociedades, que cultivam representações próprias sobre a alteridade dos não indígenas, permitem-nos pensar sobre situações de

---

[31] Em sua obra *História e memória*, o historiador Jaques Le Goff (1990) utiliza o termo "cultura histórica" para definir um conjunto de fenômenos que constituem a mentalidade histórica de uma época.

inversão epistemológica. Turner (1988) esclarece que isso significa dizer que, ao invés atribuirmos aos "brancos" o papel de sujeitos e, aos índios, o de objeto do conhecimento produzido, somos convidados a conhecer as representações indígenas acerca dos "brancos", tomados como objeto de análise dos povos indígenas, ou como "objeto de outras antropologias".

Na definição de Carneiro da Cunha (2002, p. 7), "[...] entender essa antropologia dos outros é colocar-nos como objetos de outras subjetividades, é compreender o modo pelo qual somos compreendidos". Esse tipo de análise não está, portanto, centrada na compreensão da identidade do outro, mas nas suas construções acerca de nossa alteridade (ALBERT, 2002).

A transmissão de registros orais indígenas que visam difundir uma memória do contato, ou do encontro colonial, obedece a modos de historicidades e de organização de saberes sobre o passado alheio aos modelos totalizantes que caracterizam o saber historiográfico ocidental. Essas outras historicidades também possuem referências cronológicas próprias, e sua compreensão requer, por vezes, uma abordagem transdisciplinar (TURNER, 1988). Para Albert (2002, p. 10),

> [...] trata-se de reconciliar análises dos sistemas cosmológicos com a sócio história das situações de contato, de rearticular o mítico e o histórico na expressão oral, ritos com etnopolítica, classificações com mobilizações, estruturas com estratégias e invenções com tradições.

Nesse tipo de abordagem, o que se pretende é compreender como as relações definidoras do cosmos são transportadas para as realidades históricas das organizações sociais e humanas ameríndias, ou até que ponto os processos descritos nos mitos não refletiriam o entendimento de que essas sociedades são criações temporais e históricas (WRIGHT, 2002).

Mito e história seriam, de acordo com essa perspectiva, formas distintas, porém complementares, de consciência social. Os mitos, como a história, propõem explicações para experiências sociais, embora essas explicações estejam situadas em diferentes níveis. No mito, a experiência social é formulada de uma forma abrangente, ou "genérica", transcendendo os contextos específicos de relações ou os eventos históricos. Já na história, o que se busca é a experiência que se desenrola no âmbito de relações específicas, configuradas por acontecimentos singulares (TEIXEIRA PINTO, 2002). Ambos, contudo, "[...] tratam de processos de produção e reprodução de identidade e alteridade, mas em níveis claramente diversos". (WRIGHT, 2002, p. 459-460).

Oliveira (2012) observa que as histórias dos povos ameríndios de tempos pré-coloniais passaram a ser consideradas mitos ou lendas a partir do momento em que surge uma tradição literária de "histórias oficiais". Produzida nas primeiras décadas posteriores à conquista hispânica, essa modalidade de historiografia tornou-se encarregada da classificação e da ressignificação das concepções históricas indígenas, adotando, para isso, uma perspectiva colonialista e racista de dominação cultural e epistêmica. Como bem explica a historiadora,

> [...] aos olhos da ciência moderna eurocêntrica somente o conhecimento dos povos tidos como civilizados, convencionalmente identificados como europeus, devia constituir modelo de razão, história e verdade. Além dos mitos, as concepções e práticas religiosas dos povos classificados como bárbaros e/ou selvagens foram também vistas como irracionais e atrasadas. [...] os fatos que pareciam escapar à norma das sociedades cristãs e civilizadas da Europa, [...] — foram explicados como partes de um estágio selvagem e primitivo da sociedade e da inteligência humanas. (OLIVEIRA, 2012, p. 41-42).

Com base nas análises de Gordon Brotherston (*apud* OLIVEIRA, 2012, p. 43), de que "[...] o termo mito é outra arma de dominação intelectual do Ocidente, que chama de mito a tudo o que poderia rivalizar com sua própria ortodoxia do momento", Oliveira (2012, p. 43) ressalta que "[...] a denominação mito revela outros sistemas de pensamentos, diferentes do 'racional', que estruturam o social". Desse modo, os mitos indígenas constituem

> [...] maneiras de significar e construir a realidade, como "tradições históricas" (SANTOS, 2004) que veiculam representações do passado; enquanto formas de comunicação social, constituem discursos que devem ser analisados enquanto tal. Os mitos, portanto, nesta perspectiva, não refletem o real, mas trazem elementos e indícios das instituições, das relações sociais e das concepções sobre o humano. (OLIVEIRA, 2012, p. 44).

Embora a história ocidental ainda seja, em grande medida, caracterizada por uma colonialidade epistêmica e cosmogônica[32] (WALSH, 2009) que comporta uma perspectiva eurocêntrica e racista, propagada por uma operação

---

[32] "Força-vital-mágica-espiritual da existência dos afrodescendentes e indígenas, cada uma com suas particularidades históricas. É a que se fixa na diferença binária cartesiana entre homem/natureza, categorizando como não modernas, primitivas e pagãs as relações espirituais e sagradas, que conectam os mundos de cima para baixo, com a terra e com os ancestrais como seres vivos" (WALSH, 2009, p. 15).

ideológica que afirma a universalidade de um conhecimento que, em última instância, também é localmente produzido, persistem subsistindo e coabitando com ela outras lógicas e formas de se compreender o mundo, arraigadas em certos territórios de cultura espalhados em nosso planeta. Tendo isso em conta, "É mister, então, percorrer os caminhos da diversidade e tecer redes que deem conta de conectar os pontos comuns e diagramar os pontos divergentes das epistemologias criadas e recriadas pelo mundo". (OLIVEIRA, 2009, p. 9).

3.2 Historiografia do contato

Relatos de viajantes e cronistas do século XIX, que percorreram a *província de Goyaz*, tais como Cunha Mattos, Couto de Magalhães, Henry Coudreau, Paul Ehreinreich, José Feliciano de Oliveira, Frei José Audrin, Emanuel Pohl e Urbino Vianna, mencionam que, nos séculos XVIII e XIX, os Xavante residiam no norte da província. Sua rendição vinha sendo buscada, desde a primeira metade do século XVIII, pelo governo colonial, com o intuito de se garantir a segurança de rotas situadas ao longo dos rios Tocantins e Araguaia, que ligavam as terras goianas às províncias do Maranhão e Pará (RAVAGNANI, 1978).

Em 1788, um grande número de índios xavante, calculado entre três mil e quatro mil pessoas, foi trazido pelo então governador e capitão-geral da província, Tristão da Cunha Menezes, dos sertões de Goiás para o aldeamento denominado D. Pedro III. O esgotamento das veias auríferas da província, que ocasionou a sua derrocada econômica, associado às mortes de indígenas por epidemias nos aldeamentos, a exploração de seu trabalho e os maus tratos recebidos pelos administradores de índios e pelos colonos, fez com que os Xavante empreendessem sucessivas fugas em direção ao oeste e passassem a evitar o contato com os "brancos" por mais de um século (RAVAGNANI, 1978).

Em poucas décadas, os aldeamentos em Goiás encontraram-se em acentuada decadência, abrigando um número reduzido de índios, conforme relataram sucessivos viajantes. Em 1844, ao passar pela região onde outrora encontrava-se o aldeamento D. Pedro III, o naturalista Francis Castelnau registrou que permaneciam vivendo, no local, apenas uns poucos indígenas (RAVAGNANI, 1978).

Segundo a literatura antropológica, até o século XIX, os Xavante teriam formado, com os índios Xerente, um único grupo social, que se autodenominava *Akuén*. Posteriormente, os *Akuén* teriam se separado em dois grupos, devido a discordâncias internas quanto ao seu posicionamento diante dos não indígenas. Um deles, que teria optado pelo contato sistemático com os "brancos", passou a ser denominado por esses últimos Xerente, enquanto o outro grupo recebeu o nome de Xavante e distanciou-se das frentes econômicas e demográficas que se expandiam pelo seu território, deslocando-se para o leste do Mato Grosso até se fixarem na margem esquerda do rio Araguaia, na bacia do Rio das Mortes. Ao se referir à separação entre Xerente e Xavante, Ravagnani (1978, p. 105-106) esclarece:

> Os primeiros (os Xerente) foram se concentrando paulatinamente na margem esquerda do Tocantins, mais resguardada, já que a frente pastoril descia a margem direita, mais próxima dos criadores das Províncias da Bahia, Piauí e Maranhão. Os Xerente mansos se envolveram rapidamente nesta época com os nacionais. Os Xavante bravios continuaram à procura de um habitat seguro, que encontraram a oeste, e aos poucos foram se aglomerando às margens do Araguaia até transpô-lo, continuando sempre sua marcha até atravessarem o Rio das Mortes.

Embora se saiba que a migração xavante para o oeste tenha ocorrido no século XIX, não há consenso entre os pesquisadores quanto às décadas em que ela efetivamente se deu. Ravagnani (1978, p. 118) observa que, "De acordo com Maybury-Lewis teria se dado na década de 1840, para Darcy Ribeiro a partir de 1859, para Giaccaria e Heide, por volta de 1860-70, para nós a partir de 1820".

Segundo os relatos orais obtidos com os Xavante pelos missionários salesianos Bartolomeu Giaccaria e Adalberto Heide e que constam no seu livro *Xavante: povo autêntico*, publicado originalmente em 1972, foi o grupo xavante liderado por Butsé que atravessou o Rio das Mortes na região de São Domingos (GIACCARIA; HEIDE, 1984). Narrativas já incorporadas à tradição oral xavante de diferentes terras indígenas relatam ainda que, durante a fuga, um grupo teria desistido de realizar a travessia do rio Araguaia e das Mortes, assustados com os botos que avistaram nas águas. Contam Sereburã, Hipru, Rupawẽ, Serezabdi e Sereñimirãmi, em narrativas coletadas pelo Núcleo de Cultura Indígena na aldeia Etẽnhiritipa, Terra Indígena Pimentel Barbosa, traduzidas no livro *Wamrẽméza'ra*, ou *Nossa palavra*, que

> Foi nesse lugar mesmo que o boto dividiu nosso povo. Um pouco só atravessou o rio das Mortes para o lado onde estamos vivendo agora. O resto do povo ficou para trás. Pensamos

> que ia dar tudo certo. Mas de repente o boto apareceu e passou na frente. Eles devem ter ficado com medo da fumaça que saiu da água. A gente ficava com medo mesmo... O grupo que atravessou pedia para os parentes cuidarem bem dos sobrinhos. "— Não neguem nada para o seu sobrinho! Atendam os seus pedidos!" O povo que ficou do outro lado do rio era muita gente. Muito mais do que os que atravessaram. (SEREBURÃ *et al.*, 1998, p. 89).

Ravagnani (1978) ressalta que não há referências escritas, ou na memória xavante, sobre os grupos que permaneceram nos aldeamentos, ou aquém do rio Araguaia. O que se supõe é que teriam desaparecido física ou culturalmente em decorrência da miscigenação com a população regional que, pouco a pouco, se estabelecia na margem direita do rio. Especula-se ainda que tenham migrado para outras regiões.

Nas terras mato-grossenses, o território xavante passou a ter como limite o Rio das Mortes, ao sul, além do qual se estendia o território dos Bororo, de quem os Xavante eram inimigos. Ao leste, os Xavante encontravam seu limite no rio Araguaia, que os apartava dos não indígenas e, mais a nordeste, dos Carajá, que também eram seus inimigos. Ao norte, o território findava nos limites do rio Tapirapé, habitado pelos índios homônimos, com os quais os Xavante parecem não ter tido conflitos. Por fim, a oeste, estava a serra do Roncador, que os isolava dos povos indígenas das regiões dos formadores do rio Xingu (RAVAGNANI, 1978).

Na margem esquerda do Rio das Mortes, o grupo de Butsé fundou a aldeia denominada Buru'õtõró, também chamada de Dzub'adze ou Tsõ're-pré. Nessa aldeia, teriam sido realizados os rituais de furação de orelha dos grupos *Hötörã, Abare'u, Nõdzó'u, Ãnarowa, Tsada'ró* e *Ai'rere*, do que se depreende, pelo tempo estimado para a realização das cerimônias de todas essas classes de idade, que teriam permanecido no local por cerca de 30 anos, até se dividirem em vários grupos fragmentados, liderados por diferentes chefes, em decorrência de conflitos internos (GIACCARIA; HEIDE, 1984).

As divisões internas dos Xavante fizeram com que uma parte dos indígenas migrasse para as regiões denominadas Nõrõtsu'rã e Onhi'udu, localizadas nas proximidades dos rios Couto Magalhães e Culuene, há mais de 200 km a sudoeste de São Domingos. Outros grupos dirigiram-se para a região de Marãiwatsédé, localizada mais ao norte, a 100 km de distância da ocupação original de Tsõ'repré. Na região do Rio das Mortes, outras dissidências levaram os Xavante a fundarem novas aldeias, como a aldeia

Aróbó nhipó, chefiada por Ahöpöwẽ,[33] a quem o SPI contatou em 1946 (GARFIELD, 2011). De acordo com Lopes (1992, p. 366-367),

> Isõrepré (ou Tsõ'repré) é a "adeia-mãe", a mais antiga situada na região da serra do Roncador/Rio das Mortes. Com base nos dados disponíveis, e provisoriamente, é possível datá-la como tendo existido desde fins do século passado até, talvez, os anos finais da década de 20 deste século. Dela partiram, em vários momentos, facções dissidentes que, formando novas aldeias, cindindo-se por sua vez, migrando em dire-ções diversas, voltando em certos casos a reagrupar-se parcial ou completamente, expulsando e recebendo novos membros, constituíram novas unidades políticas e territo-riais, cujas relações com os não-índios não apresentaram homogeneidade.

Na região leste do Mato Grosso, os Xavante passaram a se deslocar em expedições de caça e coleta, fundando novas aldeias. Seu relativo iso-lamento foi rompido apenas no início do século XX, quando, a partir das décadas de 1930 e 1940, começaram a ser sistematicamente perturbados pelo avanço da ocupação não indígena em seu território, incentivada por uma política nacional de expansão de fronteiras.

Além dos interesses oficiais de colonização do Estado brasileiro, outros atores também adentravam na região com o intuito de estabelecer o contato com os indígenas. Entre eles, destacaram-se os missionários sale-sianos,[34] envolvidos com o trabalho catequético com os índios bororo nas Missões de Meruri e São José de Sangradouro e que pretendiam estender seus trabalhos aos Xavante, e os neobandeirantes paulistas interessados na exploração de riquezas minerais, em aventuras e em sensacionalismos. Ambos frequentemente ultrapassavam os limites das frentes pioneiras, adiantando-se até mesmo aos criadores de gados e aos garimpeiros locais (RAVAGNANI, 1978).

---

[33] Dois foram os chefes xavante chamados Ahöpöwẽ. O primeiro foi um dos líderes da região de São Domingos, atual Terra Indígena Pimentel Barbosa, que estabeleceu os primeiros contatos com a equipe do SPI, chefiada por Francisco Meirelles, em 1946. O segundo foi o chefe indígena que conduziu a segunda leva migratória xavante, proveniente de Nõrõstu'rã, atual Terra Indígena Parabubure, à Missão Salesiana de Meruri, em 1957. Esse último posteriormente tornar-se-ia o primeiro cacique da aldeia São Marcos.

[34] Em 1932, os salesianos fundaram os primeiros postos de atração em Santa Terezinha, nas margens do Rio das Mortes, próximo ao rio Tapirapé. Nessa ocasião, encarregaram-se dos trabalhos voltados para o contato e "pacificação" xavante os padres João Fuchs e Pedro Sacilotti. Em 1934, os dois missionários foram assassinados pelos Xavante, às margens do Rio das Mortes.

O Estado Varguista, por sua vez, também estimulava a ocupação de áreas consideradas isoladas e desabitadas, situadas no interior do Brasil, com o intuito de promover o desenvolvimento e a integração do país. Entre as principais iniciativas governamentais para promover a ocupação do país, entre as décadas de 1930 e 1940, estiveram a implantação do programa denominado Marcha para o Oeste;[35] a transferência da capital do estado de Goiás para Goiânia (cuja construção foi iniciada em 1933); a fundação da Colônia Agrícola Nacional de Goiás (CANG) em 1941; a criação da Fundação Brasil Central em 1943; e a realização da Expedição Roncador-Xingu.

Formada em 1943, a Expedição Roncador-Xingu tinha por meta o desbravamento de áreas consideradas inóspitas que estavam situadas no sudoeste goiano e nos Vales do Rio Araguaia, Tapajós e Xingu, em grande parte ainda povoadas por nações indígenas não integradas. A empreitada envolveu uma grande preparação de caráter logístico e foi divulgada nos meios de comunicação[36] da época como uma espécie de saga bandeirante do século XX, estimulando o imaginário nacional sobre o sertão como área selvagem a ser conquistada (LIMA, 2001).

A intensificação dos esforços do SPI para contatar os Xavante, a partir do ano de 1941[37] devia-se, em parte, ao fato de que a rota planejada para a Expedição Roncador-Xingu, então subordinada à Fundação Brasil Central, passava por territórios que se sabiam ocupados por eles. Conside-

---

[35] A Marcha para o Oeste foi um programa governamental lançado, em 1938, pelo então presidente Getúlio Vargas. O programa objetivava promover uma reordenação espacial do país, mediante a ocupação e a integração de áreas afastadas do litoral do Brasil, consideradas como "vazios demográficos", ou seja, áreas escassamente povoadas. A ocupação dessas áreas vinha a atender às exigências de integração e de defesa dessas regiões do Brasil — em especial, a defesa das regiões de fronteiras pouco habitadas por brasileiros —, à ampliação e formação de novos mercados consumidores necessários à expansão da economia capitalista nacional e à consolidação do poder político de Vargas.

[36] Os primeiros contatos estabelecidos com os Xavante foram amplamente noticiados pela imprensa, com extensas reportagens publicadas em jornais como *O Cruzeiro, O Globo, A Noite* e *O Estado de São Paulo*. Os jornalistas Sylvio da Fonseca e Lincoln de Souza acompanharam como enviados especiais dos seus respectivos jornais os trabalhos do SPI nos primeiros contatos realizados com os Xavante, sendo ainda responsáveis pela publicação de alguns livros sobre o assunto. Entre eles, destacam-se o *Frente a frente com os Xavante*, de Sylvio da Fonseca, e os livros *Entre os Xavante do Roncador* e *Os Xavantes e a Civilização*, de Lincoln de Souza. A "pacificação" xavante renderia ainda alguns documentários contendo filmagens dos contatos iniciais, dois deles produzidos pelo cineasta Geni Vasconcelos.

[37] Em setembro de 1941, foi constituída a primeira frente de atração do SPI com os Xavante. Chefiada pelo engenheiro Genésio Pimentel Barbosa, a equipe era formada por seis integrantes não índios e três intérpretes xerente e se instalou na margem esquerda do Rio das Mortes, na região de São Domingos, onde foi fundado um posto indígena. Em novembro de 1941, os integrantes da equipe foram massacrados pelos Xavante da região, escapando apenas os intérpretes xerente que, na ocasião da emboscada, não se encontravam no posto indígena. Em homenagem ao servidor e chefe da equipe do SPI morto, nesse episódio, o Posto São Domingos passou a ser posteriormente chamado Pimentel Barbosa.

rados hostis pela sociedade nacional, sua "pacificação" pela equipe do SPI foi fundamental para o sucesso da ocupação não índia do Vale do Araguaia, no leste do Mato Grosso.

Em fins da década de 1940, os Xavante tinham se tornado famosos no Brasil, em virtude de uma massiva campanha empreendida pelo Estado Novo na divulgação da Marcha para o Oeste. Essa campanha promoveu a equipe do Serviço de Proteção aos Índios (SPI), chefiada por Francisco Meirelles,[38] por seu trabalho de "pacificação" dos Xavante na região de São Domingos, embora o grupo local "pacificado" pelo SPI, em 1946, fosse apenas um entre os diversos grupos xavante que habitavam o leste do Mato Grosso. Conforme Garfield (2011, p. 96),

> A propaganda do Estado era enganosa, pois Meirelles não havia estabelecido contato pacífico com "os Xavante". Isso porque, embora compartilhando a mesma língua e práticas culturais, os Xavante não constituíam uma unidade política. Divididos em comunidades autônomas, muitas vezes rivais, dispersas pelo nordeste do Mato Grosso, os Xavante não possuíam uma estrutura política centralizada.

A "pacificação" de Meirelles, portanto, restringiu-se a apenas a uma comunidade xavante que vivia na região do Rio das Mortes. Ao longo de vários anos subsequentes, grupos xavante das regiões de Nõrõtsu'rã e Onhi'udu, situadas entre os rios Couto Magalhães e Culuene, permaneceram não contatados, passando-se o mesmo com a comunidade xavante de Marãiwatsédé, que só seria "pacificada" no início da década de 1960. De acordo com Garfield (2011, p. 97), "O processo de contato seria caótico, violento e irregularmente mediado pelo Estado, que se mostrou incapaz de proteger as comunidades xavante e demarcar reservas para sua 'futura concentração'".

Na versão oral de alguns grupos xavante, não foram eles os "pacificados", mas sim os "brancos", considerados pelos Xavante como violentos e perigosos (SEREBURÃ et al., 1998). Entre meados da década de 1940 e meados de 1950, vários grupos xavante optaram por estabelecer relações pacíficas diversificadas com diferentes representantes da sociedade nacional, incluindo equipes do SPI, missionários católicos e protestantes. De acordo

---

[38] Em fins de 1944, Meirelles foi encarregado dos trabalhos de "pacificação" dos Xavante, passando a chefiar uma nova equipe do SPI, que também se instalou em São Domingos. Ao contrário da equipe de Pimentel Barbosa, a equipe de Meirelles foi exitosa em sua missão com os Xavante, ao conseguir estabelecer com eles, em 1946, os primeiros contatos pacíficos.

com algumas narrativas indígenas, a opção pelo contato, feita pelos Xavante, foi fundamental para que os "brancos" fossem finalmente domesticados, ou "amansados" em sua ferocidade (SEREBURÃ *et al.*, 1998).

Ao se referir a esse período inicial da "pacificação" xavante, Maybury--Lewis (1984, p. 47), que pesquisou os Xavante de Pimentel Barbosa ainda na década de 1950, escreve:

> Mesmo depois da pacificação dos índios, suas andanças preocupavam a população local. Os habitantes de povoados distantes como Cocalinho e Aruanã, mesmo em 1958, ainda se sentiam amedrontados e inibidos quando grupos de Xavante vinham às cidades.

Atualmente, os Xavante costumam ser classificados em grupos diferenciados pelos pesquisadores, divididos segundo critérios que envolvem a sua permanência ou não no território indígena ocupado na época do pré-contato, assim como as formas de relacionamento estabelecidas pelos indígenas com os agentes com os quais esse contato foi travado, quais sejam: as frentes pioneiras, a população regional, os representantes do Estado — SPI e Funai —, e as igrejas católica ou evangélicas. Todos esses agentes influenciaram e marcaram, de forma diferenciada, os distintos grupos xavante, influindo nas suas percepções sobre os não indígenas e a sociedade nacional (LOPES, 1980).

3.3 A epopeia de Tseredzaduté e Pari'uptsé

A tradição oral xavante menciona o tempo de convivência com "brancos" nos aldeamentos na província de Goiás, no século XIX, em um período anterior à grande migração xavante que culminou com a travessia do Rio das Mortes em direção às terras situadas ao leste do Mato Grosso. Embora não tenha sido possível auferir se as narrativas sobre a fuga dos Xavante dos aldeamentos, protagonizadas pelos ancestrais Tseredzaduté e Pari'uptsé, são compartilhadas pelos indígenas de todas terras xavante, situadas a vários quilômetros umas das outras, elas são parte do repertório das Terras Indígenas Parabubure, São Marcos, Sangradouro e Pimentel Barbosa, conforme nos indica a sua menção pelos narradores entrevistados, pelos missionários Giaccaria e Heide, em sua obra *Xavante o povo autêntico*, de 1972, e pelo livro *Wamrêmé Za'rá, ou Nossa Palavra: Mito e História do Povo Xavante* (1998). Essas duas obras foram escritas a partir de relatos orais de anciãos das Terras Indígenas Sangradouro e Pimentel Barbosa, respectivamente.

Jan Vansina (2010) observa que a tradição oral está fundamentada no testemunho transmitido oralmente de uma geração a outra e se destaca pelo verbalismo e por sua forma de transmissão diferenciada daquela que ocorre em sociedades letradas, nas quais a escrita é utilizada no registro histórico. Em uma sociedade oral, a fala não é apenas um meio de comunicação cotidiano, mas também o veículo de transmissão da tradição, ou a sabedoria dos ancestrais, e o meio de perpetuação da memória do grupo.

Alberti (2004) ressalta que as tradições orais são formadas por um repertório compostos por canções, ditos populares, rezas, mitos, entre outras formas narrativas, que não são imutáveis. Embora a repetição seja uma marca da tradição oral, a manifestação e a atualização daquilo que é narrado pode também variar, conforme o momento, os objetivos e outras contingências da narração. Conforme a autora,

> Esse talvez seja o grande fascínio exercido pela tradição oral: o fato de tratar de um patrimônio coletivo comum, que, no entanto, não existe sem ação permanente daqueles que o repetem e, portanto, o transformam. (ALBERTI, 2004, p. 18).

Para Goody (2012), a ideia de que as tradições orais das chamadas sociedades "ágrafas" são estáticas, de que a sua cultura seria transmitida de forma imutável de geração para geração, está equivocada. O autor esclarece que

> Essa ideia foi encorajada por muitos antropólogos em cuja opinião o "presente etnográfico" descreve uma cultura estabelecida pelo costume imutável. A ideia muitas vezes tem o apoio dos próprios "nativos". "O mundo é como sempre foi", disseram os esquimós ao antropólogo alemão Franz Boas como se estivessem negando a própria noção de história. (GOODY, 2012, p. 63).

Em considerações formuladas a partir de suas pesquisas desenvolvidas, ao longo de 20 anos, junto dos LoDagaa, do norte do Gana, Goody, que coletou versões da recitação do ritual do Bagre, encenadas por esse povo, notou que, embora os recitadores dissessem que as versões proferidas em cada encenação eram sempre iguais, elas variavam consideravelmente, ano após ano, e não simplesmente de uma forma superficial, mas na própria estrutura do mito e em seus temas básicos. O autor assinala que a imaginação — ou a "fantasia" — não é uma prerrogativa das culturas ocidentais, "letradas". Criação e esquecimento formam a memória social de diferentes povos, são duas faces da mesma moeda e estão presentes em sociedades com ou sem escrita (GOODY, 2012).

CONTATANDO "BRANCOS" E DEMARCANDO TERRAS: NARRATIVAS XAVANTE SOBRE SUA HISTÓRIA

Ao se referir à memória de povos africanos, Amadou Hampaté Bâ (2010) afirma que a reconstrução oral de um acontecimento, ou de uma narrativa, em certas regiões do continente, não se reduz a uma simples recordação, mas busca trazer o evento passado ao presente, de modo que o narrador e sua audiência dele participem. Esse seria o grande talento, ou a arte do contador de histórias. Embora Hampaté Bâ (2010) afirme que todo africano seja, de certo modo, um contador de histórias, dada a característica culturalmente compartilhada por diferentes povos do continente de sempre relatar, de forma longa e minuciosa, os acontecimentos vivenciados às comunidades visitadas, ou as notícias ouvidas nos lugares de onde se veio e por se onde passou, ele também destaca que "Ninguém é contador de histórias a menos que possa relatar um fato tal como aconteceu realmente, de modo que seus ouvintes, assim como ele próprio, tornem-se testemunhas vivas e ativas desse fato". (HAMPATÉ BÂ, 2010, p. 208).

Entre os Xavante, a figura do contador de histórias[39] não é mencionada. Apesar da inexistência de uma categoria de indivíduos que se destaca por formar um grupo seleto de especialistas, de detentores de um conhecimento exclusivo, não acessível aos demais membros da sociedade, as habilidades narrativas individuais são reconhecidas e apreciadas nas comunidades. A notoriedade nesse quesito, contudo, nem sempre depende apenas do talento pessoal do orador e pode ser mais facilmente alcançada entre aqueles que pertencem às facções dominantes da comunidade e que costumam assumir a sua liderança (MAYBURY-LEWIS, 1984).

Maybury-Lewis (1984) assinala que, nas reuniões realizadas no conselho dos homens, é frequente o emprego de um discurso formal, composto por falas cerimoniais, próprias da tradição oral xavante. Essas falas são formadas por frases curtas, ditas rapidamente e repetidas com alterações de entonação, que fazem com que a pronúncia das palavras se diferencie daquela utilizada no cotidiano. Nas falas cerimoniais, as orações duplicadas são ainda eventualmente interrompidas por um som gutural, seguido de uma pausa mais longa, que indica a mudança de assunto (MAYBURY-LEWIS, 1984).

Em sua obra *A Sociedade Xavante*, produzida a partir de sua pesquisa de campo realizada com os Xavante de São Domingos — atual Terra Indígena Pimentel Barbosa —, Maybury-Lewis (1984) também se recorda de que, entre os anos de 1958 e 1964, visitantes provenientes de outras aldeias eram intimados a se postar perante as lideranças proeminentes da comunidade

---

[39] Alguns narradores entrevistados se denominam "historiadores", e, em suas comunidades, são assim reconhecidos.

que, nessas ocasiões, faziam uso de um discurso formal para perguntar aos recém-chegados sobre suas intenções e acerca de notícias trazidas de outras paragens. Mensageiros e viajantes xavante, que retornavam a suas aldeias, também eram sempre instados a relatar as suas experiências no conselho dos homens. Ao comentar sobre suas participações em reuniões masculinas ocorridas no decorrer das expedições de caça e coleta, Maybury-Lewis (1984, p. 196) escreve:

> Toda vez que me reuni a um dos grupos que estavam fora da aldeia em expedições de caça e coleta, meu guia era requisitado a apresentar um relatório completo das situações vividas em nossa viagem. Ele costumava fazê-lo nos mínimos detalhes e quase sempre repetia literalmente as conversas que havíamos tido já há alguns dias; descrevia minuciosamente tudo o que havíamos visto e tudo o que eu deixara de observar. Essas reuniões eram, invariavelmente, ocasiões extremamente divertidas para os Xavante já que, todos eles, dobravam-se de rir das provas mais recentes da minha ignorância e ingenuidade.

Graham (1983) enfatiza que as histórias narradas são uma expressão importante da cultura xavante e das culturas das sociedades Jê do Brasil Central. As histórias e os mitos são usados com propósitos educacionais, voltados para a transmissão de normas e de conhecimentos de uma geração a outra. Essa função didática é ainda utilizada pelos narradores para estabelecer uma continuidade entre a sociedade contemporânea xavante e o passado, de modo a permitir a orientação cultural e histórica das comunidades indígenas diante dos desafios vivenciados (GRAHAM, 1983).

A hierarquia estabelecida entre as gerações na transmissão narrativa confere aos relatos a autoridade capaz de garantir sua eficácia pedagógica. Atendendo à lógica de transmissão narrativa dos relatos históricos que formam a memória indígena e que têm na oralidade o seu veículo, a história da fuga xavante dos antigos aldeamentos foi-nos transmitida por Daniel, um *ihí*,[40] que, ao narrar a epopeia[41] de Tseredzaduté e Pari'uptsé, inicia seu relato dirigindo-se a Wellington, a quem chama de neto.

---

[40] Velho, ancião.

[41] Segundo o dicionário *on-line*, a epopeia é um "poema extenso que narra as ações, os feitos memoráveis de um herói histórico ou lendário, que representa uma coletividade". A epopeia também pode ser definida como uma "sucessão de eventos extraordinários, ações gloriosas, retumbantes, capazes de provocar a admiração, a surpresa e a maravilha", o que se aplica à narrativa xavante de Tseredzaduté e Pari'uptsé. Entre as mais antigas epopeias conhecidas no mundo, está a epopeia de Gilgamesh, um poema mesopotâmico com data estimada entre o século XX e o século VII a.C; e entre as mais famosas estão a Ilíada e a Odisséia, poemas gregos atribuídas a Homero, que datam o século VIII a. C.

Em sua narrativa, Daniel conta que, no período em que viviam com os não indígenas nos aldeamentos situados na região onde atualmente está localizada a cidade Goiás (antiga Vila Boa), as roças de milho eram vigiadas por homens "brancos" e por alguns Xavante, que eram seus aliados. Também narra que os não índios se aproveitavam do poder que tinham na distribuição dos alimentos da roça para forçar as mulheres xavante a manterem relações sexuais com eles. Ao relatar esses episódios de violência que, no entendimento do narrador, confirmam a natureza pervertida dos "brancos", Daniel conta:

> E ela [uma mulher xavante] encontrou o branco, e esse branco já pegou no braço dela e transou com ela. Assim é a vida do homem branco. Eles são muito sem vergonhas. Eles fazem isso com muitas etnias ao redor do mundo. Fazem sexo também com os animais, com animais de estimação, assim é a vida deles. (Daniel Tsi'õmõwẽ Wari, julho de 2017).

A violência perpetrada contra as mulheres indígenas exige o reconhecimento de sua historicidade, por se tratar de uma expressão de dominação colonial/patriarcal construída e compartilhada socialmente. No trabalho denominado *Tejidos que lleva el alma – Memoria de las mujeres Mayas sobrevivientes de la violación sexual durante el conflicto armado*, produzido pela Equipo de Estudios Comunitarios y Acción Psicosocial (ECAP) e pela Unión Nacional de Mujeres Guatemaltecas (UNAMG), as autoras explicam que, em situações de guerra e de conflito armado, o que se busca com a violação de mulheres é humilhar os homens e romper o tecido social e comunitário, de modo a demonstrar domínio e superioridade sobre os povos submetidos. A conquista e a colonização não ocorrem, portanto, apenas no território usurpado, mas também nos corpos daqueles que são subjugados, especialmente nos corpos das mulheres (ECAP & UNAMG, 2009). Como observa Maldonado-Torres (2007, p. 138, tradução nossa),

> A guerra, no entanto, não trata apenas de matar e escravizar o inimigo. Ela inclui um tratamento particular da sexualidade feminina: o estupro. A colonialidade é uma ordem de coisas que coloca as pessoas de cor sob a observação assassina e violenta de um ego vigilante. O objeto privilegiado da violação é a mulher.

Oliveira (2017, p. 142) ressalta que esse tipo de violência contra as mulheres indígenas emerge como resultado de uma

> [...] prática masculina/colonial de poder e superioridade, consentida entre os homens colonizadores que tomam essas mulheres como refém para expressar a dominação e o controle destes homens sobre o território e suas leis.

O estupro de mulheres indígenas, frequente desde a chegada dos colonizadores à América, também se configura como uma forma de genocídio, que, no século XX, ganharia ainda mais centralidade nos processos de dominação e de guerra contra as sociedades indígenas (OLIVEIRA, 2017). A autora acrescenta que esse tipo de violência

> [...] demonstra o caráter interseccional do gênero (CRENSHAW, 2002) a outros eixos de dominação como a raça e a etnia na produção de níveis de violência ainda maior contra mulheres indígenas [...]. A normatividade das concepções de gênero e raça converte a violência sexual contra certas categorias de pessoas em atos legítimos, sobretudo em tempos de guerra e insurgências. (OLIVEIRA, 2017, p. 144).

A violência sexual, comumente praticada contra os povos conquistados e colonizados, atingiu também os Xavante aldeados na província de Goiás, durante os séculos XVIII e XIX, e é narrada por Daniel, que define tais práticas como sendo um padrão de relacionamento dos homens "brancos" com outros povos, dada a sua recorrência ao longo da história de interação e contato: "*[...] fazem isso com muitas etnias ao redor do mundo*". (Daniel Tsi'õmõwẽ Wari, julho de 2017).

Diferentes níveis simbólicos podem ser auferidos da narração da epopeia, que contém algumas chaves para a compreensão das percepções xavante acerca da "natureza dos brancos". Repetindo, ao longo de seus relatos, a expressão, "assim é a vida do branco", utilizada para contrapor os maus comportamentos dos não indígenas às atitudes socialmente esperadas dos Xavante, condizentes com um proceder aceitável e compreensível ao grupo, Daniel narra:

> *[...] as outras mulheres xavante conversaram entre si porque ficaram enojadas e com medo do homem branco, mas os homens brancos ficaram bravos. Qual é o sentido desses brancos ficarem bravos, se essas mulheres não eram deles? E por causa dessas mulheres, eles decidiram matar os Xavante. Eles queriam matar esses índios e começaram a afiar as facas. E como ninguém compreendia o que eles diziam, ao ouvi-los, eles apenas pressentiram o perigo.* (Daniel Tsi'õmõwẽ Wari, julho de 2017).

No relato, a recusa das mulheres xavante de se submeterem à exploração sexual provocou a ira dos não índios, que, movidos por uma lógica patriarcal e racista, sentiram-se desafiados em seu poder e na sua masculinidade, que impõe a posse e o controle sexual sobre o corpo das mulheres indígenas. Como nos esclarece Smith (2014, p. 201), "O projeto de prática de violência sexual nas colônias estabelece a ideologia de que os corpos indígenas são naturalmente violáveis — e, portanto, as terras indígenas também são naturalmente violáveis".

A política de aldeamento de índios, conforme explica Perrone-Moisés (1992), foi uma realização do projeto colonial, ao garantir a conversão de súditos, a ocupação e a defesa do território, além do suprimento constante de mão de obra para o desenvolvimento da colônia. Embora a legislação colonial previsse a remuneração pelos trabalhos dos índios, estipulando taxas e formas de pagamento, o tempo que poderiam se dedicar aos trabalhos, além de fixar um sistema para a repartição de sua mão de obra, na prática, o que predominou nos aldeamentos foi a exploração arbitrária do trabalho indígena, a sua escravização e até mesmo a exploração sexual de mulheres. De acordo com Carneiro da Cunha (1992, p. 142), "Desde Pombal, uma retórica mais secular de 'civilização' vinha se agregando à da catequização. E civilizar era submeter as leis e obrigar ao trabalho".

No século XIX, a política indigenista foi marcada por diretrizes de diferentes regimes políticos que se sucederam. No início do século, o Brasil ainda era uma colônia, passou dois terços dele como um império para, por fim, encerrar esse lapso de cem anos sob a forma de república. Em algumas áreas do território brasileiro, especialmente naquelas de colonização mais antiga, a mão de obra indígena já não era tão fundamental como tinha sido no passado. Desse modo, os interesses locais passaram a se dirigir às terras dos índios, que se pretendia usurpar (CARNEIRO DA CUNHA, 1992).

Classificados basicamente em duas categorias, a dos índios "bravos" e a dos índios "mansos" ou "domésticos", uma atuação com o primeiro grupo era esperada, com o intuito de se conseguir a sua domesticação. Tal como nos séculos anteriores, a conversão de índios bravos, como eram os Xavante, em índios mansos, implicava investir esforços em sua sedentarização, sob o regime de aldeamentos. Aos grupos resistentes, restava apenas o extermínio, como ocorreu com os índios genericamente chamados de Botocudos, massacrados, no século XIX, por sucessivas guerras ofensivas, algumas delas declaradas por ordem do próprio D. João VI, com o intuito de facilitar a colonização das terras por eles ocupadas nos vale do Rio Doce, Espírito Santo, e dos campos de Guarapuava, no Paraná (CARNEIRO DA CUNHA, 1992).

A concentração populacional nos aldeamentos era particularmente nefasta aos indígenas, por propiciar a propagação de epidemias. As doenças, associadas à exploração de seu trabalho e aos maus tratos físicos a eles infligidos, fez com que os Xavante abandonassem os aldeamentos na província de Goiás, fugindo para áreas ainda não colonizadas pelos "brancos". A memória dessas fugas, perpetuada pela tradição oral xavante na epopeia de Tseredzaduté e Pari'uptsé, é reproduzida por Daniel em suas falas, conforme o trecho que se segue.

> *Tseredzaduté, que era um antigo Po'redza'õnõ, ouviu eles [os "brancos"] falarem. Eles diziam que era para os índios morrerem todos. Ele começou a avisar, entrava de casa em casa para eles [os Xavante] não dormirem e saírem quando estivesse escuro para escapar do homem branco antes de ele acordar. Ele voltou onde os brancos estavam reunidos, e a fala deles era a mesma de antes, de matar todos os Xavante. Ele colocava o cabelo dele embaixo do chapéu e usava roupa preta, como a do branco, para não ser descoberto. E ficou junto com eles, se passando por um deles. E voltou de novo na aldeia, avisando, mais uma vez, para ninguém dormir, que o branco iria de porta em porta para nenhum Xavante escapar. E que eles ficariam nas portas para quando tivessem sono, para ninguém sair. Então os Xavante começaram a sair. Foram embora de noite, enquanto os brancos estavam dormindo.* (Daniel Tsi'õmõwẽ Wari, julho de 2017).

A narrativa dos heróis xavante pode conter diferentes níveis simbólicos, com Teredzaduté e Pari'uptsé representando os dois clãs que formam a sociedade xavante e que, juntos, fogem da opressão dos aldeamentos. De acordo com a história, Tseredzaduté pertencia ao clã *Po'redza'õnõ*, traduzido como "girino", ou, nas palavras de Daniel, *"era um antigo Po'redza'õnõ"*, enquanto Pari'uptsé era do clã *Öwawẽ* (rio grande), ou, segundo Daniel, um *"ancestral dos Öwawẽ"*. Ambos os clãs formam as duas metades exogâmicas que compõem a sociedade xavante, frequentemente classificada por pesquisadores como sendo uma sociedade dualista, na qual os clãs se opõem e se complementam. Conforme Daniel, *"Entre os nossos antepassados, existia essa parceria entre Öwawẽ e Po'redza'õnõ"*. (Daniel Tsi'õmõwẽ Wari, julho de 2017).

Maybury-Lewis (1984) explica que os Xavante reconhecem seus companheiros de clã como sendo a "sua gente", em oposição aos que pertencem ao outro clã e que são classificados como outros. O antropólogo também esclarece que é entre os companheiros de clã onde se encontra o apoio para situações de disputas faccionárias, em que é necessário a construção de alianças. Embora Maybury-Lewis (1984, p. 223) afirme ainda que "[...] qualquer Xavante espera hostilidade e oposição daqueles que não pertencem ao seu próprio clã", pelo fato de constituírem "[...] uma classe diferenciada de pessoas", tais afirmações devem ser relativizadas — e o foram, posteriormente, pelo próprio autor.

As impressões iniciais de Maybury-Lewis acerca dos clãs foram formadas durante os seus primeiros anos de pesquisa com os Xavante de São Domingos, atual Terra Indígena Pimentel Barbosa, no ano de 1958. Posteriormente, ao retornar à comunidade anteriormente estudada para uma nova etapa de pesquisa, no ano de 1962, Maybury-Lewis teve a oportunidade de reformular seu entendimento sobre os clãs. Assim, ele explica que

> A filiação clânica por si só não é significativa. Adquire significado apenas contextualmente. O contexto, por sua vez, é configurado pela estrutura faccionária da comunidade, que se constrói a partir dos agrupamentos clânicos sem, no entanto, corresponder necessariamente a eles. É, portanto, mais importante para os moradores de uma determinada aldeia saber com que linhagem um recém-chegado tem ligações do que descobrir a que clã ele pertence. No momento em que ele pinta o seu corpo segundo o padrão característico de uma linhagem, faz uma afirmação pública de sua filiação faccionária. (MAYBURY-LEWIS, 1984, p. 224).

Para os pesquisadores que experimentam o cotidiano nas aldeias e que buscam ouvir com atenção as narrativas xavante, é possível notar a existência de uma profunda complementariedade entre os clãs, nessa sociedade indígena. A mesma situação não é tão perceptível nas relações estabelecidas entre as linhagens, que estão permanentemente a oscilar entre a solidariedade e o conflito, e cuja compreensão é mais difícil para o pesquisador iniciante, dada a sua imprevisibilidade e o seu caráter contextual, percebidos por Maybury-Lewis.

A complementaridade entre os clãs pode ser verificada em muitas situações da vida cotidiana xavante, tais como nas performances orais encenadas pelos anciãos no conselho dos homens, quando um ancião, que é sempre do clã oposto, questiona e complementa o discurso daquele que fala, como se participassem de um dueto; nas amizades formalizadas, que se estabelecem como relações de proteção e cuidado desenvolvidas entre indivíduos que pertencem às metades exogâmicas e que se chamam mutuamente por *i-ãmo*, ou "meu outro"; na caça de certos animais, como a anta, cuja repartição equitativa é feita entre os dois clãs, em conformidade com a etiqueta xavante que impõe às metades a obrigação de estabelecerem relações de reciprocidade; e até mesmo na morte, visto que os mortos devem sempre ser enterrados por alguém do clã oposto, com os *Po'redza'õnõ* sendo enterrados com suas cabeças voltadas para a direção oeste e os *Öwawẽ* com suas cabeças voltadas para o leste.

A complementariedade dos clãs também se expressa no sistema cerimonial xavante, pois em todas as atividades rituais há sempre um representante de cada clã, à exceção daquelas funções cuja importância é a mesma dentro do sistema cerimonial, como, por exemplo, a de *Pahöri'wa*,[42] que é restrita ao clã *Po'redza'õnõ*, e a de *Tebe*,[43] restrita ao clã *Öwawẽ* (MULLER, 1976).

O caráter opositivo dos clãs também pode ser verificado na luta dos meninos, o *ó'i'ó*, que consiste no enfrentamento dos *ai'repudu*[44] com clavas feitas de uma raiz denominada *um'ra*, utilizadas para golpear certas partes do corpo do oponente, como a lateral externa do tronco e dos braços. Cada menino representa o seu clã e luta com um companheiro do clã oposto, de idade e de porte físico semelhantes aos seus, e se apresentam pintados, com os motivos de seu clã desenhados no rosto. A luta é vencida por aquele que por mais tempo resistir ao embate, pois o menino que corre e se afasta do local onde enfrenta o adversário, o pátio central da aldeia, perde o desafio (MULLER, 1976).

A luta do *ó'i'ó* é bastante estimulante para os Xavante, especialmente para os pais e irmãos mais velhos dos meninos lutadores, que têm a oportunidade de observar a coragem da criança, cujas vitórias são motivo de muito orgulho para os seus familiares. A fama dos meninos vencedores costuma perdurar por anos, muitas vezes até a sua maturidade e velhice, dado o hábito xavante de rememorar tais episódios, como podemos observar na fala de Sílvio: *"E ali quase fui vencido pelos Po'redza'õnõ na luta do ói'ó. Eles eram bons, mas não muito bons. Acabei com um deles no ói'ó. Eu sou um homem*

---

[42] Trata-se de um cargo cerimonial restrito aos adolescentes em fase de iniciação (*wapté*) pertencentes ao clã *Po'redza'õnõ*. Os *Pahöri'wa* são sempre dois jovens escolhidos pelos anciãos entre aqueles que se encontram vivendo na casa dos solteiros (*hö*). Durante a execução dos rituais, os *Pahöri'wa* portam certos adereços que indicam a sua condição e executam as danças que são próprias à sua função cerimonial.

[43] Trata-se de um cargo cerimonial restrito aos *wapté* pertencentes ao clã *Öwawẽ*, que se encontram em iniciação, vivendo no *hö*. Tal como ocorre no caso dos *Pahöri'wa*, são os anciãos os responsáveis pela escolha dos dois *Tebe*, que portam adereços próprios à sua condição e executam uma coreografia específica de sua função cerimonial.

[44] Menino ainda não iniciado como *wapté*.

muito valente". (Sílvio Tsipe 'Rãirãté, julho de 2017). Também Celestino narra, com especial entusiasmo, o sucesso por ele obtido no *ó'i'ó* durante a sua infância:

> *O nome do meu pai era Õmõre, o meu pai tinha vários nomes. Ele conversou com o meu avô e fez as cordinhas[45] para eu usar na luta e chamou o meu avô. "— Eu vou pintar o seu neto."— Pode pintá-lo para você observar a bravura dele." Eu era muito pequeno em comparação aos outros. Os do clã eram bons de luta; de verdade, eles eram muito bons. Eu não sei o que seria se os meus pais não tivessem me trazido. E cresci ali um pouco. E ali, na luta, eu conseguia ganhar dos do outro clã. Eu era o único que apareceu para ganhar deles, os meus irmãos sempre perdiam para eles. Eu travava uma boa luta. Eu deixei felizes os meus avós, que eram Aptsi'ré, o outro era Tsere'õmõrãté, que perdeu a perna atingido pelos do clã Öwawẽ, Tsõwa'õ e A'uwẽ tede'wai wapu. Ficaram rindo de mim. Me viram bravo ali e, a partir de então, cresci sendo notado. Meu pai me pintou e colocou as formigas tucandeiras para picarem as pontas dos meus dedos, e ali eu fiquei mau. Quando mudamos para Wedetede, o outro nome é U'u, ali, lutei também. Eu acabava com a raiz macia[46] toda em mim. Não era à toa que eu era muito bom no ói'ó, eu não tinha medo do ói'ó na luta.* (Celestino Tsereróm'õ Tseredzéré, julho de 2017).

A complementariedade entre os clãs também pode ser observada nos mitos, tal como ocorre no mito de origem, mencionado no capítulo anterior, que traz Butsé como o primeiro *Po'redza'õnõ* e Tasa'amri o primeiro *Öwawẽ* a surgirem na terra, de dois gravetos; ou no mito dos dois *wapté*[47] criadores, denominados *Parinai'a*, também um *Po'redza'õnõ* e um *Öwawẽ* que, às escondidas, transformavam-se em plantas e em animais ainda não existentes, trazendo-os, dessa maneira, ao mundo. A relação de cooperação e de solidariedade esperada entre os clãs, ou metades, pode ser ainda percebida na história de Tseredzaduté e Pari'uptsé, conforme o seguinte trecho narrado por Daniel: *"Nunca dois Po'redza'õnõ podem matar o branco juntos, precisa sempre de ter um Öwawẽ. Foi por isso que eles fizeram essa parceria, o Pari'uptsé e o Tseredzaduté".* (Daniel Tsi'õmõwẽ Wari, julho de 2017).

---

[45] Refere-se aos adereços feitos de fibra, que são amarrados nos pulsos e tornozelos dos meninos lutadores.

[46] No decorrer da luta, é comum que a raiz denominada *um'ra*, utilizada como clava para desferir os golpes nos adversários, acabe se quebrando. A substituição das raízes quebradas é feita pelos irmãos e primos mais velhos do lutador, que permanecem ao seu lado, observando o embate.

[47] Adolescente em estágio de iniciação.

Ao se referir às histórias das fugas xavante dos aldeamentos em Goiás, Lopes (1992) esclarece que a decisão de se afastar da sociedade brasileira não foi unânime e nem tomada de uma só vez pelos Xavante. Cisões internas ocorreram, levando diferentes subgrupos, em meados do século XIX, a migrarem para regiões distintas. Assim, os Xavante aos quais nos referimos hoje são aqueles originários do grupo liderado por Busté,[48] que realizou a travessia do Rio das Mortes. Segundo Daniel,

> *No caminho eles paravam e continuavam a seguir o caminho para alcançar os que já tinham ido antes até um lugar lá embaixo chama Ẽtẽwawẽ. O outro nome é Wede'uwahú. Esses grupos foram embora atrás do outro grupo por medo do homem branco, mesmo ele não tendo chegado lá.* (Daniel Tsi'õmõwẽ Wari, julho de 2017).

Os Xavante que abandonavam os aldeamentos frequentemente sofriam retaliações dos não indígenas, que promoviam perseguições e massacres dos grupos em fuga. Se levarmos em conta a indicação de pesquisadores que estimam que foi na primeira metade do século XIX que o principal grupo xavante atravessou o Rio das Mortes, as fugas dos aldeamentos terão ocorrido há quase dois séculos. Apesar de transcorrido todo esse tempo, elas permanecem sendo lembradas na história de Tseredzaduté e Pariup'tsé. As perseguições e os assassinatos promovidos pelos não indígenas contra aqueles que fugiam dos aldeamentos são, a seguir, narrados por Daniel na epopeia:

> *Morreram todos. Foram mortos e só os que estavam do lado do branco voltaram, os genros da Wa'utomowawẽ. Só eles voltaram para lá. O resto, todos foram mortos. Só o Tseredzaduté saiu com vida, mesmo eles tendo feito o treino para matá-lo. Tseredzaduté gritava: "— A'uwẽ 'wá'ö, ĩ'ma dzada öbö!"[49] Mas tudo estava em silêncio. Ele correu de novo. "— Ai'mãi watóbró 'wá'ö, ĩ'ma dzada öbö!" Mas tudo estava em silêncio. "— Talvez ninguém tivesse saído com vida. Talvez todos tivessem morrido." Ele estava falando com ele mesmo, porque não tinha ninguém. E correu de novo: "— Ai'mãi watóbró 'wá'ö, ĩ'ma dzada öbö!" "— Kãi!" Alguém respondeu. E o Tseredzaduté correu rápido. "— Kãi!" "— Kããi!" Responderam um ao outro. O Pari'uptsé estava no chão, ele era o antigo Öwawẽ. Ele tinha sido ferido. Ele apenas tinha sido ferido na região lombar. Se essa bala tivesse atingido ele muito bem, ele não correria e ele cairia logo ali. E o Tseredzaduté correu para pegar o remédio tradicional dele. Ele tinha o próprio remédio.*

---

[48] Apesar de portarem o mesmo nome, não há semelhanças entre o Butsé histórico, que liderou os Xavante na travessia do Rio das Mortes e o Butsé mítico, personagem do mito de origem xavante.

[49] — Se tiver alguém, me responda!

> *Cuidou dele, lavou as feridas dele. E eles falaram um para o outro. Tseredzaduté falou com o Pari'uptsé. "— Pari'uptsé, como você está pensando?" "— Por quê?" "— Vamos ver o que os brancos fizeram." "— Não podemos, senão podemos morrer também. Nossos irmãos foram todos mortos. Se alguém tivesse saído com vida, atenderia ao nosso chamado".* (Daniel Tsi'õmõwẽ Wari, julho de 2017).

Joseph Ki-Zerbo (2010) afirma que o discurso da tradição, seja ele de caráter épico, prosaico, didático ou ético, revela certos usos e valores que movem um povo e que influenciam os seus atos futuros. As representações construídas sobre o passado podem inspirar as ações que irão se refletir no futuro. Esse parece ser o caso da referida epopeia, que possivelmente influenciou os Xavante em sua decisão histórica de se manterem, por muito tempo, afastados dos não indígenas.

É possível que a epopeia de Tesredzaduté e Pari'uptsé tenha inspirado os Xavante a defenderem aguerridamente seu território, com intuito de evitar o contato com os "brancos". Por cerca de um século, eles permaneceram na margem esquerda do Rio das Mortes, evitando sucessivas tentativas de contatos promovidas por representantes da sociedade nacional. Conforme assinala Thompson, Frisch & Hamilton (2006, p. 80), a história está entrelaçada à memória coletiva, entendida como "[...] uma conexão viva entre o passado celebrado, o presente conturbado e o futuro que requer complexas escolhas políticas em todos os níveis, do individual e familiar ao comunitário, estadual e nacional".

A narrativa da chegada de Tseredzaduté e Pari'uptsé à aldeia xavante, onde viviam aqueles que há muito tinham partido — o povo autêntico, ou os *A'uwẽ uptabi*, nas palavras de Daniel —, ou seja, os que tinham abandonando em definitivo o convívio com os "brancos", talvez reflita o sentimento coletivo daqueles que, no passado, estabeleceram-se no leste do Mato Grosso e que, ao que consta, não voltaram às terras de Goiás para rever os parentes que por lá permaneceram, pois, de acordo com Daniel: *"Os que viviam com os brancos eram esquecidos".* E acrescenta: *"As pessoas se esqueceram porque os brancos ficavam massacrando e dividindo o povo".* (Daniel Tsi'õmõwẽ Wari, julho de 2017).

3.4 Aspectos da vida e da história xavante

A vida dos Xavante, antes do contato com os "brancos", transcorria entre períodos de fixação nas aldeias, intercalados pelas perambulações pelo território, em expedições de caça e coleta. Giaccaria e Heide (1984) observam que, enquanto duravam os produtos das plantações e o estoque das castanhas coletadas, era possível às comunidades dedicarem-se às atividades cerimoniais.

Entre as principais celebrações xavante, estão o *Dahono* e o *Darini*. O *Dahono* é uma cerimônia de caráter iniciatório, voltada para a introdução dos *wapté* na vida social adulta. Essa cerimônia é composta por várias etapas que culminam na furação das orelhas dos adolescentes, que então ascendem à categoria dos *'ritéi'wa*,[50] obtendo, a partir daí, permissão para se casar e manter relações sexuais. Já o *Darini* refere-se à iniciação religiosa xavante. Trata-se de um conjunto de rituais, alguns deles de caráter secreto e restrito aos homens, como aquele denominado *wai'á*, traduzido como "o segredo dos homens". Ambas as celebrações — *Dahono e Darini* — envolvem corridas e competições, provas de resistência ao cansaço e à dor, além de danças e cantos que recordam as origens do povo xavante, ou que remetem aos espíritos e aos elementos da natureza (GIACCARIA; SALVATORE, 2004).

As menções às celebrações dessas cerimônias pelos narradores xavante entrevistados funcionam, em certos casos, como marcadores cronológicos que permitem ao ouvinte, inserido no ambiente cultural do grupo, situar-se historicamente. Ao se referirem, em seus relatos, à classe de idade dos *wapté*, ou seja, ao grupo de adolescentes que então se encontrava em processo de iniciação, os narradores indicam determinados períodos históricos, pois são as classes de idade as responsáveis por marcar o transcurso das gerações xavante. É dessa maneira que, em um dos trechos de sua fala, em que menciona as cerimônias de furação de orelha de sua classe de idade, a dos *Ẽtẽpá*, que Sílvio revela a sua idade aproximada, além de situar o seu relato na cronologia xavante.

> *Depois nos tornamos jovens [os da classe de idade dos Ẽtẽpá], com pauzinho na orelha no Ape, em Pimentel. E de novo eu repeti o ritual e virei 'ritéi'wa num lugar chamado Nõrõwede na 'rata ãmã, Burupré nõrõta'a na 'rata ãmã. E depois o povo vivia e vivemos como 'ritéi'wa juntos.* (Sílvio Tsipe 'Rãirãté, julho de 2017).

O mesmo raciocínio é reproduzido por Tobias, com a indicação de sua classe de idade, a dos *Abare'u*, que então começava o seu período de iniciação ritual. O narrador também menciona as regiões do território indígena percorridas por seu grupo familiar, descrevendo os nomes dos lugares e das aldeias pelos quais perambulou, como forma de situar espa-

---

[50] Jovens guerreiros.

cialmente os seus interlocutores. Em seu relato, Tobias ainda afirma que o seu grupo, ou sua classe de idade, teria começado sua iniciação em 1954, o que demonstra que a cronologia introduzida pelos não indígenas também vem sendo utilizada pelos narradores atualmente. Conforme Tobias, *"Em 1954, nós Abare'u, fomos considerados wapté, no Parawã dza'radzé, onde está Nõrõtsu'rã e Abadzi nhõrõdzé, onde estão os meus netos, fica em São Pedro, num lugar chamado Abadzi nhõrõdzé".* (Tobias Tserenhimi'rãmi Tsere'õmowi, julho de 2017).

Bobou Hama e Joseph Ki-Zerbo (2010), historiadores da Nigéria e de Burkina Faso, respectivamente, ao se referirem às formas de demarcação do tempo em sociedades africanas contam que, em várias delas, a organização em classes etárias cumpre uma importância fundamental no encaminhamento das histórias de povos africanos. Em certos casos, a estrutura de classes etárias permite a reconstrução das histórias de povos que podem remontar ao século XVIII. Os autores ainda afirmam que essa forma de ordenação do fluxo das gerações é responsável por estruturar as formas de relações estabelecidas entre elas, de modo a conter possíveis conflitos geracionais, que poderiam se degenerar em conflitos violentos, advindos de bruscas transformações sociais. Segundo Hama e Ki-Zerbo (2010), esse mecanismo de regulação das relações entre os diferentes grupos etários estão, inclusive, presentes em sociedades africanas consideradas bastante estáveis, nas quais as inovações técnicas ainda estão pouco difundidas. De acordo com os historiadores,

> A geração engajada na ação delega um de seus membros à geração de jovens que a sucede. O papel desse adulto não é o de aplacar a impaciência dos jovens, mas de canalizar a fúria irrefletida que poderia ser nefasta ao conjunto da coletividade ou que, na melhor das hipóteses, prepararia mal os interessados para assumir suas responsabilidades públicas. (HAMA; KI-ZERBO, 2010, p. 34).

O uso das classes de idade como marcador temporal entre os Xavante assemelha-se, em certos aspectos, à periodização utilizada na demarcação daquilo a que chamamos de geração. Apesar dessa periodização em gerações comportar uma plasticidade e uma elasticidade imprecisas, que envolve, inclusive, certa subjetividade advinda do sentimento de pertencer, ou de ter pertencido, a uma faixa etária com alguma identidade diferencial, o que torna a sua delimitação pouco objetiva, ela também pode ser utilizada para situar os acontecimentos no tempo, conforme afirma Sirinelli (2006).

O conceito de geração, próprio da cultura ocidental, é talvez o que mais se aproxima do instituto das classes de idade xavante, embora não possua o seu caráter ritualístico e cerimonial e tampouco forneça uma identidade grupal tão coesa e bem-estruturada como aquela observada entre os membros pertencentes a uma mesma classe de idade.

No período do pré-contato, a vida nas comunidades dividia-se entre os momentos dedicados às expedições de caça e coleta e aqueles devotados ao calendário cerimonial. As expedições levavam a população das aldeias a migrar, de tempos em tempos, pelo território indígena. Da perspectiva de uma historiografia ocidental, os relatos de migrações talvez não sejam especialmente relevantes, por se referirem a acontecimentos que dizem respeito, sobretudo, às caçadas — muito apreciadas pelos homens xavante —, ou a episódios de encontros fortuitos, e potencialmente hostis, com outros grupos xavante, com outros povos indígenas ou com os não índios. Esses relatos, no entanto, ilustram o cotidiano da vida das comunidades xavante no pré-contato, são parte de sua memória e foram frequentemente narrados pelos entrevistados.

Ao mencionar uma dessas expedições, Celestino conta sobre uma experiência de sua juventude vivenciada nesse período da história xavante, quando o narrador, então um jovem aprendiz de caçador de antas, recebia lições de seu tio sobre as restrições alimentares a serem observadas pelos bons caçadores. Conforme o narrador:

> Quando viramos 'ritéi'wa pegamos a posse do tsawörö'wa[51] e fomos divididos na época do amadurecimento do milho xavante. O meu pai foi para aquela região junto comigo e com um grupo dos do outro clã Öwawē. Eu recebia tratamento com remédios tradicionais para caçar antas. Andamos pela região onde hoje é a cidade de Novo São Joaquim. Meu pai matou uma anta lá e tinham muitos tamanduás-mirins que foram assados no jirau. Eu caçava anta porque eu era muito carnívoro. "— Vai lá tomar banho no rio." Eu achei que era para comer. Fui ao rio tomar banho, lavei a cabeça tirando a pintura e logo, quando cheguei ao local, eu pedi a comida para meu tio. "— Meu pai, entrega logo essas carnes, por que está demorando tanto?" Tinha muita carne na brasa, os tamanduás-miris tinham muita gordura. "— Me entrega aqui a parte de baixo das costas e a coxa. Eu quero só isso." "— Você é jovem para isso, quando se é

---

[51] Função de guerreiro-espião.

jovem não se come isso".[52] *Eu achei que meu tio estava brincando quando falou isso. Eu fiquei deitado de lado fingindo que eu estava chateado, porque quem se comporta assim recebe coisas. Mas meu tio não teve pena de mim. Ele me chamou depois. "— Acorda para você comer tsenhõrã.*[53] *Nós, quando jovens, comemos só isso." "— Eu não quero e não gosto disso!" "— Você não é caçador de anta?" "— Não, ainda não sou. Quando aprender a caçar anta, eu matarei todas." Achei que meu tio estava brincando comigo, eu não comi o tsenhõrã por não ter ganhado carne, fiquei muito chateado porque não consegui a carne de tamanduá-mirim e fiquei muito calado depois disso.* (Celestino Tsererómʼõ Tseredzéré, julho de 2017).

Giaccaria e Heide (1984), missionários salesianos que conviveram por muitos anos com os Xavante nas Missões Salesianas de São José de Sangradouro e São Marcos, escrevem, em seu livro, que uma aldeia jamais escolhia organizar, por dois anos consecutivos, uma expedição de caça e coleta para o mesmo território. Os autores relatam também que os grupos caçadores provenientes de uma mesma aldeia eram, em geral, dois, ou, no caso de uma aldeia populosa, dividiam-se em três grupos, que costumavam percorrer regiões diferentes, em um itinerário em forma de círculo fechado. Quando, no decorrer das expedições, esses grupos percorriam regiões de palmeiras e babaçus, costumavam parar nesses locais por alguns dias, a fim de recolher, em grandes cestos, as raízes, frutas e castanhas comestíveis.

Maybury-Lewis (1984), que acompanhou os Xavante de São Domingos em algumas de suas expedições de caça e coleta, conta que as deliberações relativas às rotas das expedições ocorriam no conselho dos homens eram influenciadas pela possibilidade de serem encontrados veados, catetos, tamanduás, queixadas e antas, entre outros animais, cuja carne é apreciada pelos Xavante. Também são caçados tatus, emas, seriemas e aves como papagaios e araras, cuja plumária é utilizada nos ornamentos cerimoniais (MAYBURY-LEWIS, 1984). Sobre um episódio de caçada, Tobias conta: *"Quando atravessamos o rio de lá para cá, o avô de vocês fez um choro,*[54] *fazendo um apelo para descansar um pouco. O nome dele era Tsimhöröpupu, do grupo Ẽtẽpa. Ali mataram queixadas, na beira do Rio das Mortes tinha muita queixada".* (Tobias Tserenhimiʼrãmi Tsereʼõmowi, julho de 2017).

---

[52] Os Xavante acreditam que os caçadores devem evitar o consumo excessivo de suas próprias presas, sob pena de perderem suas habilidades de caça, ou, como no caso dessa história de Celestino, de não as desenvolverem.

[53] Uma espécie de fruta.

[54] Choro ritual.

Nessas expedições, não era incomum a ocorrência de conflitos entre diferentes grupos em disputa pelo mesmo território. Por esse motivo, alguns homens costumavam adiantar-se ao grupo, que era normalmente lento, por ser também formado por mulheres e crianças que carregavam, em suas cestas, todas as provisões e os bebês. Seguindo na frente do grupo, eles não apenas localizavam os rastros das presas, mas também defendiam o restante da comunidade, ao se interporem entre ela e os perigos do caminho, sejam grupos inimigos ou onças (GIACCARIA; HEIDE, 1984).

As expedições de caça coletiva, denominadas *dzô mõri*, costumavam durar de seis semanas a quatro meses. Durante esse período, o grupo pernoitava em acampamentos semipermanentes, que podiam ser abandonados sem dificuldade. Maybury-Lewis (1984) esclarece que as comunidades xavante estabeleciam, como seu território, aquela área na qual conseguiam andar no espaço de um ano. Essa área era explorada coletivamente por cada aldeia, não sendo estabelecidas fronteiras bem-demarcadas entre o seu próprio território e o de outros grupos. Segundo o autor, "Os Xavante sentiam-se livres para vagar fora de 'seu próprio' território se estavam preparados para se arriscar, havendo possibilidade de choques com outros grupos Xavante que podiam ressentir-se da intrusão". (MAYBURY-LEWIS, 1984, p. 99)

Os relatos de caça são frequentes entre os narradores, dada a constância das expedições caçadoras e sua importância para a sobrevivência das aldeias no passado. A delimitação do território indígena, ocorrida após o contato com os "brancos", levou à sedentarização da população xavante, extinguindo as grandes caçadas coletivas que outrora levavam toda – ou quase toda – comunidade de uma aldeia a partir em expedições prolongadas de exploração do território. Embora os Xavante continuem sendo um povo caçador, predominam hoje as caçadas individuais, ou realizadas por pequenos grupos de homens. Raimundo, ao falar sobre sua infância, quando as grandes expedições coletivas de caça ainda eram parte da vida cotidiana das aldeias, assim conta:

> Depois de cinco anos, talvez, nossos pais, meu pai, cunhados e pessoas próximas, foram para uma grande expedição de caça. Na grande expedição, os homens adultos e velhos caçadores saíram à procura de caça para fazer um casamento. (Raimundo Urébété Ai'réro, janeiro de 2017).

Antes do contato interétnico, o território xavante formava uma extensão contínua, que abarcava e ultrapassava as terras atualmente demarcadas como Parabubure, Areões, Pimentel Barbosa e Marãiwatsédé, situadas a vários quilômetros de distância umas das outras. As expedições das diferentes aldeias pelo extenso território ainda serviam como estratégia de defesa, já que a presença de vários grupos xavante em constante movimento possibilitava que invasores fossem rapidamente detectados. Frequentemente, os jovens *'ritéi'wa* também organizavam-se em pequenos grupos especificamente devotados à vigilância e à proteção de suas comunidades, percorrendo longos percursos com esse objetivo. Ao narrar sua primeira expedição como *tsawörö'wa*,[55] encarregado da vigilância e defesa de sua comunidade, Celestino conta:

> *Quando estávamos migrando, éramos tsawörö'wa, nos pintamos e colocamos penas brancas nas nossas cabeças. Eu disse: "— Eu também vou?" "— Claro que vai! Nenhum tsawörö'wa fica para trás!" "— Mas eu estou morrendo de sono!" Que vida difícil era a desses Xavante! E chegamos. (Cantos). Eu fiz esse canto muito bonito, esse canto era o canto que nós fizemos quando migramos pela primeira vez como tsawörö'wa. É assim que eu conto essa história. (Celestino Tsereróm'õ Tseredzéré, julho de 2017).*

A defesa do território também envolvia, por vezes, o atrito com outros grupos indígenas, em especial os Carajá, que se espalhavam ao longo do eixo do rio Araguaia, e os Bororo, aldeados pelos salesianos nas Missões de Meruri e São José de Sangradouro. Em 1928, o cacique carajá Fontoura foi assassinado pelos Xavante quando andava na margem esquerda do rio Araguaia. Dois anos depois, dois Carajá que residiam no Posto Indígena Santa Isabel também foram atacados por um grupo xavante, novamente na margem esquerda do rio Araguaia, o que deixou um deles gravemente ferido e o outro morto (RAVAGNNANI, 1978).

Ravagnani (1978) tem como provável a ocorrência de vários embates desse tipo entre os Xavante e os Carajá, embora alguns desses conflitos não tenham sido registrados. Já os ataques dos Xavante aos Bororo aldeados nas missões salesianas, desde fins do século XIX, chegaram ao conhecimento dos padres, que passaram a divulgar tais episódios. Esses conflitos motivaram os religiosos a traçarem estratégias para estabelecer o contato com os Xavante, com o intuito de aldeá-los em suas missões (RAVAGNANI, 1978).

Entre os anos de 1958 e 1964, no período em que Maybury-Lewis realizou sua pesquisa, o autor identificou, entre os Xavante, certo temor

---

[55] Guerreiro-espião.

envolvendo poderes maléficos de povos indígenas vizinhos. Os Carajá, em especial, eram inimigos temidos por afligir os Xavante com doenças e mortes advindas de uma influência maligna difusa, não especificada. Para Maybury-Lewis (1984), a crença não seria de todo desprovida de fundamento, já que as interações estabelecidas com os Carajá, em incursões ao longo do rio Araguaia, resultaram no contágio dos Xavante por doenças propagadas por seus inimigos. Os Carajá, por estarem em constante contato com os regionais, acabavam sendo mais suscetíveis a contrair suas doenças, que eventualmente eram depois transmitidas aos Xavante (MAYBURY-LEWIS, 1984).

Na historiografia produzida sobre os Xavante, há alguns registros de conflitos ocorridos entre os Xavante e Carajá e entre os Xavante e Bororo. Não consta, contudo, que eles tenham convivido com os povos formadores do rio Xingu no período que antecedeu o contato com os não indígenas. Tobias, entretanto, menciona uma querela ocorrida no período de sua infância com pessoas de outro grupo indígena, que então teriam invadido o território xavante à procura de mulheres, e que o narrador identifica como sendo Xinguanos.

Embora não seja possível precisar a identidade do grupo mencionado, dado o nosso desconhecimento dos critérios empregados por Tobias para classificar como Xinguanos aqueles indígenas, de sua fala se depreende que não se tratavam de seus inimigos históricos, os Carajá e os Bororo, que tradicionalmente ocupavam a parte situada ao leste e ao sul do território xavante, respectivamente. Pelo relato, sabemos apenas que o grupo vinha do norte, que seus integrantes foram inicialmente tomados por *tsa're'wa*,[56] que eles portavam ferramentas e que, por esse motivo, talvez tivessem algum tipo de interação ou contanto com os "brancos" — embora não necessariamente, já que esses objetos também podem ser obtidos por meio de trocas com outros grupos indígenas ou de furtos. Segundo Tobias:

> Ali [num lugar chamado Ētētsiwató] nós encontramos os primeiros índios. E quem eram eles? Eram os Xinguanos. Eles, os Xinguanos, são ladrões, achávamos que eram tsa're'wa, mas eram Xinguanos. A minha mulher, que me deixou para trás, que já faleceu, tinha sido roubada quando criança pelos Xinguanos, quando ela chorava atrás da mãe pelo caminho. A roça da aldeia era como a distância daqui [do Dsei Xavante] até a saída de Barra do Garças, é quase mesma coisa, igual aqui hoje, a aldeia Parawã dza'radzé, e o rio,

---

[56] Espíritos, fantasmas.

> *que está ali, é parecido. Quem parou ela? O meu primo mais velho já falecido. Os danhōhui'wa[57] sempre averiguavam a roça depois dos cantos. "— Eu vou lá averiguar a roça." Falou para nossa mãe, os netos dele hoje vivem na aldeia São José, os meus sobrinhos. Tinha ido na roça do nosso avô Uptetere, que era o sogro dele, para fazer a vistoria e ouviu a criança gritando. Logo ele saiu porque o tsitopré[58] fez um alerta bem rápido, ele pegou o arco e a flecha e foi atrás pelo caminho da mata. Na beira do rio, eles estavam carregando a menina, ele chegou e a tomou do meio deles. Sabemos que era a turma do Raoni,[59] meu primo tomou do Raoni a criança de volta. Esse Raoni sempre vinha quando ele era jovem, hoje ele está velho. As abóboras, eles levavam daqui e o milho também era daqui, esses eram ladrões. Eles roubavam as crianças de um lugar chamado Itehudu, no norte. Foi assim as lutas dos Xavante, que também brigavam entre si. Por isso esse danhōhui'wa, antigo Tirowa, promoveu uma busca para espionar quem estava invadindo o território xavante, porque eles eram os novos i'rehi.[60] Chegaram num lugar chamado Ētētsi'ri e Öparahi e queimaram as casas que estavam lá, que eram dos Xinguanos, e eles trouxeram de lá coisas como facas, machados e enxadas; e nisso, os Xavante começaram a trabalhar com essas ferramentas.* (Tobias Tserenhimi'rãmi Tsere'ōmowi, julho de 2017).

Entre alguns grupos indígenas, não era incomum o rapto de crianças e jovens mulheres. A prática costumava ampliar o campo matrimonial dos grupos de captores, aliviando desequilíbrios demográficos decorrentes da prevalência de homens em relação às mulheres. Nas falas dos narradores e na literatura produzida sobre os Xavante, não consta, contudo, que eles fossem especialmente inclinados à captura de mulheres estrangeiras, e tampouco há muitos relatos que nos permitam inferir que mulheres xavante tenham sido alvo constante de raptos por parte de outros grupos indígenas, o que não descarta a sua eventual ocorrência.

O relato é também intrigante por nos remeter à figura de Raoni Metuktire, definido pelo narrador não como um líder e ativista indígena, como costuma sê-lo pelos não índios, mas como um captor de mulheres. Embora Verswijwer (*apud* FAUSTO, 2014, p. 302) relate que a captura de

---

[57] Homens maduros que exercem a função de padrinhos dos *wapté* em iniciação.

[58] Ave de penas vermelhas que, segundo os Xavante, emite um som de alerta com o objetivo de advertir os indígenas sobre possíveis perigos, ou com o intuito de comunicar a morte de alguém.

[59] Raoni Metuktire, líder Caiapó e ativista internacionalmente conhecido, nascido provavelmente nos primeiros anos da década de 1930, em um local chamado Krajmopyjakare, atualmente Terra Indígena Kapôt Nhinore, Mato Grosso.

[60] Guardiões.

mulheres era realmente comum entre os Caiapó, visto que, entre 1915 e 1968, foram raptadas 63 pessoas (46 mulheres e 19 homens) de diversas etnias e até mesmo da população regional, apenas pelos Caiapó-Mẽkrãgnotí, não sabemos ao certo por que razão Raoni foi associado, no relato, aos "Xinguanos ladrões de mulheres". É possível que estejamos diante de uma situação em que repertórios de sentidos não são compartilhados entre o narrador e a pesquisadora, dada à inserção de ambos em contextos históricos, culturais e linguísticos distintos.

3.5 Conflitos

Nos relatos dos narradores xavante, há muitas histórias de conflitos que foram vivenciados no intervalo que vai do período que imediatamente antecedeu o contato interétnico até aquele que o sucedeu, e que, de várias formas, foram impulsionados pela presença, cada vez mais constante, dos não indígenas no território xavante. O encantamento produzido pelas mercadorias dos "brancos", o contágio por doenças desconhecidas, os ataques armados promovidos pelos invasores, acirraram as tensões internas, levando as diferentes facções xavante a embates por vezes violentos. Nas palavras de Sílvio, *"Os Xavante viviam em conflito. Eu não gosto de conflito porque eu tenho vergonha e eu só entro para apaziguar, sempre seguro as bordunas, tomo deles, e também já tomei um revólver na hora de me proteger".* (Sílvio Tsupe 'Rãirãté, julho de 2017).

Esse padrão crescente de hostilidade interna entre as comunidades indígenas, que acompanhou a sua "pacificação", não atingiu apenas os Xavante, mas também outros grupos, que se viram enredados em conflitos internos nesse momento de sua história. Terence Turner, ao se referir aos grupos Caiapó[61] do Pará, tais como os Gorotire, Mekranoti, Mentuktire e os Xikrin do Bacajá e do Caeté, afirma que o período situado entre os anos de 1900 e 1950, que antecedeu e abarcou o contato desses grupos com os não indígenas, foi caracterizado por constantes rupturas internas, que levaram a fragmentação das comunidades em grupos menores, mutuamente hostis e beligerantes (TURNER, 1992). Ao se referir a esse momento histórico, marcado por conflitos intra e interétnicos, que levavam grupos caiapó a se lançarem em expedições guerreiras voltadas para o ataque e a pilhagem, Turner (1992, p. 328) explica que

---

[61] Caiapó ou Kaiapó. São comumente utilizadas as duas grafias para o etnômio. Optamos aqui por utilizar a primeira delas, menos exotizante.

> A motivação original para a intensificação dos ataques, como notei, foi a busca de armas de fogo. Efetuada originariamente pelos grupos mais orientais em resposta aos ataques por brasileiros, tornou-se mais tarde generalizada como parte de uma corrida armamentista entre os próprios bandos kayapó, em que os grupos desarmados sofriam ataques devastadores por parte de outros grupos que já possuíam armas de fogo. Porém, desde o início, outras mercadorias brasileiras, como miçangas, tecidos e ferramentas, eram também trazidas pelas expedições guerreiras. Pela década de 40, a pilhagem tinha se tornado, para alguns grupos, o método corrente de obter uma grande variedade de bens brasileiros.

Embora os conflitos internos entre as comunidades xavante, no período que antecedeu e sucedeu a sua "pacificação", não tenham atingido a intensidade e as proporções verificadas nas guerras internas travadas entre os Caiapó, eles também foram responsáveis pela dizimação de linhagens e a divisão de aldeias. Lopes (1992) destaca que são desconhecidas as causas estruturais desses conflitos entre os Xavante, o que dificulta a compreensão da dinâmica interna de suas relações políticas. As descrições dos conflitos, a partir de fatores de ordem conjuntural, apontam, contudo, que situações como as que envolvem doenças e epidemias e que resultavam em mortes de membros do grupo eram muitas vezes atribuídas à feitiçaria, servindo como o estopim de sérios conflitos, que podiam conduzir a confrontos e a cisões (LOPES, 1992).

Para Maybury-Lewis (1984), há, na sociedade xavante, uma íntima conexão entre leis e política. Os conflitos, que poderiam se configurar como próprios à esfera legal, são levados ao conselho dos anciãos; e sua resolução ali depende da correlação de forças entre as facções, ou seja, envolvem disputas que são, em última instância, de caráter político. Segundo Maybury-Lewis (1984, p. 238):

> Uma disputa que não chega a se tornar uma questão que envolva as facções políticas não é, a rigor, uma disputa: equivale a um desentendimento que não chega a ser formalizado através da constituição e processo judicial.

O Conselho dos Anciãos é o fórum de resolução de conflitos responsável por dirimir as disputas masculinas, ou seja, aquelas que envolvem homens ou que são por eles apresentadas. Os problemas considerados como sendo exclusivamente femininos não recebem a atenção dos conselhos e, aparentemente, não encontram meios institucionais próprios para a sua resolução (MAYBURY-LEWIS, 1984). De acordo com Maybury-Lewis (1984), tal situação levaria as mulheres a se agredirem fisicamente em algumas situações de disputa, o que ocorre menos entre os homens, que preferem levar suas queixas ao conselho.

No passado, os casos considerados mais graves, tais como os que envolviam acusações de feitiçaria que, na sociedade xavante, é uma prática exclusivamente masculina, podiam não alcançar uma resolução pacífica no conselho de anciãos, desencadeando conflitos violentos, com assassinatos e expurgos de indivíduos, grupos familiares e linhagens das aldeias. Disputas violentas entre grupos xavante de São Domingos foram relatados por Maybury-Lewis (1984, p. 235), que assim descreve um conflito entre homens filiados às linhagens faccionárias denominadas Wamarĩ e Topdató:

> Alguns Wamarĩ haviam morrido por ocasião de uma epidemia de gripe. A facção responsabilizou os Topdató pelas mortes e matou vários deles, inclusive dois que haviam "passado" para o grupo dos Wamarĩ e se consideravam um deles. Nunca me foi possível determinar com precisão quantas pessoas foram mortas nesta ocasião, pois os inimigos dos Wamarĩ estavam ávidos para atribuir à ferocidade da facção dominante todas as mortes que haviam ocorrido desde a minha última visita à aldeia. Os Wamarĩ, por outro lado, garantiram-me que nenhum Topdató havia sido morto por eles. Eles diziam, insistentemente, que os Topdató haviam sofrido ainda mais do que eles as consequências da epidemia. Parece certo, porém, que alguns Topdató foram, de fato, mortos, embora alguns possam ter morrido de gripe. De qualquer modo, a comunidade como um todo ficou desfalcada e os Wamarĩ se viram sem aliados. Até mesmo seus próprios companheiros de linhagem estavam prontos a desertá-los.

Maybury-Lewis (1984) explica que as linhagens xavante costumam agir como grupos incorporados, o que significa dizer que, em questões importantes, seus membros não devem tomar partido diverso do de seus companheiros, sob pena de deixar de pertencer ao grupo. Quando isso ocorre, ele tem que ser acolhido ou adotado por outra linhagem, passando-se o mesmo com os membros remanescentes de linhagens muito pequenas, ou que se desintegraram, e que acabam sendo absorvidos pelas demais linhagens. Na sociedade xavante, espera-se, portanto, que os membros de uma mesma linhagem não façam oposição aberta uns aos outros. Esse comportamento, contudo, nem sempre é exigido daqueles que pertencem a um mesmo clã (MAYBURY-LEWIS, 1984).

Maybury-Lewis (1984) acrescenta que o sistema político da sociedade xavante está fundamentado nas linhagens e nas facções, essas últimas formadas por uma linhagem principal e seus correligionários, que podem pertencer a outras linhagens de qualquer um dos dois clãs, além de indivíduos isolados. É frequente, contudo, que os Xavante refiram-se à outra comunidade como sendo de um ou de outro clã, coletivamente, com o intuito de se referir ao clã da facção dominante daquela aldeia. Esse tipo de referência pode ser identificada no trecho a seguir, da fala de Tobias que, ao falar sobre o assassinato do pai, refere-se ao nome do clã do grupo responsável pela morte, omitindo a denominação de sua linhagem, ou facção.

> *Os meus primos mais velhos, já falecidos, **e os demais do clã Po'redza'õnõ**, que se juntaram contra o meu pai. Eu vou vingar a morte do meu pai? Não, só Deus vai me vingar, só ele pode fazer isso. De fato, muitos Xavante já morreram. Eles morrem do nada? Não, eles morrem porque faziam coisas erradas.* (Tobias Tserenhimi'rãmi Tsere'õmowi, julho de 2017. Grifo nosso).

Garfield (2011) defende que a violência entre os Xavante de nenhuma forma pode ser considerada um valor cultural, ainda que tenha sido utilizada como tática de defesa do território e para repelir ataques. As comunidades de diferentes aldeias mantinham laços de casamento, parentesco ou de alianças, embora eventuais conflitos pudessem surgir como resultado das interações ocorridas em expedições de caça ou incursões no território de outra comunidade.

No período situado entre as décadas de 1950 e 1960, contudo, esses conflitos intensificaram-se. A crescente entrada de não índios no território xavante e as expedições punitivas promovidas por posseiros e fazendeiros contra as aldeias fez com que comunidades se deslocassem em direção aos territórios de outras, o que ampliou a disputa por recursos. Algumas comunidades, contudo, conseguiram estabelecer uma interação pacífica com o órgão indigenista e com os missionários, passando a disputar o acesso aos bens industrializados e esforçando-se por excluir seus rivais das redes de troca com os "brancos" (GARFIELD, 2011).

Um conflito envolvendo os Xavante — e que extrapolou os limites das aldeias, repercutindo entre os agentes do contato, em especial entre as autoridades do SPI, missionários e moradores da cidade de Nova Xavantina, dadas as suas dimensões — ocorreu em 1958, entre as comunidades situadas nos arredores dos postos indígenas de Capitariquara e Pimentel Barbosa e das missões religiosas de Areões e Santa Terezinha.

Os Xavante da aldeia Aróbó nhipó (Terra Indígena Pimentel Barbosa) foram os primeiros a estabelecer o contato com o SPI, em 1946. Próximo à aldeia, foi instalado o Posto Indígena Pimentel Barbosa, onde a comunidade, liderada por Ahöpöwẽ, passou a receber assistência médica e as cobiçadas mercadorias dos "brancos". Nessa época, os Xavante de Aróbó nhipó e os da aldeia Isõrepré encontravam-se em conflito, e a comunidade de Isõrepré, temendo represálias dos de Aróbó nhipó, não ousava visitar o posto indígena, ainda que desejasse obter as mercadorias dos não índios (GARFIELD, 2011).

Em 1951, a comunidade de Isõrepré, formada por cerca de 200 pessoas e chefiada por Örebewẽ, mudou-se para as imediações da base da Fundação Brasil Central, na cidade de Nova Xavantina, com o intuito de conseguir doações e assistência médica, lá permanecendo por quase cinco anos. Em 1954, após serem atacados por outra comunidade xavante rival, expulsa de suas terras por fazendeiros da região de Couto Magalhães, o grupo de Örebewẽ transferiu-se para uma das margens do Rio das Mortes, exatamente em frente à cidade de Nova Xavantina, passando a incomodar seus habitantes, que se sentiam pressionados pelos indígenas a ofertar seus escassos suprimentos, que eram trazidos à cidade pelos aviões da Força Aérea Brasileira (FAB) (GARFIELD, 2011).

Ante a recusa do grupo em se estabelecer no lugar onde estava situado o Posto Indígena Pimentel Barbosa, próximo à comunidade rival de Aróbó nhipó, e dada à pressão da Fundação Brasil Central e dos moradores de Nova Xavantina para que o SPI instalasse a comunidade em um local fora de cidade, foi criado o Posto Indígena Capitariquara, situado a 120 km de Nova Xavantina, para onde a comunidade liderada por Örebewẽ mudou-se, em 1956 (GARFIELD, 2011).

Inicialmente, o grupo passou a receber mercadorias do posto indígena. Örebewẽ chegou a ser, inclusive, levado ao Rio de Janeiro, em duas viagens promovidas pelo SPI, em 1954 e 1957. Em poucos anos, contudo, problemas financeiros levaram o SPI a cortar as verbas destinadas ao posto indígena, o que fez com que os seus funcionários, já com os salários atrasados, o abandonassem, deixando os índios sem os bens e a assistência prometidos (GARFIELD, 2011).

Entre os Xavante, a manutenção da chefia requer um apoio constante de sua facção, que é a fonte real de poder. Para angariar esse apoio, o líder precisa atender a algumas expectativas da comunidade, tais como presidir caçadas coletivas e a distribuição da carne, orientar a derrubada das árvores no local destinado ao plantio das roças e exercer funções cerimoniais, sob a supervisão dos anciãos. Após o contato com os não índios, as comunidades indígenas passaram a exigir dos seus líderes a habilidade necessária para a obtenção de bens industrializados (GARFIELD, 2011).

O desabastecimento do posto indígena das mercadorias e provisões que os Xavante tinham se acostumado a receber colocava em risco a credibilidade e a liderança de Örebewẽ em sua comunidade. Insatisfeito com a situação e disposto a atacar o posto indígena de Capitariquara, Örebewẽ buscou o apoio de que necessitava para esse ataque em uma comunidade rival, dissidente da sua própria e que passara a viver, desde o ano de 1956, sob a assistência de uma missão evangélica norte-americana em Areões. Seus esforços malograram, e ele foi assassinado, em 1958, por inimigos em Areões (MAYBURY-LEWIS, 1984).

O episódio da morte de Örebewẽ é relembrado por Tobias, narrador nascido em Wedezé, uma região contígua à Terra Indígena Pimentel Barbosa, próximo ao local onde o conflito desenrolou-se. O narrador conta: *"Como nós, Xavante, tínhamos inveja um do outro, o meu primo mais velho, que os brancos obedeciam, por causa disso ele foi assassinado".* (Tobias Tserenhimi'rãmi Tsere'õmowi, julho de 2017).

A partir do assassinato, uma guerra entre as facções xavante explodiu, pois os parentes de Örebewẽ, em Capitariquara, ao saberem de sua morte, atacaram os de Areões, que fugiram para a Missão Salesiana de Santa Terezinha, juntando-se aos Xavante que ali viviam. Em 1959, a Missão Salesiana de Santa Terezinha foi atacada pelos Xavante de Capitariquara, e, no ano seguinte, foi a vez dos de Capitariquara serem atacados pelos Xavante de Santa Terezinha. Dessa vez, contudo, os de Capitariquara encontravam-se unidos aos seus antigos rivais de Aróbó nhipó, o que levou os indígenas de Areões e Santa Terezinha a abandonarem as missões evangélica e católica e refugiarem-se na cidade de Nova Xavantina (MAYBURY-LEWIS, 1984).

Os missionários tentaram apaziguar os conflitos entre os homens e proteger as mulheres de possíveis violações aplicadas no âmbito das cerimônias do *wai'a*, utilizadas, no caso desse conflito, como vingança contra os homens vinculados (por casamento ou parentesco) a essas mulheres. Dessa forma, os padres acabaram por também se enredarem nas disputas, e, em um desses embates, o padre Luís Guedes, da Missão Salesiana de Santa Terezinha, acabou sendo ferido. Sobre esse episódio, Tobias conta:

O nosso grupo Abare'u, já considerado 'ritéi'wa,[62] *ia de barco para pegar as mulheres do outro lado e torná-las wai'á,*[63] *e ali as coisas se desorganizaram, e o padre Luís foi flechado bem aqui no peito, do lado direito, se fosse bem no meio, onde está o coração, ele morreria. Foi flechado porque ele interveio pelas meninas.* (Tobias Tserenhimi'rãmi Tsere'õmowi, julho de 2017).

A fuga dos Xavante de Santa Terezinha e Areões fez com que os missionários — católicos salesianos e evangélicos — encerrassem os trabalhos em suas respectivas missões religiosas. O posto indígena de Capitariquara, administrado pelo SPI, também foi fechado, e, assim, os Xavante que viviam nesses locais dispersaram-se para diferentes partes do território indígena, como ocorreu com a família de Tobias. Este narrador relembra: *"Por isso eu vim para Nõrõtsu'rã. Foi lá onde tive o primeiro contato com o wai'á, com o warini, e vi coisas, coisas que acontecem".* (Tobias Tserenhimi'rãmi Tsere'õmowi, julho de 2017).

Nessa ocasião, certos grupos xavante, dispersos pelo conflito, dirigiram-se às missões salesianas de São José de Sangradouro e São Marcos, onde alguns Xavante já se encontravam vivendo. Outros tantos estabeleceram-se nos arredores da cidade de Nova Xavantina e, para esses, o SPI instalou, em 1961, um novo posto indígena, situado em Areões, no lugar onde outrora funcionara a missão evangélica (GARFIELD, 2011).

A memória desses embates continua viva entre os Xavante, especialmente entre os velhos que viveram nessas partes do território indígena, onde hoje estão situadas as terras xavante denominadas Areões e Pimentel Barbosa. Tobias, que ali vivia, era, nessa época, um jovem guerreiro *'ritéi'wa* e acompanhou de perto os conflitos. Embora o narrador não tenha detalhado a sua participação no episódio, sua inserção na classe de idade dos *Abare'u* foi mencionada em suas falas. Como testemunha desses acontecimentos, ele conta:

No ano novo seguinte, em 1956, começaram a ouvir histórias dos antepassados e começaram a viver em conflito, e a se dividirem. E

---

[62] Jovem guerreiro.

[63] São chamadas mulheres *wai'á* aquelas que foram ritualmente violadas e, assim, introduzidas nas cerimônias masculinas xavante, conhecidas como "o segredo dos homens". A prática funciona como punição a certos tipos de condutas das mulheres — ou de seus maridos — consideradas inadequadas ou impróprias pelo grupo. Essas mulheres passam a integrar o universo espiritual masculino xavante, participando das festas e cerimônias proibidas a outras mulheres, e não sofrem novas violações. Embora, atualmente, as mulheres xavante continuem sendo alertadas sobre o risco de serem punidas em decorrência de certos comportamentos, as violações cerimoniais parecem ter entrado em desuso em praticamente todas as comunidades xavante.

> *bem ali o avião pousou com pessoas mortas com flechas no corpo. Muita gente foi morta pelas flechas e aqui chegaram, o avião pousou aqui [em Barra do Garças]. Foi assim que aconteceu no ano de 1956.* (Tobias Tserenhimi'rãmi Tsere'õmowi, julho de 2017).

Ante o conflito, ao qual o SPI e os missionários assistiram impotentes, restou a ambos atribuírem culpas mútuas pelo ocorrido. Se levarmos em conta a hipótese levantada por Garfield (2011), de que a intervenção externa envolveu, redefiniu e amplificou as disputas faccionais xavante, que acabaram atingindo grandes proporções no período situado entre 1950 e 1960, as responsabilidades pelo ocorrido talvez possam ser, ao menos parcialmente, atribuídas ao órgão indigenista e aos missionários católicos e evangélicos — assim como à Fundação Brasil Central, aos fazendeiros e posseiros, que igualmente atuaram como agentes do contato xavante.

A percepção de que os agentes do contato contribuíram para acirrar os conflitos entre os grupos xavante é compartilhada por narradores como Daniel. Ele conta como o SPI — e, posteriormente, a Funai — fornecia às lideranças xavante, recém-contatadas, as armas de fogo que acabaram sendo utilizadas nas guerras internas travadas pelas diferenças facções. Conforme Daniel:

> *O SPI já cuidava dos Xavante, ajudando em alguma coisa. E mais abaixo, ao sul, como já tinham feito o contato antes de nós, já tinham armas de fogo. Eles ganharam armas de fogo e se mataram entre si. O SPI se dizia protetor da causa indígena, mas na hora do conflito, ninguém aparecia no local. Só entregou armas de fogo para o povo xavante e ele mesmo se matou, não os homens brancos. Por causa disso, o povo se dividiu e foi embora.* (Daniel Tsi'õmõwẽ Wari, janeiro de 2017).

Ao falar sobre as estratégias de "pacificação" de povos indígenas adotadas pelo SPI, Souza Lima esclarece que elas envolviam a chamada atração ou agremiação, que consistia em um eventual deslocamento de populações indígenas e na sua concentração geográfica em torno de núcleos administrativos, com a doação de diferentes tipos de bens ou mercadorias aos indígenas. A sedentarização das populações indígenas em torno desses núcleos era tida como fundamental para a sua paulatina aculturação e posterior integração à sociedade nacional (SOUZA LIMA, 1995). Segundo o autor:

> Dito de outro modo, trata-se de *sedentarizar povos errantes*, vencendo-lhes — a partir de ações sobre suas ações e não pela violência — a resistência em se fixarem em lugares

> definidos pela administração, ou de capturar para esta rede de agências de governo outros povos com longo tempo de interação com o conquistador, operando para tanto com a ideia de um mapa nacional. (SOUZA LIMA, 2013, p. 800.

Para facilitar esse intento, era necessário conquistar a confiança das chefias indígenas, o que motivava o órgão indigenista, por meio de seus chefes de posto, a entregar, de forma pouco criteriosa, às lideranças das comunidades indígenas, diversos tipos de mercadorias, entre as quais, as armas fogo. Em troca dos "presentes"[64] e sob a promessa de que receberiam novas remessas desses objetos, as lideranças ofereciam cooperação e apoio aos chefes de posto, o que facilitava o controle sobre as comunidades, necessário ao exercício efetivo do papel tutelar, que cabia à SPI desempenhar sobre os indígenas.

A disciplinarização das populações indígenas, vista como fundamental para a sua integração à sociedade nacional, nesse momento da história, implicava o aprendizado da língua portuguesa e de técnicas de lavoura e pecuária, o que, supunha-se, facilitaria a sedentarização dessas populações. Posteriormente a isso, o SPI, tutor oficial das populações indígenas, empenhar-se-ia nas atividades voltadas à regularização fundiária de algumas porções de terras destinadas ao cultivo, realizado em conformidade com as técnicas por ele ensinadas aos indígenas (SOUZA LIMA, 1995).

Para Souza Lima (1992), as estratégias de "pacificação" — e de subsequente disciplinarização — desenvolvidas pelo SPI entre as populações indígenas podem ser classificadas como ações de conquista, com contornos militares, inclusive. O autor relembra que os cargos mais altos de chefia da estrutura administrativa do órgão indigenista eram predominantemente ocupados por indivíduos provenientes da hierarquia do exército (SOUZA LIMA, 1992). No entender de Souza Lima (1992), a expressiva presença de militares nos quadros do SPI condicionou a atuação do órgão, norteada por uma perspectiva de conquista de territórios que deveriam ser efetivamente integrados às áreas civilizadas, situadas no litoral do país, mediante ações de ocupação e colonização que incluíam a "pacificação", a subjugação e a disciplinarização dos habitantes dessas terras ainda não incorporados à nação brasileira.

---

[64] Termo utilizado para designar objetos, tais como panelas, facas, machados, espelhos, entre outras quinquilharias, oferecidos aos indígenas que se pretendia contatar, com o intuito de conquistar a sua confiança, e, assim, conseguir estabelecer com eles relações pacíficas.

Conflitos entre funcionários do SPI e os missionários de diferentes denominações religiosas foram bastante comuns, no período inicial da "pacificação" xavante, já que os agentes do contato competiam entre si pelo poder de influência e controle sobre os indígenas. Não era raro que os agentes do SPI incitassem os Xavante contra os missionários católicos e evangélicos, e vice-versa. Garfield (2011) assinala que o SPI, muitas vezes, superestimou as capacidades do Estado e subestimou a determinação dos missionários em sua atuação entre os Xavante, ignorando, ainda, a capacidade decisória e o protagonismo dos indígenas.

Desde 1894, os salesianos conseguiram a aprovação do governo de Mato Grosso para evangelizar os Bororo, recebendo grandes extensões de terras públicas no sudoeste do estado, em Meruri e Sangradouro. Os missionários desejavam estender sua ação aos Xavante, que eventualmente atacavam os Bororo nos limites do seu território (GARFIELD, 2011). O SPI, contudo, via com contrariedade o avanço dos missionários, pois, embora o órgão detivesse controle legal sobre as populações indígenas, não existiam impedimentos na legislação brasileira à sua catequização. Os religiosos, frequentemente, ainda conseguiam, com órgãos e ministérios de diferentes governos, as verbas solicitadas para a continuidade dos seus trabalhos, o que demonstra que, no que se refere à política indigenista, o Estado brasileiro jamais atuou de forma totalmente coordenada (GARFIELD, 2011).

Quando explodiram os episódios de violência envolvendo os Xavante, o SPI viu-se impotente para conter os conflitos, sejam os intracomunitários, sejam os decorrentes do contato interétnico, resultantes da ocupação, cada vez mais acelerada, das terras xavante por não índios. Diante disso, acabou concordando em delegar aos missionários um papel de maior destaque na "civilização" dos Xavante. Os indígenas, por sua vez, não apenas solicitaram o apoio dos clérigos, ao migrarem de Parabubure para suas missões, como também aprenderam a explorar habilmente a rivalidade existente entre os funcionários do SPI e os religiosos, a fim de obter mais autonomia e bens de consumo (GARFIELD, 2011).

Apesar da intensificação dos conflitos que acompanharam a "pacificação" xavante, há, nessa sociedade indígena, recursos internos voltados para a prevenção de confrontos e cisões, e que se expressam tanto na equidade e na complementariedade verificada entre os dois clãs, quanto no instituto das classes de idade, que atua na regulação dos conflitos entre as gerações. Algumas atividades de caráter cerimonial e ritualístico — tais como os cantos e danças, as corridas de tora e as lutas corporais — também funcionam como mecanismos de coesão interna, ao atraírem para si a atenção da comunidade, retirando o foco de eventuais intrigas e desavenças.

Na sociedade xavante, algumas figuras atuam também como apaziguadores de conflitos: são os chamados *'wa māri dzuptede'wa*. Os apaziguadores ou pacificadores são aqueles encarregados de refrear os ânimos exaltados em situações que envolvam embates e discussões. Suas intervenções são bastante respeitadas, e, por esse motivo, costumam ter grande eficácia na prevenção e na interrupção de conflitos. Aos apaziguadores cabe ainda a tarefa de consolar as famílias enlutadas, pranteando, com elas, o parente falecido e lhes oferecendo bolos de milho. A solidariedade demonstrada pelo apaziguador às famílias em luto funciona como uma forma de aplacar possíveis vinganças decorrentes da ira despertada pela morte (GIACCARIA; HEIDE,1984).

Os pacificadores são escolhidos, ainda crianças, pelo pai ou pelo avô para desempenhar tal função. Eles devem possuir uma natureza pacífica, porém corajosa, além de um grande senso de responsabilidade e autocontrole. Nas festas e cerimônias, os pacificadores são identificados por um pó branco que polvilham nos cabelos, o *wamāridzu*, pelas cordas de algodão que adornam os seus pulsos (que devem ser mais brancas que aquelas utilizadas pelos demais), e pela pena de gavião que enfeita a sua gravata cerimonial.

Os pacificadores podem ser, eventualmente, também sonhadores — ou *rotsawērē'wa* —, embora não necessariamente. Os sonhadores costumam fazer uso de brincos cilíndricos, feitos de uma espécie de madeira retirada de uma árvore denominada *wamari*, a qual, acredita-se, tem o poder de estimular os sonhos proféticos (GIACCARIA; HEIDE, 1984). Nas palavras de Raimundo: *"Antigamente, ninguém duvidava dos sonhadores. Eles não duvidavam dos sonhadores. Eles eram apaziguadores. São apaziguadores e sonhadores".* (Raimundo Urébété Ai'réro, janeiro de 2017).

Para os Xavante, os sonhos são presságios ou comunicam algum tipo de conhecimento. Eles podem indicar a localização da caça, fornecer prognósticos de sucesso ou fracasso nas caçadas, advertir sobre a presença de estranhos no território indígena, pressagiar nascimentos, disputas e mortes. Ao mencionar os conflitos vivenciados entre os anos de 1950 e 1960, Sílvio relata tê-los previsto em sonhos. De acordo com o narrador,

> *No meu sonho os Xavante estavam guerreando entre si com arco e flecha e eu vi tudo como se fosse uma ave chamada dza'u'e, eu era no meu sonho um dza'u'e, e logo depois meus pais foram mortos pelo revólver de outros Xavante na região de Areões. Os*

que sobraram fizeram uma casa para mim na região do Nõrõtá.
(Sílvio Tsipe 'Rãirãté, julho de 2017).

Nos sonhos são ainda transmitidos os nomes das crianças, os cantos e outras mensagens que interessam à comunidade. Na sociedade xavante, há um grande estímulo para que as pessoas desenvolvam suas habilidades oníricas, embora nem todos sejam considerados *rotsawẽrẽ'wa*. Quando são sonhados os cantos, aquele que sonha tende a interromper o repouso noturno para entoar a melodia sonhada em voz baixa, como forma de memorizá-la. Caso o sonhador seja um *'ritéi'wa*, ele costuma, posteriormente, apresentar seu canto aos companheiros de sua classe de idade, que irão memorizá-lo e apresentá-lo, em coro, durante as festas na aldeia. Quando os sonhadores são *danhohui'wa*, ou seja, os padrinhos responsáveis pela educação dos adolescentes em iniciação, eles apresentam seus cantos aos jovens afilhados, os *wapté*, que também devem memorizá-los e entoá-los nas portas das casas, junto dos padrinhos. O estilo do canto sonhado determina o horário de sua apresentação. Há cantos matutinos, vespertinos e noturnos, alguns são apresentados até mesmo de madrugada.

Os sonhos são um estímulo à ação entre os Xavante, visto que, por meio deles, a comunidade recebe orientações sobre como proceder diante dos desafios que lhe são apresentados. Seu caráter profético e eventualmente voltado para o interesse coletivo estimula aquele que sonha a comunicar suas visões oníricas aos companheiros (MEDEIROS, 1991). As instruções recebidas nos sonhos podem até evitar a eclosão de conflitos, como nos revela Sílvio, ao comentar sobre os conselhos recebidos em sonho para que se mudasse, com sua família, da antiga aldeia em que vivia para outra, onde atualmente mora, com o intuito de evitar dissabores advindos de conflitos intracomunitários. Assim, ele conta:

> *Por isso eu me mudei de lá para cá, eu não me mudei de lá sozinho, eu não me mudei porque eu quis, eu tive um sonho e, nesse sonho, me pediram para eu me mudar do lugar sujo, do lugar fedorento. Eu sempre fazia orações e por isso sonhei para sair de lá e hoje eu vivo aqui e não saio mais para lugar nenhum.* (Sílvio Tsipe 'Rãirãté, julho de 2017).

Atualmente pressionados pela sociedade envolvente a adotar maneiras exógenas, distintas daquelas utilizadas, no passado, para a resolução de conflitos, os Xavante parecem oscilar entre seus antigos comportamentos e aqueles novos, aprendidos a partir do contato com os não indígenas. Embora tenham abdicado da violência guerreira — estrategicamente utilizada na defesa do seu território, durante os anos que permaneceram afastados, na região do Rio das Mortes —, eles continuam a adotar os recursos encontrados em sua sociedade para a prevenção e a resolução de conflitos internos. Os esforços dispendidos na formação de alianças, que garantem apoio e sustentação em situações de disputas, o encaminhamento de questões ao conselho de anciãos para arbitragem, as intervenções dos pacificadores, que funcionam como mediadores de conflitos, e, ainda, as orientações recebidas em sonhos, que podem profetizar o futuro e nortear a ação cotidiana, estão entre algumas possibilidades.

Apesar da diversidade de povos que habitam o Brasil, parece ser incipiente, no país, o debate sobre como denominar e tratar juridicamente os sistemas de autoridades, as normas e os procedimentos dos povos indígenas, assim como as formas como esses povos regulam sua vida social e resolvem seus conflitos, que são, evidentemente, diversas daquelas encontradas em sociedades estatais. Yrigoyen Farjado (1999) esclarece que as referências aos sistemas de direito indígena frequentemente restringem-se ao uso de categorias como "costumes", "usos e convenções", "usos e costumes", "formas tradicionais de resolução de conflitos", "direito consuetudinário", "direito indígena", entre outras. A autora acrescenta que tais categorias remetem-nos a determinadas posições teóricas, que, por sua vez, supõem certas formas de valoração — e, frequentemente, de desvalorização — desses sistemas normativos não estatais, bem como dos grupos humanos que se regulam por eles (YRIGOYEN FARJADO, 1999). Como bem explica Rita Segato (2013, p. 142),

> [...] en Brasil, se ha avanzado más en la identificación y demarcación de territorios indígenas. Sin embargo, en tanto que esos territorios no se comportan como verdaderas jurisdicciones, la devolución de tierras no fue acompañada por un proceso equivalente de reflexión y reconstrucción de las instancias propias de resolución de conflictos, grados crecientes de autonomía institucional en el ejercicio de la justicia propia y recuperación paulatina de la práctica procesal. La figura de la tutela, vigente hasta hoy en el Estatuto del Indio, a pesar de su revocación parcial en el nuevo texto constitucional, contribuye a reducir cada persona indígena, en su individualidad, al régimen ambivalente de subordinación/protección por parte del Estado Nacional.

CAPÍTULO 4

DIFERENÇAS E ESTRANHAMENTOS NOS PRIMEIROS CONTATOS COM OS "BRANCOS"

4.1 Mito, alteridade e violência

O contato com os europeus ou com as sociedades nacionais contemporâneas foi, na esmagadora maioria dos casos, uma experiência única e perturbadora das ordens culturais indígenas. Essa interação, além de irreversível, veio sempre acompanhada de mudanças às quais as sociedades nativas foram forçadas, e que marcaram, de forma profunda, o seu curso histórico, influenciando as suas representações sobre os "brancos" (TURNER, 1988).

A origem dos "brancos", contida nos mitos que narram o seu aparecimento, e o contato com eles, estabelecido pelas sociedades ameríndias, estão presentes na tradição oral de diferentes povos. Ainda que as situações de contato interétnico vivenciadas tenham variado significativamente — a depender do local, do momento em que se deram e dos atores nelas envolvidos —, essas interações marcaram, de forma indelével, o curso histórico dessas sociedades (TURNER, 1988).

Turner (1988) ressalta que a transformação das culturas nativas pelo contato com as sociedades ocidentais não deve ser tratada como resultado de uma mera colisão entre uma sociedade mítica, na qual os acontecimentos supostamente não importariam, e uma sociedade histórica, onde eles fazem toda a diferença. O encontro de sociedades nativas com sociedades ocidentais costuma vir acompanhado de esforços, por parte das sociedades indígenas, de integrar ações, símbolos, eventos, processos e categorias conceituais de sociedades exógenas aos seus padrões socioculturais (TURNER, 1988).

As situações de contato são frequentemente marcadas por interações conflituosas, as quais autores, como Roberto Cardoso de Oliveira (1962, 1963, 1967), denominam como sendo de "fricção interétnica". Essa interação costuma ser representada pelas sociedades nativas em seus próprios termos, a partir de modelos de ação que podem variar entre a resistência, a submissão e a evitação, entre outras possibilidades. Comumente, as explicações para essa interação apresentam-se sob a forma de mitos ou outros tipos de histórias, o quais podem conter tanto os significados atribuídos pelas sociedades nativas às situações de contato como as orientações para a ação a serem seguidas por essas sociedades (TURNER, 1988).

Como Turner (1988) bem observa, as sociedades indígenas possuem suas próprias formas de consciência histórica, que coexistem e interagem com formulações míticas de vários tipos. Isso quer dizer que o mito está imbricado ao processo social da ação, do conflito e da mudança e detém certas características comumente atribuídas às narrativas históricas.

O autor acrescenta que entre as questões mais importantes a serem colocadas nas situações de contato estão as de caráter epistemológico, provocadas por uma etno-história que busca compreender as formas pelas quais as sociedades nativas definem as sociedades ocidentais, ou seja: como o Outro define o seu Outro (TURNER, 1988). Segundo Turner (1988), a definição de alteridade, nas sociedades indígenas, vem dos contrastes identificados entre elas e as sociedades exógenas. Para compreender como essas sociedades percebem as sociedades estrangeiras, em especial as nacionais, é preciso, antes, conhecer as suas formas de autodefinição, ou seja, as representações dessas sociedades sobre si mesmas. Essas representações envolvem operações voltadas para manutenção de suas formas de organização social e suas estruturas culturais, que garantem a reprodução dessas sociedades como uma totalidade. Desse modo, são transmitidos conceitos, valores e práticas que determinam o formato do relacionamento estabelecido com outras sociedades e as representações sobre elas elaboradas (TURNER, 1988).

O relacionamento de desigualdade, estabelecido nas interações entre sociedades nativas e sociedades estrangeiras, aparece como tema de narrativas encontradas entre diferentes povos amazônicos que contam sobre a origem dos índios, dos "brancos" e dos seus artefatos (TURNER, 1988). Há, entre os Waurá,[65] um mito de origem que conta que, no início dos tempos, o demiurgo teria dado aos Xinguanos, aos "brancos" e aos índios "selvagens" a opção de escolherem suas armas e seus alimentos. O primeiro a fazê-lo foi o Xinguano, que escolheu adotar como arma o arco, em vez do rifle; e, como alimento, a mandioca cozida, em vez de tomar um recipiente contendo sangue. O índio selvagem e o homem "branco", por sua vez, escolheram o sangue como alimento, bebendo-o avidamente, e,

---

[65] Povo de língua aruak que vive no Alto Xingu, Mato Grosso.

na escolha das armas, o índio selvagem optou pelo arco, restando o rifle ao homem branco (TURNER, 1988).

Na interpretação de Turner (1988), o mito waurá busca explicar a situação de eficácia (ou a ineficácia) militar dos três grupos, que teria sido o resultado de suas escolhas passadas, relativas às armas e aos alimentos. Essas escolhas teriam gerado três diferentes realidades: a de mais poder e menos humanidade, identificada com os "brancos"; a de pouco poder e pouca humanidade, associada aos grupos indígenas considerados selvagens, como, por exemplo, os Caiapó, que, na perspectiva dos Waurá, estariam nessa condição; e a de menos poder e mais humanidade, na qual se enquadrariam os Waurá e os demais povos do alto Xingu (TURNER, 1988).

O mito, portanto, pode ser entendido como uma explicação para o destino de três diferentes povos e para a posição de subordinação dos Waurá em relação aos "brancos". Apesar da oportunidade que tiveram, de escolher antes dos outros a sua arma, os Waurá recusaram o rifle e, com isso, tornaram-se responsáveis pela sujeição em que vivem atualmente (TURNER, 1988).

Ao analisar o mito waurá, Turner (1988) insiste que não é suficiente falar de um simples contraste entre mito e história para referirmo-nos às formulações culturais indígenas sobre a natureza das sociedades ocidentais. Mito e história são modos de consciência social, que reproduzem formas de ser no mundo, embora possam também atuar no sentido de sua transformação. Os mitos, assim como a história, não são uma categoria homogênea no nível do discurso. Há diferentes modalidades de mito, provenientes de sociedades nativas bastante diversificadas, que vivenciaram distintas situações de contato. As representações construídas sobre essas experiências de acomodação, em que as sociedades nativas tentam enquadrar as sociedades exógenas em seus esquemas de reprodução social, são específicas para cada uma delas e explicam os seus diferentes tipos de mito (TURNER, 1988).

A habilidade que as sociedades indígenas têm de incorporar, ao seu sistema simbólico, as rupturas e transformações de suas organizações e estruturas socioculturais demonstra a sua grande capacidade de sobrevivência e autodeterminação ante as adversidades impostas pelo contato interétnico (TURNER, 1988).

Na tradição oral xavante (SEREBURÃ *et al.*, 1998), há um mito que narra o surgimento dos "brancos". Conta ele que, durante uma expedição coletiva de caça e coleta, um grupo xavante acampou em certo lugar para que as mulheres pudessem coletar e armazenar castanhas de babaçu. Nesse grupo, havia um adolescente que era especialmente guloso e que comia vorazmente as castanhas coletadas por sua mãe, insistindo com o irmão menor, encarregado de lhe trazer o alimento, que tornasse a pedir mais à mãe.

Depois de enviar sucessivas remessas ao filho, a mãe, irritada com a insistência e o apetite voraz do rapaz, colocou seu próprio clitóris entre as castanhas, entregando-as ao filho, que o engoliu junto dos alimentos. Com isso, sua aparência transformou-se: ele adquiriu uma enorme barriga, passou a se arrastar pelo chão e era maltratado pelas mulheres, que batiam nele e o repreendiam por ser demasiadamente guloso e não pensar na família.

Incapaz de acompanhar o grupo na expedição, devido à deformidade de seu corpo, o rapaz foi deixado sozinho no acampamento. Passado algum tempo, dois de seus irmãos retornaram para vê-lo, a pedido do pai. Descobriram que ele passara a viver próximo a uma cachoeira, que tinha se casado com duas mulheres e que se transformara em um *waradzu*,[66] trabalhando na fabricação de armas. Assim transformado, ele tinha também se tornado capaz de operar prodígios e, para demonstrá-los, fez crescerem, subitamente, os cabelos de seus irmãos, mandando-os embora em seguida.

Os irmãos retornaram, então, à aldeia e contaram as novidades, o que motivou outros Xavante a procurarem o rapaz, solicitando que também lhes fizesse crescerem os cabelos. Ele, porém, para se vingar dos maus-tratos sofridos, transformou um dos Xavante em sapo, despediu-se dos demais e pediu que não o procurassem mais. Para garantir que não seria mais importunado pelos antigos parentes, fez com que o rio se transformasse no mar que separa, definitivamente, os Xavante dos não índios.

Embora não seja o nosso objetivo analisar o referido mito, consideramos que, por meio dele, podemos conhecer um pouco das percepções xavante sobre os "brancos". No relato, a voracidade e o egoísmo são as características que parecem destacar-se no adolescente, e que fazem com que sua mãe, já exausta de tanto atendê-lo, vingue-se, enviando seu próprio clitóris ao filho.

O personagem também demonstra sua inadaptação ao modo de vida xavante, decorrente de sua natureza diferenciada, pois, ao ter o seu corpo transformado, ele não consegue mais acompanhar o grupo nas expedições de caça e coleta. A partir daí, ele adota uma forma distinta de viver, adquire habilidades prodigiosas e aprende a fabricar as armas de fogo, que tanto

---

[66] Não índio, "branco".

impressionaram os Xavante, desde as suas primeiras interações com os "brancos". Para completar o processo de separação do personagem dos seus parentes, ele ainda interpõe entre eles um mar, afastando-se, assim, de suas origens, de modo a reafirmar ainda mais a sua alteridade.

Entre os Xavante, a alteridade dos "brancos" é pensada a partir de representações construídas em torno de diferenças corporais e comportamentais. Certos bens materiais também funcionam como referências simbólicas de afirmação da alteridade, tal como ocorre com as armas de fogo, capazes de amplificar a capacidade bélica e destrutiva de seus portadores. O potencial patogênico dos "brancos", responsável pela propagação das epidemias, e a violência covarde dos massacres-surpresa contra as aldeias também contribuíram para a construção de uma alteridade maléfica do homem "branco". Ao refletir sobre a sua violência e sua capacidade de destruição, atribuída, por Daniel, à sua natureza perversa e traiçoeira, com a qual os Xavante tiveram que conviver em vários momentos de sua história, o narrador conta:

> O branco sempre foi assassino, sem vergonha, não tem piedade. Que seres eles são? Por que e para que nasceram? Seria muito bom se existissem só índios. Eu não gosto deles porque eles são de outra espécie, que não respeita ninguém, e que não para de destruir o mundo. (Daniel Tsi'õmõwẽ Wari, janeiro de 2017).

Entre os povos ameríndios, o contato interétnico esteve sempre marcado por especulações, assim como pelo estranhamento dos "brancos" e de sua alteridade. Van Velthem (2002) afirma que, para os Wayana,[67] por exemplo, os estrangeiros — que podem ser de outros grupos indígenas — estão inseridos em uma construção da alteridade que os situa como potenciais inimigos. As relações estabelecidas com eles são simbolicamente colocadas em um quadro de agressão e predação, e, dessa forma, eles representam um contraponto necessário à constituição de uma identidade wayana. No caso do homem "branco", a hostilidade que se atribui ao estrangeiro ganha conotações não humanas, de cunho animal e sobrenatural, também aplicadas às onças, aos gaviões, a animais peçonhentos, aos xamãs que fazem mau uso de seus poderes e aos maus espíritos. Por fim, a alteridade extrema dos "brancos" está ainda no fato de serem percebidos como *ipun kukkhem* ou "experimentador de nossa carne", ou seja, um canibal (VAN VELTHEM, 2002, p. 64-65).

---

[67] Povo de língua Karib que habita a região de fronteira situada entre o Brasil (estado do Pará), o Suriname e a Guiana Francesa.

Entre os Xavante, as nuances que permitem a identificação dos "brancos" são formadas pelo cruzamento de registros de alteridade ontológica e sociológica, inseridos em um simbolismo de agressão e predação. Pode-se observar isso no seguinte trecho do relato de Daniel, em que ele narra um massacre ocorrido na aldeia Parabubu: *"Assim teve a festa do wai'á, depois que os brancos assassinaram os nossos pais, eles [os indígenas] se juntaram na nossa aldeia e teve essa cerimônia"*. (Daniel Tsi'õmõwẽ Wari, julho de 2017).

Embora as categorizações utilizadas para classificar os "brancos" variem entre os diferentes povos indígenas, os não índios são frequentemente percebidos por eles como seres perigosos. Essa percepção acerca dos "brancos" prevaleceu no período inicial do contato xavante, fazendo com que o comportamento dos indígenas, nesse período, oscilasse entre curiosidade, notadamente pelos objetos e o modo de vida dos "brancos", e a desconfiança, decorrente do medo e do perigo que os não índios representavam.

A violência dos massacres promovidos contra as aldeias xavante, no período do pré-contato, é recordada pelos narradores, que interpretam essa agressividade dos não indígenas em termos de covardia e comportamento antissocial. Aos Xavante, as formas desleais de ataque dos homens "brancos" às aldeias causavam perplexidade, pois esses ataques vitimavam, sobretudo, as crianças, os idosos e as mulheres, que costumam permanecer por mais tempo nas aldeias, já que os homens frequentemente encontravam-se envolvidos com as caçadas e as perambulações pelo território. Sobre um desses ataques-surpresa dos não indígenas, Daniel conta: *"Assim os brancos fizeram conosco. Eles fizeram isso também no Onhi'udu. E ali eles mataram muita gente e levaram um menino, ele vivia em Cuiabá"*. (Daniel Tsi'õmõwẽ Wari, julho de 2017).

Para alguns narradores, como Daniel, a violência e a perversidade dos não índios são percebidas como um legado dos antepassados dos homens "brancos" aos seus descendentes. Na perspectiva de autores como Quijano, Lander e Maldonado, entre outros, a violência e a perversidade configuram a colonialidade do poder, pois mantêm e perpetuam a lógica das relações coloniais de poder, marcadas pela diferença racial. Devido à sua continuidade, ao longo da história do contato interétnico, não surpreende que, para os Xavante, tais práticas sejam vistas como inerentes à natureza dos "brancos", como uma condição intrínseca, transmitida ao longo das gerações.

Ao narrar as histórias do contato do povo xavante com os chamados "brancos", Daniel busca refletir sobre os termos e as características dessa interação, estabelecendo, ao utilizar o termo "vocês", uma interlocução direta com seus potenciais inimigos, que parecem ali representados por mim, como parte desse coletivo traduzido por "vocês". Assim, o narrador conta:

> *Muitos fugiram para cá por medo de **vocês**, os que vinham atrás de nós também eram mortos. **Vocês** dividiam os índios para eles ficarem do lado de **vocês**, e eles se matavam por **vocês** terem mentido para eles. O ancestral de **vocês** dividia os índios, dando coisas para eles se matarem. **Vocês** davam coisas para tê-los do lado de **vocês**, como se gostassem deles de verdade. **Vocês** são enganadores, mentirosos, todas as coisas de **vocês** são ruins, como as drogas, a maconha, **vocês** dão bebidas para os Xavante e depois eles passam a usar bebidas alcoólicas, o que aprenderam com **vocês**. **Vocês** têm os trabalhos sujos.* (Daniel Tsi'õmõwẽ Wari, janeiro de 2017. Grifos nossos).

Viveiros de Castro (2011) destaca que as relações estabelecidas com os não indígenas são definidas em termos de afinidade, ou seja, as que se dão entre aqueles que não são parentes, entre os que vivem distantes, entre os que são potenciais inimigos, sejam eles vivos ou mortos, humanos, animais ou espíritos. Para Viveiros de Castro (2011, p. 103):

> A diferença, cujo esquema sociológico básico é a afinidade, aparece ao mesmo tempo como necessária e perigosa, como condição e limite do *socius*, e portanto como aquilo que é preciso tanto instaurar quanto conjurar.

Entre os Xavante, a alteridade dos "brancos" é marcante, como nos mostram as falas de narradores, como Daniel: *"Eles não são como nós, eles são criaturas estranhas, mas vocês[68] não têm nojo deles, e as meninas também não têm medo deles"* (Daniel Tsi'õmõwẽ Wari, julho de 2017). Essa alteridade, contudo, expressa-se em termos diferentes daqueles utilizados pelos supracitados Wayana, pois os "brancos" ainda são, em todo caso, humanos — embora de outras natureza e constituição. Para que fosse possível com eles estabelecer alguma relação, um grande esforço por parte dos Xavante foi necessário para conseguirem a sua pacificação, como se depreende das palavras de Sílvio: *"[...] sabíamos que o branco também era bravo no passado, eles eram muito bravos"* (Sílvio Tsipe 'Rãirãté, julho de 2017).

Ribeiro (1993), ao comentar sobre diversos relatos de "pacificação" de povos indígenas aos quais teve acesso, conta como muitos grupos nativos desejavam estabelecer relações pacíficas com os não índios, chegando

---

[68] Referindo-se aos jovens xavantes, ali representados por Wellington.

a empreender várias tentativas voltadas para uma aproximação amistosa, que foram frustradas pela reação violenta dos "brancos", que os recebiam à bala. A face violenta dos "brancos" é, muitas vezes, lembrada nos relatos do massacre que vitimou, em 1951, a aldeia Parabubu, e que contribuiu – em associação com os surtos epidêmicos e outros massacres ocorridos nas aldeias Dahõ'rẽnẽ e Parawãdza'radzé – para que os Xavante se decidissem por migrar de seu território tradicional à Missão Salesiana de Meruri, em 1957. Sobre esse ataque, Daniel conta:

> *Amanheceu e eles lançaram os foguetes: "— Tu, tu, tu!" E ali os disparos de fogo foram muitos, em direção aos nossos pais. "— Tu, tu, tu!" Os brancos eram muito malvados, e as crianças correram em fuga. O meu tio 'Rupréwa foi ferido na perna e a nossa tia também foi ferida. O filho dela, o caçula, levou um tiro bem na barriga. A perna da minha tia foi quebrada com o tiro. Ela estava com esse filho pequeno nas costas, se arrastando e olhando para ver se alguém tinha escapado. O menino falou para a mãe: "— Minha mãe, me deixa no chão que já estou morrendo". "— Não vou te deixar no chão, porque você não é filho de cachorro". O grande guerreiro Wapari'a mandava a mulher dele fugir. "— Saia, para eu ficar aqui sozinho! Tire todos os seus filhos!" "— Eu não vou sair, eu não vou te deixar sozinho".* (Daniel Tsi'õmõwẽ Wari, janeiro de 2017).

Mbembe (2016) assinala que as colônias e as zonas de fronteiras são consideradas pelo colonizador como zonas de guerra e desordem, habitadas por selvagens. De acordo com o autor, não há, nesses lugares, a possibilidade de mobilização de sujeitos soberanos que se respeitam mutuamente e que possam ser distinguidos entre combatentes e não combatentes, de modo que se possa firmar com eles a paz. Aos olhos do conquistador, as populações autóctones são apenas "vida selvagem", cujas terras podem ser governadas fora da legalidade com a qual outras terras são normalmente governadas (MBEMBE, 2016).

Com o indígena, o conquistador não compartilha vínculos de caráter étnico, tampouco sociocultural. Para ele, a existência nativa é incompreensível, animalesca e assustadora, e não possui o mesmo valor e a mesma dignidade que ele atribui à sua própria. Por esse motivo, ela pode ser massacrada, sem que se perceba que se está cometendo um assassinato (MBEMBE, 2016). Essa forma de tratamento, desumana e violenta, é constitutiva da colonialidade, conforme explica Lugones (2014, p. 946):

> Ver a colonialidade é ver a poderosa redução de seres humanos a animais, a inferiores por natureza, em uma compreensão esquizoide de realidade que dicotomiza humano de natureza, humano de não-humano, impondo assim uma ontologia e uma cosmologia que, em seu poder e constituição, indeferem a seres desumanizados toda humanidade, toda possibilidade de compreensão, toda possibilidade de comunicação humana.

Em seu *Discurso sobre o colonialismo*, Aimé Césaire (1978) explica que a colonização é sempre desumanizadora e afeta até o homem mais "civilizado". Para o autor, toda ação colonial fundamenta-se no desprezo pelas populações nativas e é justificada pelo hábito de ver no indígena um animal e a tratá-lo como tal, a ponto de transformar aquele que assim procede em uma besta (CÉSAIRE, 1978).

Maldonado-Torres (2007) defende que a colonialidade que acompanha as formas de racismo moderno pode ser entendida como uma radicalização e a naturalização de uma não ética de guerra, que adota como prática a eliminação, a violação e a escravização de certos sujeitos, em especial indígenas e negros. Para o autor, a afirmação da colonialidade requer uma constante desumanização, ou a invisibilidade do nativo, daquele que é colonizado, o que viola qualquer sentido da alteridade humana, de modo a justificar atos inumanos de guerra (MALDONADO-TORRES, 2007).

Os massacres perpetrados contra indígenas podem ser, portanto, compreendidos a partir de uma perspectiva que nega ao outro qualquer qualidade que possa ser conosco compartilhada. A impossibilidade de identificação, decorrente da afirmação de uma alteridade exacerbada, impede o reconhecimento da humanidade do índio, a ponto de não reconhecermos nele uma pessoa com atributos e características semelhantes aos nossos.

Ao descrever a violência do massacre praticado contra a população da aldeia Parabubu, atribuída a pistoleiros contratados por fazendeiros de Barra do Garças, no período que antecedeu o contato interétnico, Daniel dá-nos a conhecer a desumanização a que os Xavante foram submetidos nesse período de sua história. Conforme Daniel:

> *Todos os meninos dele [do guerreiro Wapari'a] morreram, e uma sobrinha dele, quase moça, que estava em cima da casa. Ela chorou com medo do branco e eles tiraram ela de cima da casa. Ela foi quase levada, mas como ela gritava e chorava muito, jogaram ela para cima e repartiram ao meio com um facão. Assim é a vida do branco.* (Daniel Tsi'õmõwẽ Wari, janeiro de 2017).

Embora o massacre da aldeia Parabubu esteja entre os mais relembrados pelos Xavante, devido a suas características especialmente violentas — com mortos e feridos no episódio —, ele não foi o único perpetrado contra os Xavante nessa região, já que outras aldeias também foram vitimadas em emboscadas. Esses ataques são recordados com ira e ressentimento pelos narradores, que veem neles a confirmação da natureza ambígua, traiçoeira e predatória dos "brancos".

Algumas características dos não indígenas que causaram estranheza desde o período inicial do contato interétnico, ainda hoje despertam o mesmo sentimento entre os Xavante, compondo as marcas da alteridade dos "brancos". Há várias narrativas xavante que destacam essas diferenças, que vão desde as suas características físicas, como cabelos encaracolados e pilosidade corporal, até os seus comportamentos, ações e formas de relacionarem-se com o outro e com o mundo. Ao recordar-se das primeiras impressões de sua infância sobre os não índios, Tobias comenta como detalhes na aparência deles despertavam a curiosidade dos Xavante de sua aldeia, que não conheciam pessoas com um aspecto tão diferenciado do seu próprio. Conforme Tobias:

> Chegaram os brancos junto com os padres, e como eles já têm essa organização... as mulheres brancas chegaram com uma criança de cabelo enrolado. Era o grupo Hötörã, quando eles eram 'ritê'wa, chegaram com essa criança e as crianças da aldeia se divertiram, porque ninguém sabia que eles realmente tinham esse cabelo enrolado. (Tobias Tserenhimi'rãmi Tsere'õmowi, julho de 2017).

Van Velthem (2002) conta que, entre os Wayana, a estética corporal que define a aparência humana é um elemento importante para a caracterização étnica desse povo. A pele, em especial, por sua cor e sua pilosidade, serve como um referencial de identificação das pessoas e, no que se refere aos não indígenas, é interpretada como indicativo de sua antissociabilidade e sua animalidade. Aos "brancos", os Wayana atribuem ainda características de sobrenaturalidade advindas do uso de nomes estranhos, não wayana, e que possuem uma representação visual, pois podem ser escritos (VAN VELTHEM, 2002).

Entre os narradores xavante, os não índios são também percebidos com seres antissociais, por não compartilharem uma etiqueta semelhante à adotada pelos indígenas, especialmente no que diz respeito ao trato com mulheres, idosos, sogros e desconhecidos. Dos wapté, por exemplo, exige-se um comportamento submisso aos homens mais velhos e aos seus padrinhos, a quem eles costumam ouvir em silêncio e a obedecer sem contestação. Os adolescentes em iniciação vivem na casa dos solteiros com os do seu grupo (os demais rapazes que compõem a sua classe de idade) e devem manter um comportamento de distanciamento das mulheres. Algo diferente disso é considerado impróprio e até passível de punição, já que os meninos devem abster-se de relações amorosas e sexuais até terem suas orelhas furadas. As mulheres, especialmente as mais jovens, também evitam travar contato visual com estranhos e a eles dirigir a palavra — o que não ocorre com as mulheres mais velhas, que já são mães de filhos crescidos e avós, e que são vïstas conversando e transitando livremente nas aldeias. Noras e genros também possuem um comportamento específico no trato com seus sogros, caracterizado pela evitação.

Para os velhos narradores xavante, os não indígenas parecem ser especialmente rudes, por não observarem certas normas comportamentais consideradas socialmente apropriadas. Por isso, ao referir-se aos forasteiros e à estranheza produzida, desde o início do contato, Daniel conta que *"Os brancos vinham atrás dos nossos pais e nós saíamos dos lugares por não gostarmos do homem branco, mas eles sempre vinham atrás de nós. Eles já eram insistentes, insensatos, mal-educados e sem amor"* (Daniel Tsi'õmõwẽ Wari, julho de 2017). Com o intuito de contrapor os comportamentos dos não indígenas àqueles esperados dos Xavante, o narrador acrescenta:

> *A vida do povo xavante não é assim, eles [os jovens, no passado] se respeitavam, não se olhavam, tinham uma vida preservada, mas vocês não vivem hoje mais essa vida como no passado, eles tinham outra forma de vida. Eles não se casavam com as mulheres assim que furam a orelha.[69] Eles não falavam sobre as mulheres, existia respeito de ambas as partes, quando se casavam não estavam ansiosos para se aproximar delas, a moça continuava a dormir sozinha mesmo ela já sendo grande.* (Daniel Tsi'õmõwẽ Wari, julho de 2017).

A narrativa de Daniel revela aspectos das relações de gênero entre os Xavante, antes e depois do contato interétnico. Conforme o narrador, essas relações no sexo e no casamento eram idealmente fundadas no respeito mútuo. Posteriormente ao contato com os "brancos", contudo, elas teriam se alterado, tornando-se, na interpretação de Daniel, relações pouco respeitosas, como resultado da convivência dos Xavante com os não indígenas.

---

[69] Entre os xavante, apenas os homens têm as orelhas furadas.

A nudez objetificada de mulheres em imagens, observadas em propagandas, revistas e vídeos, também é vista pelos narradores como algo estranho e reprovável, e tido como prova da natureza pervertida dos homens "brancos" e de sua incapacidade de respeitar até mesmo suas próprias mulheres. Nas palavras de Daniel:

> Eles [os brancos] podem ser inteligentes, mas são mal-educados e assim fazem com as mulheres brancas: filmam elas nuas. E por causa dessas filmagens, nossos jovens adotaram práticas estranhas, e fazem sexo com suas esposas como eles [como os brancos]. (Daniel Tsi'õmõwẽ Wari, julho de 2017).

O estranhamento advindo da inadequação do tratamento dispensado pelos "brancos" às mulheres xavante, durante os primeiros anos do contato interétnico, é comentado pelos narradores. Essas narrativas sobre sexualidade e relações de gênero dão-nos uma dimensão da profundidade e do alcance da imposição colonial sobre os indígenas. Ao recordar-se de um episódio de uma viagem realizada por um grupo xavante, na companhia de não índios, à cidade de Nova Xavantina, Tobias conta que, por desconhecerem as práticas e intenções dos homens "brancos", ainda nas primeiras interações com eles estabelecidas, os Xavante acabaram sendo por eles ludibriados, não impedindo que fotografassem, de maneira indiscreta e desrespeitosa, suas mulheres nuas. Segundo Tobias:

> Os do nosso clã, Öwawẽ, foram levados para a cidade de Xavantina nus, em 1953. Como éramos ignorantes, e os brancos já sabiam, fotografaram as meninas novas de bem perto, todas as mulheres foram fotografadas bem de perto, as vaginas delas. Primeiro foi isso, como os brancos já gostavam dessas coisas. Todo mundo se pintou sem roupa, os 'ritéi'wa e os wapté passaram óleo de babaçu no corpo. Foi assim. E eles foram levados, atravessaram o rio. Vão questionar a minha fala, como se eu estivesse contando mentiras, mas é verdade que os brancos tiravam fotos das mulheres peladas. (Tobias Tserenhimi'rãmi Tsere'õmowi, julho de 2017).

Embora as razões para um possível descrédito acerca da narrativa não tenham sido explicitadas por Tobias, que se preocupa com a possibilidade de sua fala ser tomada como uma mentira, elas talvez residam na percepção do narrador de que a nudez indígena é frequentemente mal interpretada por aqueles que projetam sobre os povos nativos uma imagem hipersexualizada. Esse imaginário comumente retira das mulheres indígenas a credibilidade das denúncias de abusos e crimes sexuais e, consequentemente, a devida proteção de sua integridade. Conforme a explicação de Lugones (2014, p. 942), "[...] o sistema de gênero é não só hierárquico, mas racialmente diferenciado, e a diferenciação racial nega humanidade e, portanto, o gênero às colonizadas". Nessa perspectiva, as mulheres indígenas, tidas como seres não humanos, não possuem um "gênero" (feminino), mas sim um "sexo" (fêmeas) por sua proximidade com a natureza.

Lugones (2014, p. 936) acrescenta que a lógica moderna dicotômica/hierárquica que separa homens e mulheres acabou por tornar-se a marca do humano e, assim, foi usada pelos colonizadores como uma "ferramenta normativa para condenar os/as colonizados/as". Os indígenas estão situados fora dessa dicotomia, já que são concebidos como "não humanos", como seres bestiais, promíscuos e pecaminosos (LUGONES, 2014). Suas condutas, personalidades e subjetividades são constantemente julgadas, de modo a proporcionar os argumentos para justificar as crueldades cometidas contra eles. Andrea Smith (2014, p. 213), ao referir-se à situação de violência a que estiveram submetidas as mulheres indígenas nos Estados Unidos, assinala que "Ironicamente, enquanto escravizavam o corpo das mulheres, os colonizadores diziam que estavam, na verdade, libertando de alguma forma as indígenas da 'opressão' a que elas supostamente estavam sujeitas nas nações indígenas".

4.2 Feitiços e encantamentos diante da violência

Ainda que, para os Xavante, os "brancos" não possuam certas qualidades dignas de admiração, tais como o vigor, a agilidade, a coragem e a força física, tidos como atributos dos grandes guerreiros, eles detêm a posse das armas de fogo, além de adotarem estratégias de luta covardes, vistas como reprováveis e indignas pelos Xavante. Ao se recordar de um massacre ocorrido na aldeia Dahõ'rẽnẽ, região de Parabubure, em que os Xavante se depararam com a violência dos não índios, Daniel conta:

> Eram muitos tiros e os Xavante fugiram e entraram na mata. Os brancos eram muitos e um rapaz xavante não tinha ainda acordado. Os brancos queimaram as casas e ficaram olhando para o fogo, e esse rapaz saiu da casa: "— Olha só o Xavante saindo da casa!" Eles correram atrás dele, atiraram e mataram. Esse rapaz levou muitos tiros, cortaram a mão dele, eles são muito impiedosos. Os brancos ficaram olhando para as casas e um deles pegou mais fogo. "— Os brancos vão queimar as nossas casas!" Um desses brancos estava tentando impedir, mas como eles não escutavam,

> *eles queimaram todas as casas. E também queimaram as cestas que estavam em frente das casas. "— Eles vão queimar os nossos alimentos também!" Queimaram tudo, foram muito malvados. Os Xavante estavam só assistindo de longe e os brancos só não queimaram a casa do feiticeiro, deixaram só a casa do Tsipatsé, que era o feiticeiro. A casa dele era a última da fila. Os brancos pegaram as esteiras, os arcos e as flechas e as cestas para levarem o milho xavante.* (Daniel Tsi'õmõwẽ Wari, julho de 2017).

Apesar dos relatos de destruição causada pelos ataques, nos quais os "brancos" matavam, feriam, incendiavam casas e roubavam alimentos, a participação dos Xavante nos episódios narrados não se restringe ao papel de vítimas impotentes dos não indígenas. Em algumas dessas narrativas, a responsabilidade pela eclosão dos ataques é atribuída a feiticeiros que, para se vingar de seus inimigos, induzem os "brancos" a atacarem seus desafetos, fazendo uso de encantamentos que lhes conferem o poder de direcionar a agressividade dos não índios para o alvo desejado. Sobre o ataque à aldeia Dahõ'rẽnẽ, Daniel menciona que ele teria sido provocado por um feiticeiro xavante interessado na destruição de seus inimigos, realçando, dessa forma, o protagonismo indígena no episódio. Conforme o narrador:

> *O feitiço era do Tsipatsé, hoje os netos deles vivem na região de Pimentel. Ele jogou esse feitiço nas pegadas de outros Xavante. Se ele jogasse esse feitiço bem atrás das casas, antes deles saírem delas, os brancos os teriam atacado próximos à aldeia. Ele esperou eles se afastarem da casa e só após isso ele usou esse feitiço. Eles moravam todos juntos num lugar chamado Dahõ'rẽnẽ.* (Daniel Tsi'õmõwẽ Wari, julho de 2017).

Ramos (2014) observa que a feitiçaria é um tema clássico da antropologia e possui várias facetas nas sociedades indígenas, entre elas, a de funcionar como mecanismo de prevenção de desigualdades que resultam na concentração de riqueza, prestígio ou poder nas mãos de indivíduos ou de algumas famílias, o que poderia resultar na subjugação dos demais. A autora explica que as desigualdades são vistas como causas de desequilíbrios sociais capazes de perturbar a ordem dessas sociedades, que têm por princípio estrutural a igualdade entre os seus integrantes (RAMOS, 2014).

Conforme Maybury-Lewis (1984), suspeitas de feitiçaria entre os Xavante frequentemente acompanham situações de desequilíbrio de poder entre as facções, que impedem que os conflitos sejam solucionados no conselho dos homens e que resultam na coação de facções menores por facções mais poderosas. Nas comunidades xavante, as facções tendem a contrabalançar umas às outras, e a manutenção da ordem interna depende desse equilíbrio. Quando grupos minoritários não obtêm respaldo de suas comunidades para a defesa de seus interesses, ou não possuem força suficiente para se opor abertamente a outros grupos, ou, ainda, para manifestar suas discordâncias em relação eles, a feitiçaria pode ser o meio adotado para expressar a oposição que não se pode fazer de forma direta. A feitiçaria é, portanto, uma forma de hostilidade velada e é sempre realizada em segredo.

Entre os Xavante, a feitiçaria é uma atividade masculina, praticada por homens contra outros homens. Não é incomum a morte de um homem ser explicada em termos de feitiçaria, especialmente quando ela resulta de doenças ou acidentes, enquanto as mortes de mulheres e crianças são mais raramente associadas à ação de feiticeiros, ou costumam ser pensadas apenas como subproduto de sua ação, já que o alvo almejado é quase sempre outro homem (MAYBURY-LEWIS, 1984).

De acordo com Maybury-Lewis, os Xavante não creem que as pessoas tenham, em si mesmas, o poder de prejudicar os outros. É pelo exercício de rituais que envolvem a manipulação de substâncias e implementos mágicos que alguém pode causar doenças e mortes a terceiros. As substâncias utilizadas para fins de feitiçaria costumam ser certos tipos de pós, que são jogados ou soprados na direção de suas vítimas pelos feiticeiros ocultos em esconderijos. A manipulação dos batoques auriculares, que são, por vezes, tingidos de vermelho com o urucum, com o intuito de estimular seus poderes criativos para fins nefastos, também é uma prática que pode servir à feitiçaria. (MAYBURY-LEWIS, 1984, p. 344).

Entre os Xavante, a feitiçaria é considerada um delito grave que, no passado, foi, algumas vezes, punido com a execução dos feiticeiros, conforme descreve Maybury-Lewis (1984), que, no período em que esteve entre os Xavante de São Domingos, teve a oportunidade de ouvir narrativas envolvendo a execução de indivíduos acusados de feitiçaria. Por ser um tema sensível entre os Xavante, Daniel desculpa-se antecipadamente por narrar tais episódios, prevendo possíveis ressentimentos causados aos parentes dos supostos envolvidos com a prática, no passado, considerados responsáveis pelo massacre à aldeia Dahõ'rēnē pelos "brancos". Assim, Daniel conta:

> *Esse ataque ocorreu porque os nossos pais faziam feitiços para o homem branco atacar outros Xavante. Não se sintam magoados, meus irmãos. Estou só contando a história dos meus pais porque eles faziam esse feitiço no homem branco para atacar os outros povos.* (Daniel Tsi'õmõwē Wari, julho de 2017).

Maybury-Lewis (1984) destaca que o fato de portar consigo certos tipos de pós não é suficiente para indicar a prática de feitiçaria, a menos que haja motivos para acreditar que alguém esteja usando os poderes dessas substâncias de forma ofensiva. Os pós mágicos são utilizados de maneira corriqueira pelos Xavante para diversos fins, como para garantir o sucesso nas expedições guerreiras e como forma de proteção e defesa contra certos perigos, conforme nos conta Daniel: *"Temos muitos remédios da mata que fazem a pessoa sentir medo, para tirar a coragem dela, e tem para impedir a pessoa de enxergar o inimigo, para deixar as pernas bambas e a pessoa trêmula"* (Daniel Tsi'õmõwẽ Wari, janeiro de 2017).

Os pós são ainda polvilhados nos cabelos dos pacificadores, durante as cerimônias, e foram lançados em direção dos "brancos", nos primeiros contatos com eles, com o intuito de acalmar a sua violência guerreira. Na perspectiva xavante, os *rómhuri*,[70] usados para atrair e aplacar a fúria dos não indígenas, foram fundamentais para a sua pacificação. Contam sobre isso os anciãos Sereburã, Hipru, Rupawẽ, Serezabdi e Sereñimirãmi, da aldeia Etẽnhiritipa, Terra Indígena Pimentel Barbosa, em seu livro *Wamrẽméza'ra*, ou *Nossa palavra*:

> Foi a partir daí que nossos pais foram respeitados. Nossos pais que fizeram o *rómhuri* para atrair os *waradzu*. Foram os caçulas que pegaram material. Os irmãos mais velhos fizeram *rómhuri* para os *waradzu* não ficarem com raiva. Para sentirem dó e também saudade. (SEREBURÃ *et al.*, 1998, p. 138)

Há, entre os Xavante, alguns indivíduos, ligados a linhagens específicas, vinculadas aos dois clãs, que são reconhecidos pelos seus poderes especiais, exercidos sobre certas categorias de animais e fenômenos da natureza, e que são tidos como os seus "donos". Os donos da queixada são aqueles capazes de indicar aos caçadores onde esses animais se encontram, e são sempre do clã *Öwawẽ*; já os donos da cobra, que também pertencem ao clã *Öwawẽ*, são os que conhecem a cura para os seus venenos, mas que podem também utilizá-las para se vingarem de seus inimigos, incitando os répteis a picá-los; quanto aos donos das onças, são os que mantêm os grandes felinos afastados dos Xavante, podendo também enviá-los ao encontro de seus desafetos, para atacá-los. Pertencem ao clã *Po'redza'õnõ*; por fim, há ainda os donos do raio, que também são do clã *Po'redza'õnõ* e que atuam para impedir que os raios caiam nas proximidades das aldeias, ferindo pessoas. Assim como ocorre

---

[70] Feitiço, encantamento.

com os demais, os donos do raio também podem utilizar seus poderes para se vingarem de seus opositores, lançando sobre eles os relâmpagos, capazes de eletrocutá-los (GIACCARIA; HEIDE, 1984).

Ao descrever, em uma de suas narrativas, os acontecimentos que culminaram com o massacre da aldeia Parabubu pelos não índios, Daniel exemplifica o poder atribuído aos chamados "donos", em especial aos donos da cobra que, com seus encantamentos são capazes de controlar a ação desses répteis, mobilizando-os segundo a sua vontade. Conforme Daniel:

> Depois disso, o do clã Öwawē ficou com raiva por ele [o guerreiro Wapari'á] ter batido no sogro dele [Tserenhi'õmõ]. O nome dele era Tserenõiwē. Ele mandou a cobra picar o meu primo mais velho. Assim era a vida dos nossos pais, a vida dos donos das coisas. Os nossos antepassados faziam coisas inacreditáveis, porque eles se esforçavam muito para conseguir o poder. Eles nunca falhavam nessas coisas. E o meu primo mais velho foi mordido pela cobra várias vezes. (Daniel Tsi'õmõwē Wari, julho de 2017).

Com o contato estabelecido com os não indígenas, surgiu entre os Xavante a figura dos "donos dos brancos", que se refere a indivíduos ligados a linhagens vinculadas ao clã *Po'redza'õnõ* e que, supostamente, seriam capazes de deter o poder e o controle sobre a vontade dos não indígenas, colocando-os a seu serviço, mediante encantamentos. Entre os narradores entrevistados, Celestino é conhecido como sendo um deles, dadas as suas habilidades voltadas para a manipulação dos não índios, usadas com o intuito de induzi-los a trabalhar em benefício dos Xavante, como ocorreu no caso da demarcação da Terra Indígena Parabubure.

Celestino, hoje idoso, continua sendo muito lembrado pelos antigos servidores das unidades da Funai do Mato Grosso, ligadas à Coordenação Regional Xavante de Barra do Garças, e da Funai sede de Brasília, que se depararam com suas solicitações dos mais diversos tipos, acompanhadas de uma grande capacidade de pressão das quais não escaparam nem mesmo os presidentes da Funai. Ao se referir aos de sua linhagem, tidos como especialmente hábeis em sua capacidade de interagir e estabelecer interlocuções satisfatórias com os não índios, percebidas como proveitosas para os Xavante, Celestino explica:

> Nós somos donos do branco, fazemos esse trabalho, fazemos isso para dar segurança aos do outro clã, eu demarquei essa terra para eles, mas vocês [outros Xavante] querem entrar nessa história para quê? (Celestino Tsererómʼõ Tseredzéré, julho de 2017).

Antes de os "brancos" serem, contudo, "domesticados" pelos Xavante, certos confrontos com eles travados podiam ser eventualmente desejados, quando ocorriam em determinadas circunstâncias. Os "brancos", com suas armas de fogo, eram vistos como inimigos, cuja periculosidade se assemelhava à de grandes predadores, como as onças, e as lutas corpo a corpo, disputadas com eles, eram tidas como uma prova de grande coragem pelos guerreiros xavante, que nelas se empenhavam. Nesses embates, a vitória desejada era aquela que terminava com o assassinato do "branco" por estrangulamento, sem o uso de armas, como a flecha e a borduna, e com o retorno do guerreiro à aldeia portando os despojos de sua vítima, tais como suas roupas e demais objetos com ela encontrados. Como em um rito de passagem, o guerreiro obtinha, a partir de então, um novo *status* dentro de sua comunidade, que o recebia com os cantos destinados aos matadores, reconhecendo-o, dessa forma, como um *a'uwẽ tede'wa*.[71]

Ao relembrar esse período, anterior ao contato oficial do povo xavante com os "brancos", em que os *a'uwẽ tede'wa* ainda povoavam as comunidades indígenas, Daniel conta como se davam esses embates, adotando um tom de desafio destinado aos não indígenas, cuja coragem, nas palavras de Daniel, depende exclusivamente da posse de armas de fogo. Segundo o narrador:

> *Quando os nossos pais vinham atrás do homem branco, eles matavam com flechas, ou eles matavam com borduna? Não, eles os derrubavam no corpo a corpo, porque eram homens guerreiros, não usavam borduna, derrubavam vivos e ficavam em cima para estrangulá-los. Só depois vinha o outro, o parceiro xavante, e terminava o trabalho com a borduna. Assim era a vida dos Xavante. Por isso, não se sintam convencidos, brancos, vocês são medrosos. Nós, Xavante, não temos medo de nada. Podemos tomar as armas de vocês. Os espiões guerreiros tomavam as armas de vocês, e quando isso acontecia os homens brancos disparavam as armas de fogo para serem soltos, mas não eram soltos, e eles [os Xavante] tomavam as armas, depois que as armas eram esvaziadas pelos disparos, e então eles eram mortos.* (Daniel Tsi'õmõwẽ Wari, janeiro de 2017).

As percepções dos Xavante sobre os "brancos" são influenciadas por sistemas de representação que conferem aos não indígenas uma gama de características que, no entanto, podem variar, a depender das situações de interação e do momento histórico em que elas ocorreram. A ideia de alteridade, que implica a noção de diferença, por vezes radical, permanece

---

[71] Matador de "branco".

subjacente, contudo, às representações construídas pelos Xavante sobre os "brancos". De acordo com Hall (2016, p. 140), a ideia de diferença "[...] envolve sentimentos, atitudes, emoções e mobiliza os medos e ansiedades do espectador em níveis mais profundos do que podemos explicar de uma forma simples, com base no senso comum".

Para os Xavante, os "brancos" são ambíguos, perigosos, violentos e diferentes entre si. São também curiosos e fascinantes, menos por si mesmos, e mais pelos objetos que costumam portar. Sua presença é impactante pela capacidade que têm de alterar o seu entorno, pelos seus poderes patogênicos, e pelo seu potencial de destruição do meio ambiente.

Após 60 anos de contato interétnico, os narradores ainda demonstram apreensão com a crescente interação da juventude xavante com aqueles que vivem nas fazendas, cidades e vilas situadas no entorno das terras indígenas. Para eles, o crescente interesse dos jovens pelo modo de vida dos "brancos" tem alterado o seu comportamento, levando-os a um progressivo desinteresse pelos costumes e pelas tradições herdadas do passado.

Os narradores demonstram preocupação de que, após a sua morte, ou seja, a morte dos velhos, daqueles que nasceram antes do contato interétnico, a sociedade xavante desintegre-se. O esquecimento das histórias xavante pelos jovens e o abandono de seus costumes, suas festas e de tudo aquilo que os diferencia como povo são vistos, pelos narradores, como uma ameaça à continuidade de sua existência, que hoje já encontra-se bastante modificada em relação àquela experimentada pelos narradores em sua juventude. Assim, em um exercício de comparação entre o ontem e o hoje, marcado por uma expectativa de futuro não muito otimista, Daniel fala:

> *Nós, velhos que nascemos onde não tinha homem branco, estamos todos morrendo, vocês um dia vão perder as histórias, vão viver de qualquer jeito, vão beber muito álcool e vão morrer também por fumar muita maconha. Os nossos ancestrais não tinham essa vida, o costume deles era beber wedepá.[72] Faziam como suco e tomavam para se sentirem fortes, bravos. Quando a criança nascia, um menino, o avô dele dava essa bebida feita de erva na boca dele, para o menino crescer um guerreiro. Já hoje esse rapaz bebe pinga para se sentir guerreiro e dizer que é um homem. Então por que chora quando bebe, se é mesmo homem? Ele mesmo provoca seu próprio choro com a bebida, não porque alguém fez ele chorar. Falo isso para todos vocês, de todos os territórios, não se chateiem*

---

[72] Bebida feita com ervas medicinais.

> *comigo. Eu vou contar a história do branco. Eles já têm muitas coisas que não prestam e vocês aprenderam com eles. Por isso eu sinto pena de vocês, porque vocês não aprenderam boas coisas.* (Daniel Tsi'õmõwẽ Wari, julho de 2017).

Apesar de os Xavante continuarem mantendo uma dinâmica comunitária organizada em seus próprios termos — ainda que mais ou menos modificada para sua acomodação às exigências das situações de contato —, aos olhos dos velhos indígenas, essa não é uma situação estável, mas sujeita a alterações, na medida em que os jovens aprendem os costumes dos "brancos", que os narradores avaliam como sendo "coisas que não prestam".

Como destaca Teixeira Pinto (2002), o contato com os "brancos" sempre traz, em seu bojo, um enigma grave e conflituoso para as sociedades indígenas. Isso porque, ainda que a interação com os não indígenas não seja, atualmente, exclusivamente pautada por relações de violência direta — como o foi, no passado —, há uma situação de dominação, decorrente da desigualdade de poder entre ambas as sociedades. Essa desigualdade pode expressar-se, inclusive, em situações de aprendizagem, que mascaram uma imposição cultural que, na visão dos velhos narradores, vem transformando a vida das comunidades xavante e, consequentemente, o destino desse povo.

4.3 Mercadorias

As mercadorias dos não índios impactaram profundamente o imaginário de diferentes sociedades indígenas e tornaram-se um elemento central na construção de intepretações nativas sobre os "brancos". Seu fluxo marcou a relação interétnica, e sua apropriação transformou os sistemas sociais nativos. As mudanças ocasionadas pela introdução das mercadorias foram mediadas pelas formas sociais e pelos princípios culturais autóctones, e trouxeram grandes modificações para as culturas locais (HOWARD, 2002).

Na história do indigenismo brasileiro, os bens industrializados serviram de elo para que o contato interétnico pudesse ser estabelecido. Dos primeiros encontros entre os europeus e a população indígena do Brasil, até o final década de 1980, com o fim das chamadas Frentes de Atração da

Funai,[73] as mercadorias foram amplamente utilizadas na sedução de povos indígenas, com o intuito de conquistar a sua confiança e, assim, conseguir a sua "pacificação".

A "pacificação" de índios não contatados pelo SPI e, posteriormente, pela Funai costumava ocorrer em situações em que a presença indígena era percebida como um obstáculo ao desenvolvimento de empreendimentos governamentais ou privados em seus territórios. Mediante "presentes" e promessas de envio de remessas de mercadorias, grupos arredios foram atraídos, tiveram suas lideranças cooptadas e, por fim, acabaram sendo subjugados. Nas palavras de Celestino: *"Foi assim que nós fizemos o contato e os Xavante mentirosos começaram a ter conflito por causa das miçangas do branco"*. (Celestino Tsereróm'õ Tseredzéré, julho de 2017).

No caso dos Xavante, a frente de atração oficial, responsável por realizar a sua "pacificação" e que primeiro alcançou o seu intento, foi aquela chefiada por Francisco Meirelles. Em 1946, a equipe de Meirelles conseguiu estabelecer uma interação pacífica com a comunidade da aldeia Aróbó nhipó, situada na região atualmente demarcada como Terra Indígena Pimentel Barbosa. Várias comunidades xavante, contudo, mantiveram-se distantes dos não indígenas nos anos subsequentes, vindo, posteriormente, por sua própria iniciativa, aproximar-se de outros representantes da sociedade envolvente: os missionários, posseiros, fazendeiros, funcionários da Fundação Brasil Central etc.

O impacto dos bens industrializados, no cotidiano xavante, não foi desprezível. Os machados de metal facilitaram a derrubada das árvores para o plantio das roças, os fósforos passaram a ser utilizados nas caçadas de fogo e no cozimento dos alimentos, as armas de fogo garantiam maior destreza na caça, e as facas poupavam tempo de trabalho na repartição das presas abatidas (GARFIELD, 2011).

Depois de um século mantendo-se em isolamento, repelindo as tentativas de aproximação dos não indígenas, as comunidades xavante finalmente se dispuseram ao contato interétnico, coagidas pela intensificação da presença dos forasteiros e de suas doenças, mas também estimuladas pela

---

[73] As premissas que norteavam os métodos e toda a política voltada para atração das populações indígenas em situação de isolamento começam a ser alteradas apenas em 1987, quando a Funai estabelece, por meio de duas portarias, as Diretrizes para a Coordenadoria de Índios Isolados e o Sistema de Proteção do Índio Isolado. Em 1988, é também criada, na estrutura interna do órgão, a Coordenadoria de Índios Isolados, com a finalidade de planejar, supervisionar e normatizar as atividades relacionadas à localização, à proteção e ao contato de grupos indígenas que ainda permanecem em situação de isolamento.

perspectiva de conseguirem seus bens. Ao se recordar dessas primeiras interações, ainda esporádicas e hesitantes, estabelecidas por seu grupo familiar com os não índios, Celestino menciona como suas mercadorias atraiam os jovens xavante, estimulando sua imaginação e levando-os à presença dos desconhecidos. Relata o narrador:

> *Quando eu terminei a iniciação, eu pensei que... quando eu era adolescente, eu queria ir para Xavantina, porque meus cunhados tinham conseguido umas panelas em Xavantina, então eu pensava em ir para lá e ver como era me comunicar, mas meus pais não deixaram.* (Celestino Tsererómʼõ Tseredzéré, dezembro de 2016).

Fausto (2014) esclarece que a introdução das tecnologias e de bens industrializados não transformou, de forma imediata, os sistemas produtivos indígenas. Embora a adoção de objetos metálicos tenha possibilitado a diminuição do tempo dedicado à horticultura, a produção não foi automaticamente intensificada nessas sociedades. Isso ocorreu porque os indígenas raramente estiveram dispostos a produzir mais do que necessitavam para o seu consumo e, em situações em que isso ocorreu, o excedente acumulado foi direcionado às atividades político-rituais, em vez de levar ao enriquecimento de pessoas e grupos.

Segundo Ramos (2014), enquanto os não índios acumulam para si, aquilo que é acumulado entre os indígenas costuma ser redistribuído na comunidade. Na literatura antropológica sobre sociedades amazônicas, há muitos registros sobre o valor atribuído à generosidade, que é tida como uma virtude superior, em várias sociedades indígenas (RAMOS, 2014).

Nessas sociedades, o ato de dar costuma estar associado a demonstrações de liberalidade, liberdade e autonomia, além de ser uma obrigação que não pode ser negligenciada, pois sua recusa é interpretada como uma declaração de inimizade e de rejeição de alianças. Por esse motivo, a acumulação de bens, sem a sua distribuição, pode gerar, em algumas comunidades indígenas, rejeição àqueles que se recusam a compartilhar, tornando-os potenciais vítimas de feitiçaria (RAMOS, 2014). De acordo com Ramos (2014, p. 28-29),

> De uma maneira ou de outra, os bens industrializados exercem um fascínio sobre todos os povos aqui abordados. No entanto, não é uma atração que traz consigo uma mudança estrutural de perspectiva na relação de humanos com objetos. De maneira geral, a acumulação indígena de bens de consumo

> não tem por objetivo a riqueza individual, mas a redistribuição comunitária. A atração, por exemplo, das miçangas nas trocas com os brancos é sempre notável para quem visita os povos indígenas. No entanto, a acumulação é praticamente inexistente, pois o destino dos bens industrializados é espalhar-se por um espaço que vai muito além dos limites de determinada aldeia. Bens industrializados são "domesticados" para obter a condição apropriada de consumo pelos indígenas (Albert y Ramos 2000), de modo que passem a entrar na corrente habitual dos objetos nas aldeias.

Howard (2002, p. 28) enfatiza que a impressão de que os povos indígenas imitam a cultura dominante, "ao adotar as roupas dos brancos, querer seus bens, reverenciar seus deuses ou empregar sua retórica para criticá-los", não deve ser interpretada como prova de sua aculturação, ou da plena aceitação de padrões culturais exógenos. A resistência nas sociedades indígenas pode ser híbrida e contraditória, pois, atrás de comportamentos aparentemente conformistas, podem ocultar formas de resistência de aspecto sincrético, adaptadas às situações de contato (HOWARD, 2002).

Sendo assim, é um equívoco acreditar que a única forma legítima de resistência de uma sociedade indígena à hegemonia ocidental é recusar a entrada de mercadorias em seu sistema de trocas. Há muitas formas de resistir, e elas podem incluir até mesmo o engajamento em transações de troca e comércio com membros da sociedade dominante (HOWARD, 2002). Como assinala Howard (2002, p. 51):

> A maneira atual de lidarem com os bens ocidentais reflete não apenas sua longa história de trocas intertribais, mas também o seu esforço de sobreviver ao encontro histórico com uma sociedade potente e radicalmente diversa.

Em sistemas de relações interétnicas, é sempre possível encontrar espaço para fugir da dominação e estabelecer contra ela algum tipo de resistência, que pode até mesmo disfarçar-se de acomodação. Ao imprimir aos símbolos dos não índios novos significados, as sociedades indígenas sutilmente subvertem o projeto colonizador, ainda que isso não leve diretamente a rebeliões ou revoluções (HOWARD, 2002). A resistência velada que, na interpretação de Howard (2002), costuma ser mais implícita que consciente, mais encenada que articulada, ocorre menos nos espaços políticos institucionalizados e mais nos detalhes da vida cotidiana. É nesses detalhes que o colonizado tem a possibilidade de reinventar o mundo que o colonizador impõe-lhe, demonstrando sua resistência, persistência e criatividade ante as forças que querem subjugá-lo.

Desde os primeiros contatos interétnicos, os Xavante demonstraram grande interesse pelos objetos dos não indígenas, solicitando-os insistentemente e disputando entre si a posse das mercadorias e o acesso privilegiado aos seus provedores. Ravagnani (1978), ao escrever sobre o processo de "pacificação" dos Xavante, relata que os agentes do contato deixavam para os indígenas suas mercadorias como presentes, recolhendo as flechas que lhes eram oferecidas em troca. O autor menciona ainda como os indígenas, ansiosos pela espera de novos brindes, ou talvez por ainda não os terem recebido, aproximavam-se dos pequenos povoados e de fazendas para recolherem aquilo que lhes interessava, deixando, em troca, aos moradores atônitos dessas localidades, suas flechas e outros objetos (RAVAGNANI, 1978).

Entre os narradores, Celestino, em especial, menciona como os primeiros contatos estabelecidos por seu grupo com os "brancos" foram motivados pelo desejo de obterem-se as mercadorias desses últimos. Ao acercar-se da localidade onde vivia o posseiro Manuel Gomes, próximo à Missão Salesiana de Meruri, Celestino relata como ele, corajosa e temerariamente, apressou-se em dirigir-se à casa do posseiro, tentando alcançá-la antes de seus companheiros, de modo a receber, com prioridade, os objetos cuja posse acarretava admiração ou *status* nas comunidades. Assim ele conta:

> *Eu quase fui sozinho, falei para ir sozinho porque os outros não tinham coragem. Eu sou corajoso, não sinto medo, desconheço o medo e eu atravessei a cerca e, depois de mim, outros Xavante atravessaram também, como o pai do meu afilhado, que se chama Narciso. Éramos quatro, o resto estava escondido. Não vieram todos por medo, e eu disse para eles ficarem para eu não ficar preocupado. O nome do posseiro era Manoel Gomes, que também era pobre, e ficava ali cuidando do local. Fizemos o contato com ele e ele me deu as roupas dele, jogou na minha frente.* (Celestino Tsererómʼõ Tseredzéré, dezembro de 2016).

Para Howard (2002), a chave para a compreensão do impacto causado pelas mercadorias europeias nas sociedades indígenas deve voltar-se para a circulação desses objetos dentro das redes de trocas regionais, em vez de resumirem-se à constatação de sua presença ou ausência nas comunidades. Os objetos, sejam eles ocidentais ou não, não possuem um valor fixo e predeterminado, mas, sim, estabelecido pelos atores sociais que o produzem, adquirem e passam adiante, trocando-os por outros objetos que, da mesma forma, tiveram seus valores definidos em tramas sociais. Dessa maneira, as mercadorias são submetidas a atos de socialização, que as transformam de coisas desconhecidas, sem sentido, em artefatos culturais ou objetos com significação (HOWARD, 2002).

As relações de troca estabelecidas entre os povos nativos e os colonizadores não se resumem, portanto, a mecanismos voltados para a dominação dos primeiros pelos últimos. Nessas relações, os indígenas também afirmam suas próprias formas de controle, subvertendo os fundamentos materiais e simbólicos das relações interétnicas. Os objetos, ao serem desvinculados daqueles que os produziram e colocados, pelos indígenas, em uma rede de circulação independente de seus produtores, acabam sendo, dessa forma, inseridos em novos contextos e têm o seu valor e o seu significado transformados, passando a atender a outros fins, que podem incluir a apropriação e a pacificação dos poderes dos "brancos" (HOWARD, 2002).

O engajamento, nas relações de trocas interétnicas, esteve muito presente entre os Xavante. As quinquilharias dos não índios encantavam os indígenas por sua novidade; as ferramentas, em especial, eram bastante apreciadas, por aumentarem a eficácia na execução das atividades cotidianas; e os responsáveis por obter e introduzir esses objetos em suas comunidades eram agraciados com prestígio interno e o reconhecimento de sua liderança, o que os motivava a empenharem-se ainda mais nessas transações.

Entre os narradores, Celestino, em especial, demonstra orgulho do seu desempenho como interlocutor com os não indígenas, nesse momento da história xavante, ressaltando suas habilidades comunicativas, as quais lhe permitiram obter algumas mercadorias para sua comunidade. O narrador chegou, até mesmo, a empreender uma viagem a Cuiabá em busca delas, em 1956, e, sobre isso, ele conta: *"Quando fizemos o primeiro contato, nós pedíamos ferramentas em Cuiabá. Quem nos disse para pedir as ferramentas foi o Manoel Gomes, que dizia ser um posseiro".* (Celestino Tsereróm'õ Tseredzéré, dezembro de 2016).

Longe de terem o seu significado reduzido à sua utilidade econômica, a meros objetos de cobiça, ou à condição de simples representação da riqueza ocidental, os bens industrializados adquirem outras conotações nas sociedades indígenas, em especial entre aquelas que se encontram em estágio inicial de interação com os não índios. Essas mercadorias podem também simbolizar as penosas contradições advindas do contato interétnico, que tão comumente submergem e marginalizam essas sociedades. Sua domesticação, portanto, é também uma tentativa de controlar essas contradições que permeiam a convivência com a sociedade envolvente (HOWARD, 2002).

Tendo isso em conta, Howard (2002) enfatiza a importância da análise das trocas interétnicas à luz das teorias da resistência, que têm o potencial de transformar antigos paradigmas, que envolvem a atuação histórica dos povos indígenas em situações de interação com os não índios. Para isso, contudo, é necessário que desloquemos nossa atenção do polo passivo, a partir do qual nos acostumamos a pensar os povos indígenas, para o polo ativo, mais condizente com as dinâmicas das sociedades ameríndias, em um exercício de reconhecimento das formas de protagonismo indígenas desempenhadas fora dos padrões comumente adotados pelos não índios, e apesar das pressões para incapacitá-las (HOWARD, 2002).

4.4 Doenças

O contato interétnico trouxe, para os Xavante, não apenas as mercadorias, mas também doenças desconhecidas, que motivaram a migração das comunidades indígenas de suas terras tradicionais, situadas na região de Parabubure, para a Missão Salesiana de Meruri.

As doenças, para as quais os Xavante não tinham cura, e que, frequentemente, alastravam-se pelas aldeias, assumiram a forma de epidemias,[74] que impulsionavam as comunidades indígenas a constantes migrações, em busca de lugares mais seguros e promissores para a instalação de novas aldeias. Nas palavras de Raimundo, *"[...] meus pais migraram de lá e vieram por medo da doença dos brancos. Por medo da doença dos brancos, os Xavante se dispersaram. Assim, eles migraram a procura de um bom lugar"* (Raimundo Urébété Ai'réro, janeiro de 2017).

As epidemias tiveram um papel determinante na conquista do Novo Mundo, facilitando a penetração e a expansão dos europeus no continente americano, ao contribuir para promover a desestruturação social e econômica das populações ameríndias. Segundo Buchillet (2002), os impactos das epidemias sobre os sistemas cognitivos e terapêuticos indígenas, ou seja, sobre as suas representações acerca das doenças infecciosas, ainda não foram suficientemente estudados.

---

[74] A palavra epidemia, ou *abdzé*, em xavante, é utilizada para denominar as doenças que se alastraram pelas aldeias indígenas, tais como varíola, sarampo, coqueluche, catapora, tifo, difteria, tuberculose e gripe.

Darcy Ribeiro, na obra *Os índios e a civilização*, afirma que as doenças transmitidas pelos "brancos" tiveram alta letalidade entre as populações indígenas no Brasil, levando vários povos à extinção física e cultural. Ao atingirem comunidades inteiras, prostrando-as durante o tempo de transcurso da doença, as aldeias viam-se incapacitadas de prover sua subsistência e, como consequência, tinham ainda que enfrentar a fome e a desnutrição, que tornavam ainda mais difícil a sua recuperação física (RIBEIRO, 1993).

A gripe, a pneumonia, a tuberculose, a coqueluche, a varíola, o sarampo e a malária foram devastadoras para as populações autóctones. Entre os grupos que perderam seu sistema de adaptação ecológica, devido à adoção de novas técnicas e de diferentes hábitos alimentares, as doenças carenciais também alastraram-se rapidamente (RIBEIRO, 1993). De acordo com Ribeiro (1993, p. 231),

> [...] é ocorrência geral, em todas as tribos, o decréscimo do vigor físico, à medida que abandonam seus hábitos tradicionais e começam a adotar os procedimentos dos civilizados. Essa queda de robustez e consequente diminuição da população prende-se tanto a fatores biológicos como sociais e psíquicos. Entre os primeiros, sobrelevam as doenças acima citadas e, ainda, as moléstias venéreas, a sífilis, o tracoma, diversas verminoses e a morfeia.

Gugelmin (1995) assinala que, entre os anos de 1957 e 1972, os Xavante foram especialmente atingidos por surtos epidêmicos, em decorrência da intensificação das relações estabelecidas com os não indígenas. Maybury--Lewis (1984) também aponta para as transformações observadas no quadro demográfico da aldeia de São Domingos, entre o primeiro e o segundo período em que desenvolveu seus trabalhos de campo entre os Xavante dessa região. Conforme Maybury Lewis (1984), em 1962, quando voltou a São Domingos para estudar a comunidade, ele observou que o número de casas na aldeia tinha diminuído, assim como o contingente da população indígena observado em 1958. Esse decréscimo populacional foi atribuído, pelo pesquisador, às mortes por epidemias e por conflitos que resultaram em assassinatos, assim como às cisões que levaram uma parcela da população da aldeia a abandoná-la.

Entre os casos de epidemia registrados entre os Xavante, destaca-se o que acometeu a população de São Marcos, em 1966. Estima-se que a epidemia tenha, nessa ocasião, matado entre 150 e 160 indígenas, incluindo parte dos recém-chegados à aldeia São Marcos, que vinham de Marãiwatsédé, e que formavam o último grupo xavante contatado pelos não indígenas, no início da década de 1960.

Em 1966, os Xavante de Marãiwatsédé foram deportados de suas terras tradicionais para São Marcos, com o intuito de liberá-las para a colonização.[75] Compondo um total de 263 pessoas, foram transportados em aviões da FAB até a Missão Salesiana de São Marcos, situada a 400 km ao sul de suas terras tradicionais, justamente quando grassava, entre os Xavante dessa região, uma epidemia de sarampo. A epidemia atingiu de forma particularmente severa os recém-chegados, matando 83 pessoas do grupo de Marãiwatsédé, ou seja, quase um terço de sua população[76] (Relatório CNV, 2014, vol. III).

Osana que, nessa época vivia em São Marcos, recorda-se das epidemias que atingiram os Xavante e que causaram o declínio de sua população. Ao mencionar os Xavante de Marãiwatsédé que, recém-contatados e recém--chegados em São Marcos, foram gravemente acometidos pelo sarampo, o narrador conta: *"Onde vivem hoje os de Marãiwatsédé, eles foram transportados de lá para São Marcos, mas teve uma epidemia de sarampo e muitos deles morreram, e depois voltaram para lá por medo".* (Osana Tõmõtsu, dezembro de 2016).

---

[75] Em 1962, foi criada a Agropecuária Suiá-Missu Limitada. A fazenda, que foi considerada um dos maiores latifúndios do país, foi implantada em pleno território xavante de Marãiwatsédé, nos municípios de São Félix do Araguaia e Alto da Boa Vista, Mato Grosso, e contou, para sua criação, com a isenção de impostos e outros incentivos fiscais da Sudam (Superintendência do Desenvolvimento da Amazônia). Os Xavante de Marãiwatsédé foram então utilizados em atividades de derrubada das matas nativas para a instalação de pistas de pouso e na abertura de roças e pastos para o gado da fazenda, recebendo, em troca de seu trabalho, somente comida, e nenhum outro tipo de remuneração. Uma vez instalada a fazenda, e tendo os indígenas perdido a sua utilidade, os proprietários solicitaram a sua remoção da região, no que foram atendidos pelo SPI.

[76] Em decorrência da epidemia, o grupo de Marãiwatsédé dispersou-se por diferentes terras xavante, tentando, em várias ocasiões, retornar às suas terras de origem. Após uma intensa mobilização dos indígenas, iniciada no âmbito da Conferência das Nações Unidas sobre o Meio Ambiente e o Desenvolvimento Sustentável, também conhecida como ECO-92, a terra de Marãiwatsédé foi homologada, em 1998. Apesar do reconhecimento da ocupação tradicional xavante pelo Estado brasileiro, os indígenas não conseguiram recuperar suas terras, que então se encontravam ocupadas por centenas de posseiros. Em 2003, os Xavante de Marãiwatsédé instalaram-se em um acampamento improvisado nos limites da terra indígena, onde permaneceram acampados durante nove meses, em condições precárias e insalubres, até conseguirem, no ano de 2004, forçar sua entrada em Marãiwatsédé. De 2004 a 2011, eles permaneceram ocupando uma pequena parcela de suas antigas terras, em constantes conflitos com posseiros e fazendeiros. Em 2012, o Supremo Tribunal Federal (STF) concedeu uma decisão favorável aos Xavante, determinando a saída dos ocupantes ilegais da terra indígena. Em cumprimento à determinação judicial exarada pelo Supremo, a Força Nacional realizou a desintrusão de Marãiwatsédé, em 2013. Passados 46 anos da deportação do grupo, os Xavante finalmente conseguiram a posse plena de suas terras, que, no entanto já se encontravam quase que inteiramente desmatadas.

Esse período da história xavante que sucedeu o contato interétnico foi caracterizado por uma grande instabilidade social nas comunidades indígenas, o que levou ao aumento da taxa de mortalidade do grupo e ao decréscimo de suas taxas de fecundidade (GUGELMIN, 1995). Os episódios envolvendo as mortes da população xavante pelas epidemias são reproduzidos nos relatos de diferentes narradores entrevistados, compondo as chamadas "narrativas do contato xavante".

Como assinalam os missionários salesianos Giaccaria e Heide (1984), o contato dos Xavante com a sociedade nacional trouxe, com ele, novas doenças e uma série de divisões e lutas internas, que tiveram como resultado a fuga de suas terras tradicionais e a morte de quase todos os velhos. Sobre um surto epidêmico que ocasionou a morte de vários Xavante, e que Tobias estima ter ocorrido em meados da década de 1950, o narrador conta:

> E ali começou uma doença, uma epidemia, e muita gente morreu no caminho e perto da beira do rio onde tinha muito matrinchã, e tinha ali muitos urubus comendo as moças mortas, os urubus eram muito oportunistas. (Tobias Tserenhimi'rãmi Tsere'õmowi, janeiro de 2017).

As doenças foram inicialmente interpretadas como advindas de práticas de feitiçaria lançadas por inimigos internos, o que levou ao aumento dos conflitos intracomunitários. A desconfiança gerada pelos surtos epidêmicos fez com que muitas comunidades se dispersassem e até mesmo se atacassem, em atitudes de vingança contra as mortes, que entendiam ser decorrentes da ação de feiticeiros. Aos poucos, contudo, tornou-se evidente que doenças que assolavam as aldeias vinham dos contatos estabelecidos com os não indígenas, com seus objetos, ou com indivíduos e comunidades que anteriormente tinham com eles interagido. Consequentemente, a cura para as doenças desconhecidas também passava por eles, pois eram eles os donos das doenças e, portanto, os conhecedores dos remédios capazes de afastá-las. Tal percepção motivou os Xavante a se aproximarem das missões religiosas salesianas, em busca de ajuda, como nos conta Daniel.

> Quando ficamos doentes, com a doença do homem branco, fomos tratados pelas irmãs [as freiras]. Eu carregava uma malinha de remédios para o padre Salvador na época da recente fundação da aldeia. Fomos cuidados não por qualquer branco, mas pelos padres. Foi assim que os nossos pais migraram para junto dos padres. (Daniel Tsi'õmõwẽ Wari, janeiro de 2017).

A história do contato interétnico foi, desde o início, marcada por experiências de doenças, fome, massacres, conflitos, dependência e desagregação social, que forjaram, aos olhos das sociedades indígenas, a imagem maléfica e potencialmente destrutiva dos "brancos". Essa imagem quase sempre carrega uma ambivalência, pois ainda que os bens e os remédios dos não indígenas sejam valorizados, norteando, de forma concreta, o jogo das relações interétnicas voltadas para a sua aquisição, o que implica em algum tipo de aproximação e relacionamento com os "brancos", a proximidade com eles — mesmo que esporádica, mas, sobretudo quando excessiva — também comporta riscos e rejeição.

As experiências envolvendo os primeiros contatos com os não índios, sejam as relativas ao confronto linguístico, à introdução de objetos manufaturados ou às que dizem respeito à contaminação epidemiológica, foram, portanto, culturalmente vividas e pensadas, fornecendo os fundamentos históricos e simbólicos para a construção de interpretações subsequentes do encontro colonial. Entre os Ianomami estudados por Albert, por exemplo, as epidemias são representadas por um espírito maléfico associado aos "brancos" canibais, ávidos por devorar a carne dos Ianomami (ALBERT, 2002). Para os narradores xavante entrevistados, o caráter perigoso e maléfico do homem "branco" também pode ser particularmente percebido nos efeitos de suas doenças, que, desde o início do contato, levaram à dizimação de aldeias inteiras. Sobre isso, Daniel conta:

> *O homem branco tem muitas doenças, não tivemos um contato bom, no primeiro dia do contato já tivemos doenças como o sarampo, varicela, rubéola, coceira e dor nos olhos, essas coisas que não prestam são do homem branco. Quando existiam só os nossos ancestrais, quando não existiam as doenças do homem branco, os anciãos não morriam nas migrações, porque não existiam doenças, andavam sem morrer. Só que hoje, no mundo do branco, os jovens, os adolescentes e as moças morrem cedo, não existia isso no passado. E quando os velhos eram jovens, no passado, eles tinham muitos dentes, que eram vermelhos, porque só comiam comidas tradicionais, como wededu, mõ'õni'á, mõ'õni höi'ré, patede, udzapódó, wö, nõrõtebe,[77] são esses alimentos.* (Daniel Tsi'õmõwẽ Wari, janeiro de 2017).

Combalidos por conflitos internos e massacres decorrentes das expedições punitivas promovidas pelos "brancos", os Xavante da região onde atualmente está a Terra Indígena Parabubure ainda se viram devastados por

---

[77] Modalidades de raízes e batatas-silvestres.

surtos epidêmicos, alguns deles aparentemente causados por roupas contaminadas doadas por fazendeiros (GARFIELD, 2011). Ante a tal situação, os indígenas passaram a migrar, fugindo em direção à Missão Salesiana de Meruri, abandonando o seu território ancestral. As migrações, nas quais a maioria dos narradores tomou parte, quando ainda eram jovens ou crianças, e que ocorreram durante a década de 1950, consolidou o contato dos grupos xavante das regiões Nõrõtsu'rã e Onhi'udu (Terra Indígena Parabubure) com os "brancos", colocando os indígenas, por um bom tempo, na esfera de influência dos missionários. De acordo com Daniel:

> *Depois do contato com o homem branco, chegou a doença, e o povo xavante se dispersou, não tinha o que fazer. As doenças eram coceira, febre, muita gente morreu e não souberam o que contar, porque não existia o remédio do branco, mas era tratado com o próprio remédio do povo, usando só ti ibu'wá[78] para se curarem. Graças a isso, algumas pessoas se curaram, os que viviam em Parabubu.* (Daniel Tsi'õmõwẽ Wari, janeiro de 2017).

A crescente dependência dos bens industrializados e a necessidade de assistência à saúde e proteção contra os ataques obrigaram os Xavante a buscarem formas de aproximação com a sociedade envolvente, junto àqueles que lhes pareciam menos perigosos ou um pouco mais confiáveis, para procederem à sua "domesticação". A expectativa daqueles que migraram à procura de um refúgio temporário e da cura para as doenças desconhecidas é expressa, da seguinte maneira, por Raimundo, que recorda-se desse período da história xavante: *"Assim foi a trajetória que nossos pais percorreram para encontrar um lugar ideal, à procura de um homem branco bom".* (Raimundo Urébété Ai'réro, janeiro de 2017).

Embora as epidemias tenham sido atualmente debeladas nas terras xavante, com a propagação das campanhas de vacinação nas aldeias e a implantação de um sistema de saúde pública, voltado especificamente para o atendimento às populações indígenas, os Xavante continuam sofrendo com muitas doenças decorrentes da falta de saneamento básico e de alterações no seu estilo de vida tradicional. Se, já há algum tempo, as doenças infecto-parasitárias são uma realidade conhecida nas aldeias, a restrição territorial e a sedentarização das comunidades trouxeram um novo problema de saúde pública: o das doenças crônicas não transmissíveis. A diminuição da oferta

---

[78] Ponta de madeira cortante usada para "riscar" a pele, de modo a permitir que o sangue da pessoa doente, considerado "contaminado" e responsável pela enfermidade, seja eliminado, e, dessa forma, renovado. A prática é bastante utilizada pelos Xavante para fins terapêuticos.

de alimentos nas terras indígenas resultou no fim das grandes expedições de caça e coleta, que mobilizavam o conjunto das aldeias xavante, e que hoje são realizadas apenas eventualmente, de forma individual ou em grupos menores. Além disso, muitos indígenas encontram-se engajados em trabalhos remunerados e não se dedicam mais às atividades de subsistência tradicionais, como o cultivo de roças de toco. O abandono das antigas formas de subsistência fez com que os Xavante passassem a depender da compra de alimentos industrializados, a chamada "comida da cidade", o que resultou em uma brusca alteração em sua dieta. Isso terminou por afetar a saúde dos indígenas, que, hoje, sofrem com doenças crônicas, como o diabetes e a hipertensão, cada vez mais comuns entre índios e não índios no Brasil.

Os narradores entrevistados relatam, com frequência, suas preocupações com a assistência à saúde das comunidades indígenas que, apesar dos avanços, é ainda bastante precária. Nessas falas, percebe-se uma grande desconfiança acerca do trabalho dos profissionais não indígenas, vinculados ao atendimento da saúde xavante. Essa situação demonstra que, apesar de décadas de contato interétnico, as representações negativas construídas em torno dos "brancos" permanecem vivas entre os Xavante.

Na fala de Osana, a seguir, direcionada a Wellington, a quem ele se refere como "meu sobrinho", o narrador expressa suas apreensões sobre as condições de saúde nas comunidades indígenas, sobre a inadequação dos tratamentos recebidos e a desconfiança quanto às intenções e à dedicação dos profissionais que atuam na área. Assim ele questiona seu interlocutor:

> Meu sobrinho, eu tinha me esquecido de falar sobre a nossa saúde. Será que eles estão nos tratando direito? Então por que não há melhoras? Os brancos são maus, eles nos tratam para melhorar a nossa saúde, mas, em vez disso, por que pioramos? Eles fazem isso porque não tem ninguém que lute com eles, que debata com eles, o homem branco faz isso conosco, eles são perigosos, os enfermeiros, em vez de cuidar para melhorar a nossa saúde, mas só piora. Por que pioramos? É a má alimentação do homem branco. Além disso, existem muitas outras coisas que não nos servem. Como não sabemos os segredos do trabalho do homem branco e como ninguém vai atrás, fazem qualquer coisa com a gente porque ninguém debate com eles. Eu digo isso, a verdade, que a nossa saúde não é boa, tem doenças que não são tratadas de acordo com a receita médica e é a má vontade dos profissionais que resulta na piora do estado de saúde, que continua. Não temos um atendimento sério, se fosse sério nós melhoraríamos, mas, em vez disso, só pioramos, e quando

> *aguentamos viver um pouco mais, eles inventam, pensam e nos matam. Eu sinto saudade e estou com medo, quando penso. Vocês que têm essa inteligência, tomem muito cuidado ao falarem com eles. Vocês que os conhecem bem, o idioma e o convívio deles, digo isso a você por isso, em relação a nossa saúde, porque sabemos que, mesmo estando sendo tratados, a tendência é só piorar.* (Osana Tõmõtsu, dezembro de 2016).

Aos narradores, não passa despercebido que a estrutura de saúde voltada para o atendimento às comunidades indígenas não está de acordo com suas necessidades. Os Xavante estão, com os Ianomami, entre os povos indígenas com as mais elevadas taxas de mortalidade infantil no país, conforme dados da Sesai. Nas terras indígenas Sangradouro e São Marcos, estima-se que uma parcela significativa da população xavante adulta conviva hoje com o diabetes e a hipertensão. Embora os povos indígenas disponham de um subsistema de saúde e um modelo de atenção específicos, esses não têm conseguindo responder de forma eficaz às especificidades das demandas indígenas, o que se reflete nas condições de saúde do povo xavante e nas preocupações observadas nos relatos dos narradores sobre o tema.

4.5 As migrações de Parabubure a Meruri

Os surtos epidêmicos e os ataques promovidos por expedições punitivas, tal como o que ocorreu na aldeia Parabubu, em 1951, fizeram com que os Xavante deixassem, em 1956, suas terras tradicionais e migrassem em direção à Missão de Meruri, em busca de tratamento e da proteção dos padres salesianos que, desde finais do século XIX, atuavam com os índios bororo. Depois de mais de um século instalados na região do Rio das Mortes, as comunidades xavante de Parabubure sofreram o seu primeiro processo de desterritorialização,[79] com o abandono de suas terras e a migração para Meruri.

Contrariando a versão oficial da historiografia nacional, centrada no contato dos Xavante de Pimentel Barbosa – promovido pela equipe do SPI, a qual era chefiada por Meirelles –, os indígenas que vieram de Parabubure afirmam o seu protagonismo nos primeiros contatos estabelecidos com os missionários, a quem asseguram ter "pacificado". Nas palavras de Daniel:

---

[79] Segundo Haesbaert (2014), a desterritorialização é, simplificadamente, o movimento pelo qual se abandona o território.

Foi assim que viemos, viemos não porque os brancos e padres nos chamaram, não. Viemos por conta própria, atravessamos ali embaixo do rio das Mortes, num lugar onde, da última vez, os Xavante já tinham matado um branco. (Daniel Tsi'ömöwẽ Wari, janeiro de 2017).

A partir da década de 1930, intensificaram-se os projetos de colonização no Mato Grosso, estimulados pelo governo federal. O lançamento do programa Marcha para o Oeste (1938), a criação da Fundação Brasil Central (1943), a fundação de colônias agrícolas, tais como a Colônia Agrícola Nacional de Goiás (1941) e a Colônia Agrícola de Dourados (1943) — no antigo estado do Mato Grosso, hoje Mato Grosso do Sul —, foram algumas das iniciativas que buscaram estimular a ocupação de áreas situadas no interior do país e que aceleraram o processo de expropriação das terras indígenas, nessa época.

Pacheco explica que as nações americanas surgiram de uma ruptura política com suas antigas metrópoles que, ao adquirirem independência, empenharam-se em processos internos de colonização. Assim ocorreu no século XIX, nos Estados Unidos, com a expansão para o oeste; no Chile, com a tomada das áreas ao sul do rio Bio-Bio; na Argentina, com a chamada *Conquista del Desierto*; e, no Brasil, com as tentativas de colonização da Amazônia, vista como um território a ser desbravado (PACHECO, 2016). Conforme Pacheco (2016, p. 165), "A natureza virgem, a ser subjugada e colocada a produzir riquezas (isto é, mercadorias), passou a ser concebida como uma fronteira sempre em movimento".

O ideal de uma Amazônia agrícola consolidou um padrão narrativo centrado na premissa de que a região amazônica, apesar de sua imensidão, fertilidade e abundância de recursos materiais, era desabitada, ou habitada de forma precária e primitiva por povos em situação de isolamento. Essa retórica veio sempre acompanhada da ideia de que a Amazônia seria a "última fronteira" a ser anexada, ou um espaço virgem que poderia ser livremente apossado, em uma óbvia desconsideração ao direito precedente das populações autóctones aos seus territórios (PACHECO, 2016).

Com a expansão de fronteiras em direção à Amazônia, populações indígenas e seus territórios foram incorporados ao Estado-nação. Se, para as economias regionais, essa expansão de fronteiras trouxe crescimento e dinamização, para os indígenas ela foi sentida como uma guerra de conquista, marcada por conflitos e negociações com representantes do Estado, de igrejas, dos poderes locais, camponeses e posseiros, membros da sociedade civil e grupos internacionais de Direitos Humanos ou voltados para a preservação ambiental (GARFIELD, 2014).

As áreas de interesse do Estado brasileiro, no Norte e no Centro-Oeste do país, eram aquelas situadas na linha de expansão recente das fronteiras econômicas, onde viviam populações indígenas ainda não contatadas. A construção de estradas, de ferrovias e de outros empreendimentos estratégicos enfrentava a resistência desses povos, ocasionando conflitos nos quais o governo federal precisou, muitas vezes, intervir. A insistência em implantar, nos territórios nativos, esses empreendimentos, considerados cruciais aos interesses do Estado brasileiro, fez com as comunidades indígenas fossem percebidas como um obstáculo à expansão das fronteiras nacionais (PACHECO, 2016).

No caso do estado de Mato Grosso, a venda de terras públicas era utilizada para compensar a escassez de ingressos. Por ser um estado pobre, pouco habitado e predominantemente rural, Mato Grosso, nessa época, tinha uma baixa arrecadação tributária e encontrou, na venda de terras públicas, a sua principal fonte de receitas. A alienação das terras também favoreceu grupos econômicos ligados aos poderes locais e ajudou a angariar apoios eleitorais e a consolidar uma clientela política (GARFIELD, 2014).

Little observa que as terras públicas são, em princípio, de todos os cidadãos do país, porém, na prática, estão sob o controle do Estado, que define seus usos, os quais nem sempre beneficiam o conjunto da população. O que muitas vezes ocorre é que terras públicas tendem a favorecer apenas alguns cidadãos, prejudicando outros. Por esse motivo, o seu usufruto particular acarreta disputas pelo controle do aparelho estatal, ou pela capacidade de influenciar suas decisões em favor de alguns grupos (LITTLE, 2004).

Desde a edição da primeira constituição republicana, a de 1891, as terras devolutas, que, anteriormente, pertenciam à União, passaram ao domínio dos governos estaduais, que se tornaram responsáveis pela sua destinação. O texto constitucional desse período também menciona os aldeamentos extintos, enquadrando-os na categoria de terra devoluta, mas não trás referências aos aldeamentos vigentes e tampouco às terras indígenas. Apesar de não serem mencionadas no texto constitucional de 1891, as terras dos índios acabaram sendo tratadas, pelos governos estaduais, como terras devolutas, passíveis de alienação (GARFIELD, 2014). Sobre os impactos às terras dos índios, causados pela primeira constituição republicana, Rocha (2005, p. 15-16) comenta:

> Dessa forma, muitas terras indígenas foram usurpadas. Na verdade, as terras imemoriais dos índios e dos aldeamentos não-extintos não poderiam ser consideradas devolutas, pois estavam reguladas pela legislação ordinária elaborada no Período Imperial (Lei de Terras de 1850). Entretanto, a omissão da nova Constituição dava margem a interpretações nesse sentido. Essa realidade trouxe dificuldades à prática protecionista inaugurada em 1910.

Embora as constituições que se seguiram à de 1891 (ou seja, as de 1934, 1937, 1946, 1967 e 1988) disponham sobre as terras dos índios, os textos constitucionais foram, na prática, muitas vezes desconsiderados. Como nos esclarece Garfield (2011, p. 160), "A rede de grilagem que se apossava do território indígena estendia-se desde os centros de poder político e econômico até o campo".

O SPI fazia apelos regulares para que as terras dos índios fossem respeitadas, mas a sobreposição de jurisdições e competências mal definidas entre governo federal e governos estaduais e municipais facilitaram a alienação dessas terras, entre o período de 1946 a 1964. Entre os principais obstáculos enfrentados pelo SPI para o cumprimento de sua missão, destacaram-se a atuação das elites locais voltada para impedir as demarcações de terras indígenas, a escassez de recursos do órgão, a incompetência técnica e a corrupção de alguns de seus quadros (GARFIELD, 2014).

De acordo com Moreno (2007), esse processo de venda indiscriminada de terras, que caracterizou a política fundiária de Mato Grosso, abarcou várias terras indígenas, que foram tituladas e concedidas a particulares, o que acabou por regularizar a invasão e a grilagem. Dessa forma, terras devolutas e públicas foram privatizadas e entregues a grupos econômicos de outras partes do país ou a aliados locais de grupos políticos do estado. A fraude envolvendo as terras indígenas no Mato Grosso costumava vir ainda acompanhada de violência, assassinatos e massacres nas aldeias.

No caso dos Xavante que habitavam a região localizada entre os rios Couto Magalhães e Culuene, situada na área atualmente demarcada como Parabubure, Garfield (2011) estima que eles se encontravam espalhados em 10 aldeias ainda não contatadas, por ocasião de sua partida, iniciada em 1956. Essas comunidades tentaram conter a invasão de suas terras, como, aliás, vinham fazendo, há mais de um século. No período situado entre as décadas de 1930 a 1950, porém, elas se viram cercadas por diversas frentes que avançavam sobre o seu território, promovendo massacres e disseminando doenças. Tal situação levou os indígenas a abandonarem suas terras tradicionais, situadas em Nõrõtsu'rã e Önhi'udu, partindo em dois principais bandos migratórios em direção à Missão Salesiana de Meruri.

Outros grupos menores, que não acompanharam essas duas levas migratórias, também terminaram por abandonar Parabubure, partindo em direção a outras partes do território xavante, ou para regiões próximas aos postos do SPI. Em 1958, já não restavam comunidades xavante na região situada entre os rios Couto Magalhães-Culuene, e, no período situado entre os anos de 1958 e 1960, o Departamento de Terras e Colonização Estado de Mato Grosso vendeu as terras dos índios dessa região (GARFIELD, 2014).

Moreno (2007) enfatiza que a transformação de terras públicas, sob o domínio dos estados, em terras privadas, caracterizou o processo de ocupação do território nacional e as formas de acesso a terra no Brasil. Para a autora, a formação socioeconômica, histórica e política do país esteve sempre atrelada à sua estrutura fundiária, que é altamente concentradora, marcada por recorrentes episódios de expropriação de comunidades pobres e indígenas e pela violência do campo (MORENO, 2007). Sobre os esbulhos e violências praticados contra povos indígenas do Mato Grosso, nesse período da história, Moreno (2007, p. 277) acrescenta:

> A prática da violência contra os povos indígenas pontua todo o processo de formação capitalista do território que hoje se configura Mato Grosso. A história da sua ocupação e colonização tem sido marcada pela escravização, discriminação e extermínio de muitos povos indígenas. Fatos como o "massacre do paralelo 11", ocorrido na década de 1950, quando uma aldeia inteira de índios Cinta Larga na região de Aripuanã foi metralhada e o envenenamento por arsênico e açúcar misturados e ingeridos por um grupo de índios Tapayana, habitantes das margens do rio Arinos, atestam a prática de violência no processo de expropriação das terras indígenas.

Embora a delimitação de reservas indígenas integrasse o projeto de colonização nacional, desde o período da Marcha para o Oeste, os constantes ataques às terras das comunidades nativas dificultavam a sua demarcação pelo SPI. O órgão indigenista via-se frequentemente enfraquecido por brechas na legislação e pela discussão de competências. A impunidade generalizada protegia especuladores e servidores públicos que agiam de modo a violar os direitos dos índios, contribuindo para a expropriação das comunidades (GARFIELD, 2011). Nas palavras de Garfield (2014, p. 41), "[...] a expansão de fronteiras no Brasil tem sido um processo contestado, mediado pela violência, pela burocracia e pela lei".

Little (2004) destaca que guerras, confrontos, extinções, migrações forçadas e reagrupamentos étnicos caracterizaram os 500 anos de interação entre as sociedades europeias e, posteriormente, as sociedades nacionais e as sociedades indígenas no Brasil. Desde os primeiros tempos da colônia, povos indígenas já sofreram com os descimentos, ao serem deslocados de suas terras de origem para serem aldeados em outras terras, a fim de receberem assistência religiosa e para trabalharem para os colonos ou para os responsáveis pela administração dos aldeamentos (PACHECO, 2016). A resistência desses povos à conquista, que se refletiu nas lutas pela manutenção e pelo controle de seus territórios, esteve, contudo, sempre presente, durante toda a história do Brasil (LITTLE, p. 2004).

A conquista do território nacional deu-se mediante um processo constante de expansão de fronteiras, que, inicialmente, visava à consolidação do poder da Coroa e, posteriormente, à hegemonia do Estado-nação e suas formas de territorialidade.[80] Embora esse processo não tenha sido homogêneo nem completo, "[...] a nova entidade territorial do Estado-nação impôs-se sobre uma imensa parcela da área que hoje é o Brasil, de tal forma que todas as demais territorialidades são obrigadas a confrontá-la" (LITTLE, 2004, p. 257).

Little explica, ainda, que a entidade política do Estado-nação surgiu, nas Américas, a partir do primeiro quartel do século XIX, convertendo-se, em seguida, na forma hegemônica de controle territorial, em todo o continente. Desde então, a ideia de território vinculado ao Estado-nação foi paulatinamente sobrepondo-se a outros tipos de territorialidades, e acabou por ocultá-las. O autor ainda esclarece que a ideologia territorial do Estado-nação frequentemente encontra-se vinculada ao fenômeno do nacionalismo, que tem como pressuposto a ideia de que o espaço geográfico do país deve ser utilizado, de forma exclusiva, pelos membros da comunidade nacional, e que cabe ao Estado o controle do território da nação, conforme supostamente determinaria o conceito de soberania (LITTLE, 2004).

Para a ideologia territorial do Estado, é um desafio a existência de territórios sociais habitados por "nações" ou "nacionalidades" distintas

---

[80] Little (2004, p. 253) define a territorialidade como "[...] o esforço coletivo de um grupo social para ocupar, usar, controlar e se identificar com uma parcela específica de seu ambiente biofísico, convertendo-a assim em seu 'território' ou homeland".

daquela escolhida para representar o Estado-nação. Essa é uma das razões pelas quais os povos tradicionais encontram obstáculos para terem seus territórios reconhecidos, permanecendo enredados a uma problemática fundiária de difícil resolução (LITTLE, 2004).

A omissão do Estado e, mais ainda, a apropriação do aparelho estatal por parte de grupos representantes de interesses privados também contribuem para dificultar o reconhecimento de territorialidades alternativas, tais como as indígenas, favorecendo o esbulho das terras das comunidades e, consequentemente, as expulsões e as migrações forçadas.

Foi o que ocorreu com os Xavante de Parabubure, forçados a migrar de suas terras tradicionais em decorrência dos ataques de não indígenas e de doenças desconhecias. Os primeiros exilados xavante vindos de Parabubure chegaram à Missão Salesiana de Meruri em 1957, e formavam um grupo composto por cerca de 100 indígenas. Osana, que participou desse primeiro grupo, descreve, da seguinte maneira, a longa caminhada que os levou até Meruri.

> *E nós fomos antes de todo mundo. Na verdade, nós estávamos só caçando e seguimos o caminho. Encontrávamos os brancos e descansávamos, mas sempre ouvimos sobre o local chamado Meruri e o padre Bruno. Pensávamos que era perto e continuamos andando, mas era muito longe, e por fim chegamos em Meruri.* (Osana Tõmõtsu, dezembro de 2016).

Pouco tempo depois, vindo também de Parabubure, chegou a Meruri um segundo grupo, formado por cerca de 200 indígenas que pertenciam a uma facção rival à dos primeiros exilados e que eram conduzidos por Ahöpöwẽ (GARFIELD, 2011). Os narradores que participaram dessa segunda leva migratória relembram que, nesse momento da história xavante, a liderança de Ahöpöwẽ foi fundamental para a sobrevivência do grupo, o que faz com que ele seja bastante lembrado pelos Xavante de São Marcos. Sobre o seu padrasto, primeiro cacique de São Marcos, Raimundo conta: *"Esse líder se chamava Ahöpöwẽ Tseredze Aptsi'ré, assim era o nome de um grande guerreiro. Assim ele fez esse trabalho, essa migração, nos trazendo para este lugar"*. (Raimundo Urébété Ai'réro, janeiro de 2017).

A lembrança da migração é parte das memórias dos narradores entrevistados, que, durante a década de 1950, partiram de Parabubure, percorrendo a pé, de suas terras de origem até a missão salesiana, uma extensão de quase 300 km. Nesse percurso, os Xavante cruzaram a Serra do Roncador e atravessaram o Rio das Mortes, dois marcos importantes para a caracterização de seu território tradicional, deixando para trás suas antigas aldeias. Ao descrever a travessia do Rio das Mortes que, ao longo de mais de um século, demarcou os limites do território xavante, Tobias conta: "*E nós, quando chegamos perto do rio das Mortes, os adolescentes começaram a cortar os bambus para fazer jangadas e atravessar*". (Tobias Tserenhimi'rãmi Tsere'õmowi, julho de 2017).

Segundo Aguilar (2011), história e espaço estão intimamente ligados na memória indígena, e, por isso, é comum, ao se narrarem os acontecimentos do passado, que o seu significado apresente-se em sua relação com o território. É a partir das experiências dos sujeitos no território que a memória étnica constrói-se. Na descrição do trajeto percorrido, de Parabubure a Meruri, paisagens e episódios são recordados por Raimundo, que assim conta:

> *Assim me lembro dessa migração para cá, entendi que o caminho foi assim, quando nos trouxeram para cá. Mas não sei o ano, o horário e o mês, por isso só conto essa história verdadeira. Quando terminaram de fazer o barco de bambu, colocaram na água e os jovens e adultos se pintaram para atravessar com as crianças, fazendo barulho, gritando para espantar as sucuris, ariranhas e os demais animais da água. Assim, eles atravessaram nos trazendo das antigas aldeias de Nõrõwede, Parawãdza'radzé e Wedetede.* (Raimundo Urébété Ai'réro, janeiro de 2017).

Em seus relatos, os narradores ainda comentam que, já próximo à missão salesiana, eles se depararam com posseiros que tentaram alvejá-los, visto que, nessa época, os Xavante ainda eram tidos como "selvagens" ou "índios bravos" — na terminologia utilizada, em certas partes do país, para designar os grupos indígenas ainda não contatados ou ainda não submetidos à tutela do Estado ou à ação de missionários. Sobre o episódio do ataque, Raimundo descreve:

> *Os brancos dali se reuniram contra nós para o ataque e nós percebemos que esse lugar era dos bandidos. Aí os Xavante sofreram um ataque e correram com as crianças, meninos e meninas, sem que ninguém guerreasse contra os brancos. Como minha mãe era uma grande guerreira, ela ficou, não quis fugir. Aí meu pai chamou a atenção dela: "— Vá! Leve as duas crianças!" Eu e meu irmão mais novo.* (Raimundo Urébété Ai'réro, janeiro de 2017).

Os narradores que migraram com suas famílias, em dois diferentes grupos, eram então crianças, jovens ou adolescentes. Alguns deles, contudo, chegaram a São Marcos e a Sangradouro em outras ocasiões, vindos de diferentes partes do território xavante em pequenos bandos.

Depois de vários dias de caminhada, nos quais os indígenas subsistiam caçando e coletando castanhas e frutos do cerrado, eles chegaram à casa do posseiro Manuel Gomes, ou Manuel Garcia.[81] Antes disso, os que participaram do segundo grupo de migrantes tentaram uma aproximação com os ocupantes das terras pelas quais passavam e foram atacados por um bando armado, comandado por um fazendeiro da região, conhecido como Alípio ou Alepão. Nesse ataque, nenhum Xavante foi ferido, talvez pela interferência de Manoel Gomes, um posseiro aparentemente instruído pelos padres salesianos para estabelecer o contato com os indígenas que porventura aparecessem na região. Esse episódio é narrado da seguinte maneira por Raimundo:

> Depois de algum tempo, meus pais perceberam que esse branco era bandido, nós também entendemos que ele era bandido, se chamava Alepão. Foi ele que juntou os brancos para fazerem esse ataque. Mais tarde, soubemos que o parceiro dele se chamava João da Mata. Esse João da Mata quase nos matou com mandioca brava, numa ocasião. Depois que fomos expulsos de lá, chegamos em outra fazenda, e lá fomos bem recebidos pelo Manoel Garcia. Se os filhos dele se lembrassem de nós e viessem aqui, eu os abraçaria junto ao meu peito, porque fomos muito bem recebidos pelo pai deles. Ele impediu que aqueles outros brancos continuassem a nos atacar. (Raimundo Urébété Ai'réro, janeiro de 2017).

Em atenção às recomendações dos padres salesianos — que solicitavam aos posseiros que lhes encaminhassem os índios com os quais eles se deparassem —, Manuel Gomes ofereceu presentes ao grupo, enviando-o, em seguida à Missão Salesiana de Meruri, para onde os índios foram, guiados por "Zé Goiano", um encarregado dos padres. O trajeto percorrido, da casa de Manuel Gomes à missão salesiana, é assim descrito por Tobias, que também acompanhou, com Daniel e Raimundo, os Xavante da segunda leva migratória:

> O Alípio quase acabou com a gente e quem nos salvou foi o Manoel Garcia, comprando remédio com o seu próprio dinheiro. O nome dele era Manoel Garcia, ele foi o salvador. E os padres mandaram alguém para lá, e esse era goiano, chegou até nós e nos levou até Meruri. No caminho, para matar a fome, os Xavante comiam o

---

[81] O sobrenome aparece, nos relatos, em ambas as versões, a depender do narrador.

> *coco de bocaiúva, porque era o tempo dessa fruta cair, era tsa'u'u,*[82]
> *e o goiano usava a faca dele para tirar a poupa e comer, e, por
> causa disso, como ele usou a faca para comer a poupa, os Xavante
> deram o nome para esse lugar como o do Goiano, onde está ali em
> cima, perto da aldeia Guadalupe. Então os padres nos reuniram
> e nos levaram, e nós chegamos no escuro, era muito frio, a gente
> andou dando a volta pela serra de noite, mesmo não conseguindo
> enxergar claramente, e dormimos no caminho.* (Tobias Tsere-
> nhimi'rãmi Tsere'õmowi, julho de 2017).

Daniel, que também acompanhou o grupo liderado por Ahöpöwẽ (o da segunda leva migratória), recorda-se dos primeiros contatos com os posseiros, nas proximidades Meruri, e com os padres, na missão salesiana. Em suas falas, ele enfatiza o protagonismo histórico dos Xavante de Parabubure que, diferentemente dos de Pimentel Barbosa, que foram contatados pelo SPI, estabeleceram, eles próprios, o contato com os não indígenas, tomando as primeiras iniciativas de aproximação e de domesticação dos "brancos". Assim, Daniel conta: *"Quem fez o primeiro contato? O nome dele é Tseredze, Ahöpöwẽ. Ele que contatou o homem branco. Como ele fez esse contato? Com a ajuda da flecha feita por Darã e Adupá"*[83]. (Daniel Tsi'õmõwẽ Wari, janeiro de 2017).

A aproximação com os "brancos", embora desejada, era também imprevisível e perigosa, já que, na época, era comum interpretar como ataque a simples presença de grupos de índios arredios, os chamados "índios bravos" ou não pacificados. Isso fazia com que os indígenas, muitas vezes, fossem alvejados, ao tentarem estabelecer algum tipo de aproximação com os ocupantes de pequenos vilarejos ou fazendas, no interior do país. Os primeiros contatos costumavam ser tensos, carregados de perigo para indígenas e não indígenas, que não compartilhavam a mesma língua e os mesmos códigos culturais. Essa incerteza aparece na fala de Celestino cuja família migrou, de Parabubure para Sangradouro, em um grupo diferente daqueles que inicialmente chegaram a Meruri. Assim o narrador conta:

> *O branco veio com uma arma de fogo no ombro. "— Ali, ele
> está vindo! O que nós vamos fazer?"" – Deixa ele vir até onde
> estamos para pegarmos ele." "- Não! Vamos lá conversar com ele."
> Eu pulei a cerca, meu cunhado veio e pulou atrás de mim, e os
> Xavante, quando viram, pularam também. Eu fiquei na frente*

---

[82] Tempo do inverno.

[83] Refere-se a um encantamento envolvendo o uso de flechas, realizado por dois homens xavante, cujos nomes eram Darã e Adupá, com o objetivo de amansar o "branco" e influenciar o contato com eles, tornando-o bem-sucedido.

> *dele e cercamos ele e o cachorro. Ele não tinha muitas coisas, ele era posseiro e vaqueiro, ele era empregado. "— Vamos lá conversar com ele, lá perto." E como eu não tinha contatado o homem branco nem uma vez, eu agi assim só com a coragem. Eu atravessei o rio antes de todo mundo, o meu cunhado me falou para esperar, mas eles demoravam muito. (Celestino Tsereróm'õ Tseredzéré, julho de 2017).*

Após a chegada de duas levas migratórias a Meruri, os Xavante de ambos os grupos começaram a desentender-se e a entrar em conflito entre si e com os Bororo. Em decorrência disso, o primeiro grupo foi enviado à missão salesiana de São José de Sangradouro, enquanto os demais, os que chegaram no segundo bando migratório, permaneceram em Meruri, até serem instalados em São Marcos, onde foi fundada uma nova missão salesiana. Sobre os desentendimentos ocorridos, em Meruri, entre os dois grupos vindos de Parabubure, Daniel conta: *"Eles [os Xavante da primeira leva migratória] chegaram antes de nós em Meruri, mas como os Xavante não sabiam como conviver um com o outro, foram embora para Sangradouro. E nós aqui ficamos"*. (Daniel Tsi'õmõwẽ Wari, janeiro de 2017).

O grupo transferido para a missão salesiana de São José de Sangradouro passou a viver em companhia dos padres salesianos e dos índios bororo que se encontravam aldeados nas duas missões (Meruri e São José de Sangradouro), enquanto os Xavante oriundos do segundo bando foram, em 1958, alocados na recém-criada Missão Salesiana de São Marcos. As disputas entre ambos os grupos, que levaram à sua separação em duas diferentes terras, são explicadas por Raimundo:

> *Os padres deram um saco de farinha para o nosso líder [para Ahöpöwẽ]. Os que vieram de Parabubure[84] também queriam um saco de farinha, mas não receberam. Como nós, o povo xavante, somos ignorantes e teimosos, o grupo de Parabubure deu uma flechada no cavalo, que era o animal de estimação dos padres, e o cavalo morreu. A partir daí, o padre, junto com os Bororo... deu uma confusão, quase deu uma guerra com os Xavante. Para não acontecer a guerra, fomos separados. Uns foram para Sangradouro, onde também viviam os Bororo misturados com os brancos, e nós viemos para cá, para um lugar chamado Córrego Fundo, Pa'rehö, na nossa língua. Ali construímos as casas junto com os padres, e eles fizeram uma casa para o nosso líder, como se fosse a casa deles. Os demais fizeram casas tradicionais xavante. A casa do*

---

[84] Em realidade, ambos os grupos vinham da região de Parabubure, embora pertencessem a comunidades diferentes.

> *nosso líder foi feita no modelo dos brancos, bem no centro da aldeia, porque ele era o líder incontestável.* (Raimundo Urébėté Ai'réro, janeiro de 2017).

Nessa época, também foram frequentes os conflitos com os Bororo, inimigos tradicionais dos Xavante, que, a contragosto, tiveram de dividir suas terras e a assistência dos missionários com os recém-chegados, que consideravam ainda selvagens. No final do século XIX, os Bororo foram contatados pelos não indígenas e, desde 1894, eram assistidos pelos missionários salesianos. Em meados da década de 1950, portanto, eles já interagiam, há décadas, com os "brancos", enquanto os Xavante eram recém-contatados, visto que, somente em 1946, um grupo de indígenas de Pimentel Barbosa estabeleceu as primeiras interações com não índios e, entre os Xavante de Parabubure, isso ocorreu apenas em 1957.

A chegada dos Xavante nas terras de seus inimigos do passado foi marcada por desentendimentos entre os dois povos, embora sem resultar em conflitos graves, conforme a recordação de Daniel: *"Quando chegamos em Meruri, os Bororo também eram inquietos, brigavam com os Xavante, com os jovens Ētēpa".* (Daniel Tsi'õmõwẽ Wari, janeiro de 2017).

Esse período inicial de convivência com os padres e os Bororo, em que os Xavante tentavam adaptar-se à sua nova realidade, em um novo território, também é descrito por Osana, que chegou em Meruri junto do primeiro grupo de migrantes xavante. Segundo o narrador:

> *E nós fizemos o contato com os padres, só existiam os Bororo com eles, em xavante é Hunhi'ru. Eram eles que moravam com os padres, e nós que chegamos daqui [de Parabubure] não morávamos com eles. Circulamos por ali porque não sabíamos para onde ir, e os Bororo não gostavam de nós, somos inimigos deles desde o passado.* (Osana Tõmõtsu, dezembro de 2016).

Maldi (1998) explica que o território é uma representação coletiva, uma forma de ordenar o espaço. É pelo fenômeno da representação que o espaço é transformado em território e apropriado por grupos humanos, que constroem suas identidades a partir de uma base territorial (MALDI, 1998).

O fenômeno da desterritorialização frequentemente vem acompanhado de trauma e sofrimento, por situações de carência de lar que podem perdurar por gerações, mas também pelo desejo, por parte dos desterritorializados, de fixar raízes mediante um processo de reterritorialização (LITTLE, 1994). Segundo Little (1994), os grupos que se deslocam costumam tentar uma relocalização no espaço, em um processo de ajustamento ao novo local, o que exige uma recriação da memória. O autor também afirma que, assim como ocorre com as memórias individuais, "[...] as memórias espaciais de um grupo também mudam quando suas condições existenciais e sua localização sofrem mudanças radicais". (LITTLE, 1994, p. 13).

Little (1994) classifica as migrações em vários tipos, de acordo com a sua motivação. Entre elas está a chamada migração grupal reativa, que ocorre em resposta a pressões externas, quando um grupo migra para uma nova localidade, a fim de ali se reagrupar, fugindo de fatores exógenos que dificultam a sua existência em suas terras de origem. O autor menciona que esse tipo de migração ocorre em diversos pontos de pressão demográfica pelo mundo, como resultado da expansão colonialista e imperialista, que faz com que diferentes povos deixem suas terras para se reunirem em outros locais, construindo, por vezes, um novo grupo étnico (LITTLE, 1994). A migração dos Xavante de Parabubure — que abandonaram suas terras de origem, onde se encontravam cercados, para se dirigirem a Meruri, em busca refúgio — pode ser classificada como um exemplo de migração grupal reativa.

A migração grupal reativa frequentemente decorre de outro tipo de migração, denominada por Little (1994) como migração colonizadora. Nesse tipo de migração, há a construção de uma memória coletiva espacial centrada na noção de fronteira, percebida como um espaço geográfico com pouca densidade demográfica, "[...] onde as virtudes pioneiras e as práticas agrárias são exaltadas, as custas das memórias espaciais dos habitantes originários da região". (LITTLE, 1994, p. 13).

Little (1994) pontua que esse tipo de memória carrega um forte sentido de futuro, de distância, de contingência e de movimento, visto que as áreas de fronteira são percebidas como espaços virgens, vazios e longínquos, que devem ser conquistados, "pacificados" e abertos à colonização — pensada como um processo civilizatório, que implica uma grande transformação do ambiente e da paisagem.

As territorialidades produzidas pelas migrações colonizadoras caracterizam-se por sucessivas tentativas de sobrepor-se às territorialidades nativas, em uma disputa pela apropriação do espaço (LITTLE, 1994). Essas tentativas de imposição de uma territorialidade exógena (promovida por representantes de levas migratórias colonizadoras que começaram a chegar à região do Rio das Mortes a partir da década de 1930) são mencionadas nas falas dos narradores, como é possível observar no trecho seguinte, retirado do relato de Celestino, no qual ele diz: *"Vocês fundaram as cidades de vocês nas nossas terras"*. (Celestino Tsereróm'õ Tseredzéré, dezembro de 2016).

As diferentes formas de territorialização histórica estão, portanto, na origem de lutas pelo espaço geográfico, que é objeto de disputa. Essas territorialidades divergentes evocam distintas memórias coletivas, que são utilizadas para legitimar as reivindicações de cada grupo à terra e aos seus recursos (LITTLE, 1994).

No Mato Grosso, os fazendeiros costumam referir-se aos títulos registrados em cartórios locais para legitimar a posse e a propriedade das terras e, assim, justificar suas formas de territorialidade, caracterizadas, principalmente, pelo plantio de monoculturas e pela criação de gado. Já os Xavante remetem-se à anterioridade de sua presença na região do Rio das Mortes, evocando o período histórico do pré-contato, quando os "brancos" e tudo aquilo que, para os Xavante, caracteriza-os não eram conhecidos. Dessa forma, os narradores buscam demonstrar como suas formas de ocupação do território foram interditadas para dar lugar à ocupação não indígena, que transformou radicalmente o meio ambiente e a paisagem.

Ao recordar-se das alterações no espaço geográfico ocupado pelas comunidades xavante no passado, transformado pela interferência de uma sociedade exógena, Daniel exorta aqueles que continuam cobiçando as terras indígenas, lembrando-os do quanto já destruíram dessas terras onde, no passado, viviam os Xavante: *"Vocês têm que parar com isso, já acabaram com toda a terra e hoje só tem terra desmatada e pastos de vacas"*. (Daniel Tsi'õmõwẽ Wari, janeiro de 2017).

CAPÍTULO 5

PROCESSOS DE DEMARCAÇÃO DE TERRAS XAVANTE: CONFLITOS E LUTAS INDÍGENAS NA DÉCADA DE 1970

5.1 São Marcos

Nas décadas de 1950 e 1960, os Xavante enfrentaram ataques violentos, exílio, doenças e decréscimo populacional, buscando proteção, atendimento médico e acesso a bens industrializados nas missões religiosas e em postos do SPI. Os Xavante de Marãiwatsédé foram forçados, por fazendeiros, missionários e funcionários do SPI, a mudarem-se das terras que habitavam no período do pré-contato, enquanto as comunidades de Nõrõtsu'rã e Onhi'udu fugiram para as missões salesianas dos ataques promovidos por expedições punitivas e das epidemias.

Em São Marcos e Sangradouro, grupos xavante de diferentes facções e localidades passaram a viver à sombra dos padres salesianos. Os primeiros indígenas a estabelecerem-se em São Marcos foram os Xavante de Couto Magalhães e Culuene (Nõrõtsu'rã e Onhi'udu, respectivamente), que para lá foram levados pelos missionários, em 1958, após dirigirem-se a Meruri.

Os narradores, que chegaram em São Marcos nessa ocasião, recordam-se dos primeiros tempos em que deixaram Meruri para se estabelecerem em uma nova terra, onde passaram a viver sob a supervisão dos religiosos. Assim, Raimundo conta:

> Tivemos o apoio dos padres de Meruri, as irmãs [as freiras] vinham nos visitar. Eles vinham de cavalo e de carro, antigamente o carro era um jipe antigo. Eles traziam balas e outras coisas. [...] Os jovens adolescentes ficaram em Meruri estudando junto com os Bororo. Mas os jovens xavante e bororo brigavam uns com os outros. Então os jovens adolescentes xavante Abare'u e Ẽtẽpa foram expulsos de lá e trazidos para cá pelos padres, onde hoje aqui é São Marcos, o nosso novo lugar. Aqui estão as casas em volta, onde fomos trazidos, onde foi fundada a aldeia. E hoje, por

causa dos brancos, sabemos a data, o mês e o ano. Em 25 de abril de 1958 foi fundada essa aldeia. No final do período das chuvas, fomos trazidos para cá pelos padres. Em 25 de abril comemoramos essa fundação, lembramos da nossa chegada e hoje fazemos isso sempre. Foi assim a nossa trajetória e a fundação desse lugar. (Raimundo Urébété Ai'réro, janeiro de 2017).

Os narradores também recordam-se da convivência com os primeiros padres que se estabeleceram na missão em São Marcos, ainda no período inicial de construção da aldeia. Conforme Tobias: *"O primeiro a chegar em Ētēdzutséréhi [São Marcos] foi o padre Pedro, logo depois o padre Mário chegou e ele fez muita coisa. Faziam roça bem grande em Ētēdzutséréhi, com mandioca, milho, abóbora e faziam farinha de mandioca".* (Tobias Tserenhimi'rãmi Tsere'õmowi, julho de 2017).

Em 1961, um grupo xavante de Pimentel Barbosa também se fixou em São Marcos, juntando-se àqueles que tinham chegado em 1958. Depois de três anos, chegaram outros 80 indígenas, originários de Onhi'udu, mas que então vinham de Batovi (Terra Indígena Marechal Rondon), para onde tinham anteriormente migrado. A chegada desse grupo é assinalada por Daniel: *"[...] por último, chegou aqui a turma de Marechal Rondon".* E acrescenta, lembrando a Wellington que seu avô, José Tsõrõpré, chegou a São Marcos junto desse último grupo:

> Foi de lá [de Batovi, atual Terra Indígena Marechal Rondon] que chegou o grupo para cá, era o meu sogro, José Tsõrõpré [avô de Wellington]. Como ele já falava o português, quando foram para a cidade, pediram a demarcação para o presidente, eu não sei o nome dele. (Daniel Tsi'õmõwẽ Wari, janeiro de 2017).

Em 1966, os Xavante de Marãiwatsédé foram levados, em aviões da FAB, até São Marcos, em atendimento às solicitações dos proprietários da fazenda Suiá-Missu, que disputavam com os indígenas as terras onde a fazenda tinha se instalado (GARFIELD, 2011). Embora muitos Xavante de Marãiwatsédé tenham abandonado São Marcos, pouco tempo depois de sua chegada, devido à epidemia que os atingiu, outros tantos ali permaneceram, passando a integrar a comunidade. Nas palavras de Osana: *"Ainda tem muitos em São Marcos que não foram embora para Marãiwatsédé, por isso lá [São Marcos] é uma mistura. Ficaram, eu não sei por quê, talvez também por medo".* (Osana Tõmõtsu, dezembro de 2016).

Segundo Garfield (2011), em 1969, São Marcos era habitado por 798 indígenas, que, nessa ocasião, correspondiam a 37% da população xavante.

Em Sangradouro, nesse mesmo ano, viviam 367 indígenas, ou seja, 17% da população xavante. De acordo com o autor, a soma das populações de ambas as reservas,[85] vivendo junto nas missões salesianas, era mais da metade da população xavante, então estimada em 2.160 índios, que se encontravam vivendo fora do seu antigo território, nesse período.

Embora, no período inicial da "pacificação" xavante, o SPI tenha se manifestado de forma contrária à atuação de missionários com os indígenas, ele passou a admitir a utilidade do trabalho realizado pelos padres na contenção da violência interétnica, na promoção do desenvolvimento dos sertões de Mato Grosso e, principalmente, na redução dos gastos dispendidos com os indígenas pelo órgão que, constantemente, encontrava-se enredado em problemas financeiros (GARFIELD, 2011).

Tal como ocorreu com o SPI, a Funai contava com escassos recursos, o que afetava suas ações, incluindo as demarcações de terras indígenas (GARFIELD, 2011). Como se não bastassem os problemas financeiros, o órgão indigenista ainda atuava, de forma ambígua e contraditória, em sua tarefa de salvaguardar os interesses indígenas, e, na prática, muitas vezes, agiu contra esses interesses, conforme se depreende da emissão indiscriminada, para particulares, de certidões negativas atestando a inexistência de índios em terras sabidamente por eles ocupadas no Mato Grosso (GARFIELD, 2011). De acordo com Garfield (2011, p. 237):

> Em 1971, a Funai emitiu uma certidão negativa para uma fazenda, a Cristalina Agroindustrial Ltda., localizada na região de Couto Magalhães-Culuene, território Xavante no período pré-contato (Em 1970, em apenas cinco meses, a Funai emitiu 150 certidões negativas em toda a Amazônia Legal).

Maybury-Lewis (1984, p. 45) enfatiza que "A posse da terra é a questão central do problema indígena no Mato Grosso", visto que, ao longo das décadas de 1950, 1960 e 1970, a especulação sobre a terra foi a principal atividade econômica do estado, o que dificultava a proteção dos direitos territoriais indígenas.

Em 1952, o presidente Getúlio Vargas enviou ao Congresso um projeto de lei que propunha a criação de uma grande reserva indígena no noroeste

---

[85] De acordo com o art. 26 do Estatuto do Índio (Lei n.º 6.001/73), as áreas reservadas são aquelas estabelecidas em qualquer parte do território nacional e destinadas à posse, à ocupação e ao usufruto exclusivo dos índios. No referido Estatuto, áreas reservadas estão divididas em três modalidades: reserva indígena, parque indígena e colônia agrícola. As áreas reservadas não são as de ocupação originária, ou aquelas definidas pela Constituição federal de 1988 (art. 231) como terras tradicionalmente ocupadas.

do Mato Grosso. O intuito da proposta era agrupar, em uma única área, vários povos indígenas ameaçados com a expansão das frentes pioneiras e de colonização sobre suas terras, de modo a evitar o seu extermínio resultante de conflitos fundiários. O projeto, contudo, não foi inicialmente aprovado. Somente em 1961 foi promulgada a lei que criava o Parque Nacional do Xingu, com uma área reservada aos índios bem menor que aquela originalmente proposta (MAYBURY-LEWIS, 1984).

A demarcação do Parque Indígena[86] do Xingu significou um rompimento com a antiga lógica de demarcações de diminutas terras pelo SPI, que funcionavam, sobretudo, como reservas de mão de obra. Nessa época, vigorava o entendimento de que os índios seriam gradualmente assimilados à sociedade nacional e transformados em trabalhadores rurais. Sendo assim, a demarcação de grandes áreas para comunidades indígenas parecia desnecessária, visto que o seu destino era desaparecer.

A demarcação do Parque Indígena do Xingu representou, portanto, uma ruptura com essa lógica aplicada às pequenas reservas demarcadas pelo SPI, ao destinar para diferentes povos indígenas uma grande extensão de terras (2,8 mil hectares), no estado de Mato Grosso. Apesar do ineditismo da proposta, o Parque Indígena do Xingu não foi, contudo, poupado das intervenções conduzidas pelos governos militares, que construíram a rodovia BR-080 entre Nova Xavantina e Serra do Cachimbo, atingindo, em cheio, os índios Tuxukahamãe estabelecidos no Parque, que passaram a sofrer com doenças e mortes trazidas pela rodovia (PACHECO DE OLIVEIRA; ROCHA FREIRE, 2006).

Na segunda metade da década de 1960, o Brasil já era governado por militares, que buscaram fomentar a modernização agrícola e o povoamento das fronteiras a oeste do país, a fim de garantir a sua integração e a segurança nacional. A criação de áreas reservadas aos índios era uma forma de limitar o espaço de ocupação das comunidades, concentrando-as em parcelas de terras reduzidas, de modo a liberar o restante à colonização. Dessa forma, os governos acreditavam proteger as reivindicações dos detentores de títulos, evitando conflitos entre eles e as comunidades indígenas (GARFIELD, 2011).

Ao criar postos indígenas e áreas reservadas, o Estado, representado pelo órgão tutor, a Funai, excluía os indígenas, ao segregá-los em áreas restritas, ao mesmo tempo que os incluía em uma rede nacional de vigilância e controle, ligada a um centro de poder. A questão não residia, portanto,

---

[86] Com a criação da Funai, em 1967, o Parque Nacional foi substituído por Parque Indígena.

no reconhecimento de um território próprio destinados aos índios — em decorrência de sua identidade etnicamente distinta, ainda que em permanente transformação, especialmente em decorrência das situações de interação com uma população nacional e com os poderes do Estado —, mas na sua inserção em um sistema de controle operado em escala nacional, sob a vigilância de um corpo de especialistas encarregados de cada uma dessas comunidades (SOUZA LIMA, 2012). Nas palavras de Souza Lima (2012, p. 802-803):

> O melhor produto da dinâmica tutelar foi, talvez, a figura administrativa das *reservas indígenas*, i.e., pequenas porções de terra reconhecidas pela administração pública, através de suas diversas agências, como de posse de índios e atribuídas, por meios jurídicos, ao estabelecimento e à manutenção de povos indígenas específicos. Sob a gestão do SPI e também da Funai, e até tempos muito recentes, as *reservas indígenas* foram definidas às custas de processos de alienação de dinâmicas internas às coletividades indígenas, e passaram a compor parte de um sistema progressivamente estatizado de controle e apropriação fundiária que se procurou construir como de abrangência nacional. Sua finalidade era disciplinar o controle e a utilização das terras, essencialmente pela tentativa de fiscalização da circulação dos povos pelos seus territórios tradicionais, ao mesmo tempo mediando sua mercantilização, aplicando-lhes sistemas de registro e cadastramento (procedimento que não se impôs sem conflitos entre as inúmeras agências de governo, e que até hoje é insuficiente) idealmente centralizados. As *reservas* foram também modos de concentrar e estatizar riquezas (terras para agricultura, pecuária e extração de minerais, florestas para extração de madeiras, borracha, castanha etc.) que a administração tutelar manteve para exploração direta ou indireta (por exemplo, pelo arrendamento) sempre em suposto benefício dos indígenas e utilizando seu trabalho.

A intervenção dos governos militares na burocracia federal e na edição de leis que afetavam as relações socioeconômicas na região amazônica, ampliou o controle federal sobre as terras indígenas. Reivindicadas pelos governos estaduais como devolutas, as terras indígenas passaram a ser geridas pelo governo central, que, ao chamar para si a atribuição de reservar as áreas destinadas aos índios, limitou o poder das elites locais. Na perspectiva dos governos militares, essas terras deveriam, contudo, ser reduzidas ao mínimo, ainda que isso significasse ignorar as reivindicações territoriais indígenas (GARFIELD, 2011).

Nas regiões em que a ação tutelar e pacificadora do SPI fez-se sentir, o valor da terra aumentou significativamente. Na medida em que essas terras, antes dominadas pelos indígenas, eram inseridas em um mercado de terras, após a atuação do SPI, elas se integravam à economia do país, sem que, para isso, fossem necessários o investimento tecnológico e o incremento em sua produtividade.

Para a implantação de empreendimentos na região amazônica, os governos desenvolvimentistas dos militares encarregaram-se de obter empréstimos de instituições internacionais de crédito, como o Banco Mundial e o Banco Interamericano de Desenvolvimento (GARFIELD, 2011). Com o dinheiro dos empréstimos, fronteiras foram abertas, a oeste do país, o que levou milhares de famílias, de várias partes do Brasil, a deslocarem-se para Acre, Rondônia e Mato Grosso (MENEZES, 1982).

Os investimentos externos e o estímulo à produção e à regularização de cadastros rurais de terras não coibiram, contudo, as disputas pela terra na Amazônia, que vinham sempre acompanhadas por conflitos violentos, os quais atingiam indígenas e não indígenas (GARFIELD, 2011).

A partir da segunda metade da década de 1960 e durante a década de 1970, o município de Barra do Garças, onde está situada a Terra Indígena São Marcos, teve um expressivo crescimento econômico e populacional, sendo beneficiado por um grande volume de recursos de programas governamentais, como o Proterra. Esses recursos foram predominantemente destinados ao setor agropecuário, o que permitiu a implantação de empreendimentos rurais, a criação de projetos fundiários e o fomento de um novo polo econômico na região (MENEZES, 1982).

Os benefícios fiscais concedidos a investidores privados também atraíram pequenos produtores gaúchos e catarinenses, assim como empresas do Sudeste do país, que passaram a adquirir terras no leste do Mato Grosso, inserindo-as no mercado especulativo rural (MENEZES, 1982).

O adensamento gerado pela colonização impactou a vida dos Xavante, confinando-os em áreas cada vez menores, insuficientes para sua subsistência. Ante tal situação, os indígenas dos postos e das missões passaram a engajar-se em lutas pela recuperação de suas terras, notadamente a partir da década de 1970 — embora, em regiões como Couto Magalhães (Nõrõtsu'rã), as reinvindicações territoriais dos Xavante tenham começado cerca 10 anos antes, com os indígenas denunciando que suas terras tinham sido vendidas a particulares pelo governo do estado de Mato Grosso (MENEZES, 1982).

De acordo com Menezes (1982, p. 70), "Os atritos entre índios, fazendeiro e moradores se intensificaram na medida em que eram dados os primeiros passos no sentido de legalizar a posse indígena". Sedentarizados em postos da administração oficial e nas colônias missionárias, os Xavante frequentemente viam-se enredados nesses embates. Para assegurar as terras em que viviam e recuperar partes daquelas que tinham perdido, eles passaram a organizar-se em torno de um movimento de reivindicação pelas demarcações de terras (MENEZES, 1982).

Embora os governos militares não tenham hesitado em remover povos indígenas de suas terras originárias para disponibilizá-las para a extração de minérios ou para a construção de estradas e barragens, entre outros empreendimentos, os Xavante não foram submetidos a novas remoções, como aquela que atingiu a comunidade de Marãiwatsédé. Segundo Garfield (2011), as pressões internas e externas sobre o governo brasileiro acabaram por forçar uma ação voltada para as demarcações das terras indígenas, dando, aos Xavante, uma perspectiva de recuperação e defesa de seus territórios.

Em 1969, as reservas xavante de Areões, Pimentel Barbosa e Couto Magalhães foram demarcadas, mas a área oficialmente reconhecida era apenas um pequena extensão das terras originalmente ocupadas pelos Xavante, no passado, persistindo os motivos dos conflitos entre indígenas e fazendeiros.

Os Xavante afirmavam que as áreas reservadas eram insuficientes, enquanto os fazendeiros alegavam que as reservas indígenas tomavam terras "produtivas" de particulares. Ante as insatisfações e impossibilidade de consenso, o decreto que estabelecida os limites dessas terras foi revogado, cerca de um mês depois de sua publicação, sob a justificativa de que novos limites seriam estabelecidos para as demarcações (GARFIELD, 2011).

Os indígenas passaram a pressionar o Estado para que ampliasse suas terras, recusando o confinamento em pequenas porções de seu antigo território. Para isso, eles não apenas continuaram a usar de suas conhecidas táticas de enfrentamento, pautadas em uma violência simbólica — a qual se traduziu na depredação do patrimônio de particulares instalados em suas terras —, como também passaram a apropriar-se de expedientes que caracterizavam o sistema político brasileiro, mas que eram estranhos à sua cultura. Ao se utilizarem das brechas legais encontradas nesse sistema, que garantiam aos índios alguns direitos, e ao adotarem novas formas de comunicação e expressão aprendidas durante o período de convivência com os "brancos", os Xavante buscavam manter o controle de suas terras e garantir algum bem-estar socioeconômico para suas comunidades (GARFIELD, 2011).

Depois do contato interétnico, todas as comunidades indígenas perderam terras e autonomia. Sob a tutela dos não índios, os Xavante foram submetidos a padrões disciplinares que interferiam em suas antigas práticas socioculturais e que tinham por objetivo substituí-las por novas práticas, oriundas de uma cultura exógena (GARFIELD, 2011). O contato interétnico, ao longo das décadas de 1950 e 1960, não trouxe, contudo, apenas experiências de submissão para os indígenas, mas também de interlocução com os "brancos", o que contribuiu para fortalecer sua consciência política (GARFIELD, 2011).

O aprendizado da língua portuguesa e o contato com novas formas de representação e mobilização política forneceram, aos indígenas, o instrumental necessário para a retomada das lutas pelo controle de suas terras. Por meio de uma adaptação seletiva, eles conseguiram manter suas instituições e sua estrutura sociocerimonial, ao mesmo tempo que recorriam às estratégias de luta aprendidas após o contato interétnico, visando assegurar seus direitos (GARFIELD, 2011). Garfield (2011, p. 245) assinala:

> Viajando para a capital do país pelas mesmas estradas construídas para a apropriação de seu território, os líderes indígenas chegaram a confrontar os representantes do governo. Em suma, com a mesma determinação, pompa e a cobertura dos meios de comunicação, os Xavante inverteram a peregrinação conduzida por Getúlio Vargas, que lançara sobre eles a atenção nacional. Com destino a Brasília, o "verdadeiro senso de brasilidade" para os Xavante estava na Marcha para o Leste.

Garfield (2011, p. 198) ressalta ainda que "Um componente-chave nessa estratégia implicava a aplicação de práticas 'tradicionais' a serviço da mudança sociocultural". Para recuperar suas terras e sua autonomia, mantendo o acesso aos bens industrializados, os Xavante também apropriaram-se de uma nova identidade genérica, a de índios, adotando, quando lhes convinha, comportamentos adaptados aos cenários interétnicos. Dessa forma, eles expandiram seu repertório político, "[...] adaptando, retrabalhando ou inventando tradições culturais". (GARFIELD, 2011, p. 207).

Ao longo da história do Brasil, o termo "índio" foi, muitas vezes, utilizado de forma negativa para definir as populações nativas, pensadas não apenas como diferentes da sociedade nacional, mas também como inferiores a ela, devido ao seu estágio de desenvolvimento, considerado "primitivo". A partir da década de 1970, com a consolidação do movimento indígena, o termo "índio" passou a ser utilizado pelos próprios indígenas para afirmar uma identidade de oposição aos "brancos", para indicar sua condição de povos nativos específicos, portadores de direitos (RAMOS, 1990).

Ramos (1990) pontua que diferentes povos indígenas, engajados na arena política, lutavam por uma causa comum, o que os congregava em torno de um sentimento de "indianidade". Embora cientes de suas distinções étnicas, o movimento indígena promoveu a criação de uma comunidade gerada a partir de reivindicações e vivências semelhantes, que possibilitaram a construção de uma dupla identidade: a de índios, quando colocados diante dos chamados "brancos", e a de povos etnicamente diferenciados, portadores de tradições específicas, diferentes das de outros povos indígenas. Ao referir-se às estratégias de luta adotadas pelos Xavante, Garfield (2011, p. 208) explica:

> A educação cívica e o português, material fornecido pelas elites para cimentar o consenso, seriam transformados pelos líderes Xavante em uma língua de protesto contra os abusos de poder do Estado. O povo Xavante, que havia incorporado a figura do índio "tradicional", emergiu na arena política brasileira com atos de mobilização e protesto. Para os Xavante, tornar-se brasileiro e tornar-se índio significou não só o banimento territorial e a dominação sociocultural, mas também a abertura de um novo campo de luta. Como "brasilíndios", os Xavante enfrentaram um clima político transformado pela ditadura militar e uma paisagem natural modificada pelos investimentos corporativos, pela colonização e pela degradação ambiental.

Ao longo da década de 1970, os Xavante passaram a adotar atitudes cada vez mais ousadas para recuperar seus antigos territórios. Para ampliar suas terras e expulsar os ocupantes não indígenas, eles recorreram tanto às suas antigas práticas, caracterizadas por uma belicosidade performatizada, quanto às formas de mobilização política recentemente aprendidas, que incluíam protestos organizados e a formação de parceria com agentes externos, dispostos a apoiar as demandas indígenas (GARFIELD, 2011).

Na rotina das lideranças xavante, passou também a ser comum a participação em reuniões com autoridades, em Brasília, as quais, durante esses encontros, eram pressionadas a atender as reivindicações fundiárias indígenas. Essas reuniões eram, muitas vezes divulgadas, pela imprensa, conforme é possível observar em matéria denominada "Conversa com ministro acalma cacique xavante", publicada pelo jornal *O Globo*, em 12 de outubro de 1973, encontrada na folha 52 do Processo NI-MIA-BSB N.º 11.367, sob a guarda da Funai. A matéria narra um encontro entre o então ministro do Interior, Costa Cavalcanti, e o cacique Ahöpöwẽ, recebido no gabinete do ministro, em Brasília, para reivindicar a demarcação das terras de São Marcos e a expulsão de posseiros que ali se encontravam.

Nesses encontros, vistos pelos Xavante como ocasiões solenes, as lideranças indígenas costumavam apresentar-se paramentadas com suas pinturas e seus adereços tradicionais. Adotando uma performatização bastante semelhante àquela utilizada em suas reuniões nos conselhos de anciãos, os Xavante impressionavam seus interlocutores, o que se revelou bastante eficaz no alcance de seus objetivos.

Tobias, que chegou a confeccionar adereços utilizados pelas lideranças que se reuniam com as autoridades em Brasília para reivindicar a demarcação de São Marcos, assim conta:

> [...] eu fiz para eles alguns cocares sob a iluminação do fogo e eles tinham muitas penas, quando os Xavante ainda conseguiam matar as araras para eles levarem os cocares de pena e usarem lá. Neto [referindo-se a Wellington], isso era para pedir a demarcação, que eles foram e ficaram ansiosos. E eles voltaram com o documento e, quando voltaram com o documento, o povo ficou muito entusiasmado. (Tobias Tserenhimi'rãmi Tsere'õmowi, julho de 2017).

O abate do gado, a invasão, o saque, o incêndio às fazendas e o bloqueio de estradas também estiveram entre as táticas adotadas pelos Xavante para intimidar os "brancos" que ocupavam suas terras originárias ou as reservas que, então, eram-lhes destinadas. Incrédulos quanto à capacidade de organização e iniciativa dos indígenas, fazendeiros e posseiros atribuíam a revolta xavante à influência exercida pela Funai e pelos missionários sobre eles, exigindo providências do governo para contê-los (GARFIELD, 2011).

A situação de tensão entre indígenas e não indígenas, decorrente de disputas fundiárias, é também narrada em processos administrativos da Funai, pesquisados no Núcleo de Documentação da Diretoria Territorial do órgão. No Processo NI-MIA-BSB N.º 11367, folha 48, consta uma matéria, publicada em 1º de setembro de 1973, pelo jornal *O Globo*, denominada "Xavantes podem criar confederação para expulsar invasores". Segundo a matéria, técnicos da Funai estariam preocupados com uma possível união entre os Xavante de diferentes terras indígenas para expulsar os posseiros dessas terras, referindo-se a essa articulação como sendo uma "confederação xavante".

Na folha 54 do mesmo processo, consta ainda uma matéria de 26 de outubro de 1973, também publicada pelo jornal *O Globo*, denominada "Estado de alerta na reserva xavante: há perigo de guerra". Nela, somos informados sobre as tensões e os conflitos interétnicos em Sangradouro, resultantes dos trabalhos da Funai de fixação dos marcos demarcatórios dos limites das terras destinadas aos indígenas. De acordo ainda com a matéria, trabalhadores encarregados da demarcação e indígenas estariam sendo ameaçados por posseiros e um conflito sangrento era iminente.

Os embates que marcaram a história das demarcações xavante são constantemente mencionados pelos narradores, como é o caso de Tobias, que descreve, da seguinte maneira, um episódio ocorrido em São Marcos, nessa época. Segundo o narrador,

> [...] a terra era cercada de fazendas, onde está hoje a comunidade de São Marcos, e temos hoje aldeias nesse território. A terra tinha muitas vacas e o grupo Abare'u ajudou nesse trabalho de transição. Um gaúcho, mesmo muito bravo, eles tomaram um revólver dele, onde está hoje a aldeia Guadalupe, quase estrangularam o pescoço dele com o cinto longo que ele usava. Ele, por medo, gritava. Foi assim que aconteceu, e por causa disso saiu a demarcação. (Tobias Tserenhimi'rãmi Tsere'õmowi, julho de 2017).

As estratégias desenvolvidas pelos Xavante durante as lutas pela demarcação de suas terras incluíram episódios de violência, utilizados politicamente pelos indígenas para endossar suas reinvindicações. Esses episódios contrastam com a passividade atribuída aos povos indígenas na historiografia, inclusive por autores consagrados, como Gilberto Freyre, Sérgio Buarque de Holanda e Caio Prado Júnior, que, em suas obras, destacaram a apatia e a incapacidade dos indígenas, especialmente para os trabalhos agrícolas mais constantes (COELHO, 2007).

Desde o século XIX, a participação indígena na historiografia do país restringiu-se a suas contribuições culturais, a aspectos do folclore e a certos hábitos domésticos e algumas práticas agrícolas. Ao serem tratados como ingênuos e passivos, como meras vítimas dos colonizadores, sua condição de agentes históricos foi escamoteada e, apenas eventualmente, recuperada pelas menções a episódios pontuais de resistência às investidas europeias, vistos, ainda assim, como mera reação a uma vontade externa (COELHO, 2007).

Os relatos dos narradores sobre como, estrategicamente, os Xavante criaram um clima de medo entre os colonos, para pressionar pela demarcação das terras por eles reivindicadas, são, contudo, reveladores de uma grande capacidade de ação, que rompe a imagem de povos pacíficos, dóceis e assujeitados, comumente difundida sobre os indígenas.

Em 1972, foram oficialmente criadas as Reservas Xavante de Sangradouro e de São Marcos. Nessa mesma data, foram tomadas as providências para demarcar as terras de Pimentel Barbosa e Batovi. As áreas reservadas o foram, contudo, apenas no papel, já que ainda restava fixar os marcos físicos em seus limites e remover os ocupantes "brancos" instalados nessas terras (GARFIELD, 2011).

Os primeiros atos administrativos demarcatórios foram recebidos com grande insatisfação por fazendeiros e empresários da região, especialmente por aqueles cujas terras estavam inseridas no perímetro das reservas indígenas, motivando atitudes de represália contra os Xavante e seus apoiadores (MENEZES, 1982). Sobre esse período da história xavante, Sílvio conta: *"E os brancos desciam no avião, ali onde ainda está o curral, ali os brancos chegavam de avião. Eles chegavam com armas de fogo para defender a terra".* (Sílvio Tsipe 'Rãirãté, julho de 2017).

Segundo Menezes (1982), as estratégias adotadas por esses atores, para impedir as demarcações das terras indígenas, envolveram denúncias falaciosas em meios de comunicação e veículos de imprensa, a cooptação de lideranças indígenas, o fomento de conflitos e divisões entre as comunidades xavante e o uso da influência pessoal para coagir órgãos governamentais e aparelhos de repressão a trabalharem contra os interesses dos índios. Nas palavras da autora, "Participaram da campanha vários políticos envolvidos na questão, na qualidade de proprietários e por interesses eleitorais e econômicos". (MENEZES, 1982, p. 71).

Ainda sobre os embates entre indígenas e fazendeiros, decorrentes da disputa pela terra, na região de São Marcos, consta, nas folhas 247 e 248 do Processo FUNAI/BSB N.º 1137-82, um relatório de viagem de agentes da Polícia Federal à Reserva São Marcos, de 29 de outubro de 1973. Nele, os policiais descrevem uma visita realizada à fazenda do Sr. Otacílio, relatando que, durante a visita, foram informados sobre uma invasão à casa do fazendeiro por um grupo de 140 índios, que queriam expulsá-lo daquelas terras, causando-lhe grande prejuízo material em decorrência da destruição de objetos e instalações da fazenda.

Os conflitos que se sucederam, após a fixação dos Xavante em São Marcos, advindos de disputas fundiárias, são também mencionados por narradores, como Raimundo. No relato a seguir, Raimundo conta sobre um episódio envolvendo um dos primeiros padres a estabelecer-se na Missão de São Marcos, que, em virtude de seu apoio às reinvindicações territoriais indígenas, foi atacado e espancado por um fazendeiro da região. De acordo com Raimundo:

> As coisas não se tornaram fáceis com fundação dessa nova aldeia, desse novo lugar. O fazendeiro Alepão era muito duro, bateu no nosso padre, quase matou o padre Pedro, chicoteou o padre até ele sangrar, rachou a cabeça dele. Mesmo ele sofrendo esse ataque, ele se levantou e conseguiu subir no cavalo, andando naquela direção onde hoje estão as aldeias Nova Esperança, Fátima e Cristo Rei. Os velhos ficaram esperando ele voltar, contando o tempo para o retorno dele. Ele chegou já quase escurecendo. Foi assim a história dos anciãos para nós. Os guerreiros xavante ficaram furiosos e foram até a fazenda dele com os padres, mataram e assaram as vacas e tomaram a roça dele. E as vacas dele que entravam nas roças, eles flecharam. Nisso, o fazendeiro foi embora. (Raimundo Urébété Ai'réro, janeiro de 2017).

Para resolver os conflitos envolvendo as terras xavante, foi criada, em 1973, por ordem ministerial, uma comissão de estudos encarregada de realizar uma avaliação da situação de cada região (MENEZES, 1982). No caso das reservas de Sangradouro e de São Marcos, os estudos realizados indicaram que a posse xavante, nessas áreas, era posterior à dos não indígenas, visto que os Xavante instalaram-se nessas terras apenas em 1958. No parecer da comissão, a demarcação das duas terras estava condicionada à desapropriação dos imóveis atingidos pela criação das reservas indígenas. Mediante pagamento de indenização, os antigos proprietários deveriam transferir o domínio dos seus títulos à União (MENEZES, 1982).

Em 1975, os limites definitivos de São Marcos foram estabelecidos pelo Decreto Presidencial n.º 76.2015, que declarava áreas de domínio particular como de utilidade pública, destinadas ao usufruto exclusivo do povo xavante.

Os indígenas participaram ativamente da fixação dos marcos demarcatórios nos limites da Reserva São Marcos, junto dos empregados da empresa contratada pela Funai para a execução dos serviços. Sílvio, que trabalhou colocando os marcos delimitadores que separavam a terra indígena das fazendas situadas em seu entorno, conta, com orgulho, sobre o compromisso de seu grupo *Ētēpa* com os referidos trabalhos. Conforme o narrador: "*Os Ētēpa eram trabalhadores, guerreiros, corajosos. Passamos aqui, perto dessa minha aldeia, perto da beira do rio*". (Sílvio Tsipe 'Rãirãté, julho de 2017).

Nas memórias do narrador, são exaltados o protagonismo político e a coragem dos *Ētēpa* na luta pela demarcação de São Marcos, o que nos remete à construção de outra história, na qual a participação indígena ganha centralidade e importância no processo de demarcação. Dessa forma, torna-se possível engendrar novos modos de subjetivação na historiografia, mais favoráveis ao reconhecimento e ao fortalecimento dos indígenas como sujeitos históricos e políticos na luta por seus direitos, no tempo presente.

No decorrer dos trabalhos de fixação dos marcos, os Xavante foram, muitas vezes, ameaçados por fazendeiros e posseiros atingidos pela demarcação da terra indígena. Ao recordar-se desse período de sua história como um momento de perigo, quando tiveram que realizar um grande sacrifício pessoal e coletivo para que os trabalhos demarcatórios fossem concluídos, Sílvio conta:

> Meu neto [referindo-se a Wellington], eu fui deixado para trás e sozinho eu colocava os marcos, era muito perigoso. Fui atrás no caminho até o rio Pindaíba e não tinha ninguém para me encorajar. Eles [os Ētēpá] foram fazendo o trabalho de volta, atrás de mim, abrindo outro caminho. Era um clima muito calmo e dava muito medo. Se fosse você, você viraria criança, porque tinha aviões com brancos que desciam para impedir o nosso trabalho de demarcação das terras. No final do rio Pindaíba, voltamos, dava pena ver o caminho aberto pelos Xavante. Vocês [os Xavante] são inimigos quando nada acontece, mas quando alguma coisa acontece, vocês são amigos. (Sílvio Tsipe 'Rãirãté, julho de 2017).

Nessa narrativa, Sílvio novamente constrói-se como sujeito do processo de demarcação de São Marcos, reafirmando sua coragem diante do clima de medo e ameaça. É nesse sentido que as narrativas indígenas podem romper com uma perspectiva histórica hegemônica, que tende a subjetivar os povos indígenas como sujeitos resignados, infantilizados e ingênuos.

CONTATANDO "BRANCOS" E DEMARCANDO TERRAS: NARRATIVAS XAVANTE SOBRE SUA HISTÓRIA

Além de ressaltarem o empenho dos Xavante nos trabalhos demarcatórios, os narradores assinalam as difíceis condições em que os trabalhos ocorreram. Tobias, que, assim como Sílvio, participou da fixação dos marcos físicos nos limites da Terra Indígena São Marcos, conta:

> *Quando saiu a demarcação, como saiu? A divisa era até Ētētsib'ri, no nosso idioma, e na língua do homem branco é Morro da Providência, onde demarcamos junto com o padre Pedro. Durante esse trabalho sentimos fome, junto com o meu consogro, não tínhamos nada, não tínhamos farinha, nem arroz, nem arma de fogo, tínhamos só uma pequena faca, por isso os tatus escapavam de nós e entravam nos buracos e nós pegávamos só os pequenos tatus, e nisso a gente se alimentou.* (Tobias Tserenhimi'rãmi Tsere'õmowi, julho de 2017).

Os sacrifícios realizados pelos Xavante para a obtenção do reconhecimento oficial do Estado de parte de seu território revelam como a pauta da demarcação, estranha às formas nativas de apropriação da terra e próprias de uma organização fundiária estatal, foram incorporadas pelos indígenas. O período de convivência forçada com os não índios trouxe, aos Xavante, um aprendizado sobre o funcionamento da máquina administrativa do Estado, da qual passaram a depender, até mesmo pela sua condição legal de tutelados. A percepção de que seus direitos territoriais só seriam garantidos se eles se submetessem a um novo tipo de territorialização fez com que os Xavante aderissem à proposta de demarcação de suas terras, passando a adotá-la como uma de suas reivindicações prioritárias.

É importante ressaltar que a adesão a um modelo de territorialização exógeno não significava uma plena confiança dos Xavante nas intenções e no trabalho dos não indígenas. Após anos de experiências traumáticas, em que a imagem de traiçoeiro e perigoso do homem "branco" foi consolidada, as suspeitas de estarem sendo, mais uma vez, ludibriados por aqueles que costumavam cobiçar para si todas as terras, permanecia viva entre os indígenas. Essa desconfiança é percebida nas falas de narradores como Sílvio, que conta sobre suas suspeitas sobre os técnicos da empresa contratada pela Funai para a fixação dos marcos delimitadores. De acordo com o narrador,

> *Eu não gostava dos dois brancos que estavam com a gente porque eles não falavam de forma clara durante o trabalho de demarcação. Começaram a cortar a os galhos das madeiras abaixo do rio para já começar esse trabalho. Eu estava atrás deles e uma*

243

> *chuva intensa me molhava, eu sentia muita fome. Eu alcancei*
> *onde eles estavam. "— E aí, já atravessamos o limite?" E o homem*
> *branco mentiroso disse que ainda não. Eu quase chorei pelos que*
> *trabalhavam ali, porque eles tinham os cabelos molhados pela*
> *chuva. Alguns jovens, como os Ai'rere, estavam junto.* (Sílvio
> Tsipe 'Rãirãté, julho de 2017).

O período das demarcações tem suas histórias e seus personagens, que se destacaram por sua atuação em prol das demarcações das terras xavante. Em São Marcos, Aniceto Tsudzawere Tsahobo e Mário Juruna,[87] (ou "Jururã", na fala dos narradores) são especialmente lembrados, pelos entrevistados, por serem considerados grandes lideranças do passado. Ao recordar-se da atuação de ambos, Tobias comenta: *"Eles tinham um trabalho muito duro"*. E completa, demonstrando sua preocupação com a formação de futuros jovens líderes, capazes de representar o povo xavante no presente:

> *Os que trabalharam, que lutaram na demarcação também já se*
> *foram. Quem fez essa luta pela demarcação? Foi o ex-deputado*
> *Mário Jururã e o Aniceto, foram eles. E quem vai assumir esse*
> *papel no lugar deles?* (Tobias Tserenhimi'rãmi Tsere'õmowi,
> julho de 2017).

Mário Juruna e Aniceto Tsudzawere realizaram várias viagens à Brasília para participar de encontros com autoridades, a fim de pressioná-las pela demarcação de São Marcos. Uma dessas viagens, com destino a Cuiabá, é mencionada na folha 51 do Processo NI-MIA-BSB N.º 11367, sob a guarda da Funai, no qual consta uma matéria do *Jornal de Brasília*, publicada em 12 de setembro de 1973, intitulada "Índios esperam ter explicação de Costa Cavalcanti em Cuiabá". Essa matéria relata a presença, em Cuiabá, de três lideranças xavante de São Marcos (Mário Juruna, Aniceto e Humberto), para uma reunião com o ministro do Interior, Costa Cavalcanti, que, então, encontrava-se na capital mato-grossense. Por ocasião da viagem, a demarcação de São Marcos tinha sido suspensa pelo ministro — a quem

---

[87] Mário Dzuruna Butsé nasceu em 1943. Aos 17 anos, teve o primeiro contato com os não indígenas. Em meados da década de 1970, deixou a aldeia São Marcos, por divergências com os padres da missão salesiana, e fundou a aldeia Namunkurá, na Terra Indígena São Marcos, mais distante da missão. Destacou-se pela sua atuação na luta pela demarcação da Terra Indígena São Marcos, na década de 1970, e, nessa ocasião, ganhou destaque na imprensa. Foi o primeiro deputado federal indígena eleito, em 1982, pelo PDT, representando o estado do Rio de Janeiro. Ao término de seu mandato, Juruna não conseguiu eleger-se novamente e, em 2002, aos 59 anos, morreria em decorrência de complicações associadas ao diabetes.

a Funai encontrava-se subordinada —, em atendimento às solicitações de fazendeiros, representados por um deputado eleito por Mato Grosso.

De acordo com a matéria jornalística, as referidas lideranças falaram, durante a reunião, sobre os conflitos entre índios e posseiros contrários à demarcação da Reserva São Marcos. Os indígenas também descreveram os transtornos que a suspensão da demarcação ocasionou à comunidade de São Marcos, impedida de acessar as terras necessárias à sua sobrevivência, e cobraram de Costa Cavalcanti a retomada dos trabalhos suspensos.

Com a edição do Decreto Presidencial n.º 76.2015, de 1975, ficou estabelecida uma extensão de 188.478,26 ha (cento e oitenta e oito mil, quatrocentos e setenta e oito hectares e vinte e seis ares) para a Reserva São Marcos. Para alguns narradores, contudo, a demarcação da área não foi adequadamente realizada, visto que regiões consideradas importantes para os indígenas não foram incluídas nos limites da reserva. De acordo com Daniel, ocorreram erros na fixação dos marcos delimitadores, o que ele atribui à atuação de um agrimensor que, supostamente, estaria a serviço de fazendeiros interessados em usurpar partes das glebas destinadas aos Xavante. Ao relatar as suas suspeitas, Daniel conta:

> Temos uma terra demarcada tão pequena pelo agrimensor João. Onde ele está hoje? Foi ele que não demarcou direito, nos deixou na mão, porque ele é homem branco e fugia para fazer acordos com os brancos, sem fazer o trabalho dele direito. Não queremos mais gente como ele, nunca cheguem como ele. Só venha quem goste dos Xavante, quem ame os Xavante, quando for o momento de demarcar novamente. Cheguem só os que fazem o trabalho direito e não como o João. Foi ele que roubou para o homem branco. A divisa era onde está o rio chamado Armando. Ali era a verdadeira divisa com a terra dos Bororo. O trabalho malfeito pelo branco João, que enganou alguns Xavante que ainda se referem aos limites estabelecidos por ele. Ele mesmo inventou esse nome de Buriti Quebrado. O que tinha sido acordado com o João é que o limite da terra seria bem mais adiante, mas ele não deu ouvidos e estabeleceu os limites da terra bem perto, e depois aproximou ainda mais, perto da aldeia. (Daniel Tsi'ōmōwē Wari, janeiro de 2017).

. Embora não nos seja possível confirmar as declarações de Daniel sobre a fraude urdida pelo agrimensor, seu relato não deve ser descartado como infundado. Garfield (2011) assinala que nem sempre foi possível confiar nos agrimensores, cartógrafos e outros responsáveis pelos trabalhos demarcatórios de terras indígenas, pois, conforme relata o autor, em 1975, um cartógrafo da Funai, em conluio com dirigentes do órgão, convenceu os Xavante de Pimentel Barbosa a abandonarem uma reivindicação de 65 mil hectares.

De acordo com Garfield (2011), funcionários do órgão indigenista também teriam demarcado uma área menor para os Xavante de Pimentel Barbosa, substituindo um rio por outro para delimitar a parte sul da terra indígena, além de venderem as terras deixadas fora dos seus limites. Segundo o autor, a fraude, que chegou a ser comprovada em uma investigação interna da Funai, não resultou em punição para os responsáveis, que não foram processados ou demitidos.

Situações como essa não costumavam ser realmente incomuns dentro do órgão. Apesar de desempenhar o papel de órgão tutor dos indígenas, na prática, a Funai nem sempre assistiu devidamente as comunidades, deixando de cumprir, em várias ocasiões, as suas atribuições voltadas para a promoção e a proteção dos direitos dos índios. A burocracia e a desarticulação do órgão (o qual era constantemente afetado por mudanças de governo e de chefias), aliadas à falta de transparência (observada durante os governos militares) e às constantes pressões de grupos econômicos e políticos (interessados na usurpação das terras indígenas), dificultavam a apuração e a punição de delitos e crimes praticados contra os índios pelo Estado brasileiro. Nas palavras de Valente (2017, p. 382):

> Desde o fim da ditadura, em 1985, o Estado brasileiro nunca divulgou, de forma pública e abrangente, um balanço crítico sobre suas ações em torno das populações indígenas. Algo parecido chegou a ser ensaiado entre quatro paredes na Funai, devidamente longe dos holofotes da imprensa. Ainda que de forma tímida, tratou-se de uma primeira reflexão acerca dos longos 21 anos da ditadura.

As experiências traumáticas do contato interétnico, desde o período colonial, associadas às dificuldades inerentes à comunicação com os não índios, decorrentes de inserções diferenciadas em culturas e idiomas não convergentes, fazem com que os indígenas frequentemente desconfiem dos propósitos dos "brancos". Essa desconfiança, que costuma estar presente, sobretudo, entre a população indígena idosa é, contudo, relativizada, a depender da interação estabelecida com certos indivíduos que não pertencem à comunidade. Esses são testados e colocados à prova, para que se possa verificar suas intenções e sua lealdade ao grupo.

Assim ocorreu com Cláudio Romero, servidor da Funai, que trabalhou ativamente na demarcação e desintrução[88] das terras xavante. A lembrança da atuação do servidor e de seu compromisso com o povo xavante, em um momento crucial da luta dos indígenas pelas terras de São Marcos, é assim narrada por Tobias:

> *Quando saiu a demarcação, a Funai chegou, o nome dele era Cláudio Watatsupré.[89] E ali saiu uma decisão para expulsar os brancos do território, e foram atrás deles para expulsá-los. Por isso eu tenho pena de mim, eu amo São Marcos, ninguém vai destruir a história, porque os meus antigos sogros que viveram antes do contato com o homem branco já nos deixaram e nós também vamos deixar vocês, como eles.* (Tobias Tserenhimi'rãmi Tsere'õmowi, julho de 2017).

A situação das terras de São Marcos e de Sangradouro era peculiar, em relação às outras áreas xavante, já que elas não eram originalmente indígenas. Parte das glebas de São Marcos e Sangradouro tinham sido compradas pela congregação salesiana ou recebidas pelos padres, em doação, enquanto outros tantos hectares foram posteriormente a elas anexados para o usufruto xavante, mediante um processo de desapropriação para fins de utilidade pública (MENEZES, 1982).

Em São Marcos, mesmo depois de homologados os limites da terra indígena, muitos ocupantes recusaram-se a deixar as terras desapropriadas, envolvendo-se em confrontos com os Xavante, os missionários e a Funai. Conforme Raimundo:

> *Agora, em 1973, 1974, a demarcação já estava quase finalizada, mas só saiu em 1975 a demarcação. Em 1976, foi homologada a demarcação da terra. Mas os nossos inimigos brancos não saíram todos. E quem eram eles? Eram todos irmãos: Alepão, Otacílio, o filho dele, Zeca, e um fazendeiro muito bravo daquele morro. E os Xavante foram juntos com o padre Mário Panziera atrás desse fazendeiro, os padres usavam arma de fogo, e os Xavante já usavam também.* (Raimundo Urébété Ai'réro, janeiro de 2017).

Nos relatos dos narradores sobre as demarcações, os fazendeiros são definidos como "inimigos brancos". Na ótica dos Xavante, eles foram

---

[88] O termo desintrusão refere-se ao processo de retirada de ocupantes ilegais de áreas reconhecidas e regularizadas como sendo terras indígenas, reservas ambientais, territórios quilombolas ou de outros povos e populações tradicionais.

[89] "Branco" de bigode vermelho.

seus principais rivais nas disputas violentas por terras, na região. Nessas disputas, a atuação de alguns padres, aliados dos indígenas, é lembrada, já que eles chegaram a pegar em armas e a participar de confrontos e negociações com os fazendeiros.

Valente (2017) destaca que, ao longo de séculos, várias missões religiosas atuaram em aldeias indígenas, prestando assistência médica e social, no lugar do Estado. No século XX, as atividades missionárias foram contestadas, em alguns momentos, por agentes do Estado, que questionavam os objetivos missionários voltados para a catequização de índios. A separação de poderes entre Estado e Igreja, que se sucedeu à Proclamação da República, adicionada à crescente influência positivista dos primeiros governos republicanos, fez com que a igreja católica se sentisse ameaçada no exercício de algumas de suas antigas prerrogativas, impulsionando a construção de alianças com as oligarquias regionais (PACHECO DE OLIVEIRA; ROCHA FREIRE, 2006).

A criação do SPI, em 1910, não arrefeceu o interesse das missões religiosas nos povos indígenas, mesmo porque, a ação protecionista estatal não logrou ser tão facilmente implantada (PACHECO DE OLIVEIRA; ROCHA FREIRE, 2006). Na década de 1940, ainda era grande o número de missões religiosas espalhadas pelo país. Segundo Pacheco de Oliveira e Rocha Freire (2006, p. 143):

> Uma pesquisa na época revelava as seguintes missões católicas no Brasil: Agostiniana, Barnabita (Irmãs do Preciosíssimo Sangue), Beneditina, Congregação das Filhas do Imaculado Coração de Maria, Irmãs Franciscanas do Egito, Congregação do Espírito Santo, Congregação do Preciosíssimo Sangue, Congregação do Verbo Divino, Dominicana, Franciscana, Jesuíta, Redentorista e Salesiana. Além destas, estavam instaladas no Brasil outras igrejas, como a World Evangelical (metodistas, presbiterianos) e a Unevangelized Fields. (PIERSON ; CUNHA, 1947).

Segundo Pacheco de Oliveira e Rocha Freire (2006), na década de 1940, um terço do clero católico do Brasil era formado por estrangeiros, sem contar as centenas de missionários protestantes norte-americanos que também atuavam no país. Ambos disputavam o acesso às comunidades indígenas e a prioridade em sua conversão. No caso da congregação salesiana, sua base missionária inicial, em Mato Grosso, foi estabelecida em cinco colônias: Tereza Cristina, Sagrado Coração de Jesus, Imaculada

Conceição, São José e Gratidão Nacional, todas elas voltadas para os índios Bororo (PACHECO DE OLIVEIRA; ROCHA FREIRE, 2006).

Ainda que os missionários fossem inicialmente criticados por grupos liberais e anticlericais em campanhas jornalísticas, especialmente quando buscavam auxílios e subvenções federais, eles acabaram sendo incorporados aos projetos de ocupação territorial da Amazônia, na medida em que seus objetivos catequéticos convergiam com os interesses governamentais nas regiões de fronteira, no que diz respeito à assimilação das populações indígenas (PACHECO DE OLIVEIRA; ROCHA FREIRE, 2006).

Pacheco de Oliveira e Rocha Freire (2006) destacam que o cotidiano dos povos indígenas do Brasil, no século XX, foi decisivamente influenciado pela intervenção das missões religiosas católicas. Se, no início do século, a pedagogia missionária era fortemente aculturativa, ao impor, aos indígenas, novas crenças e novos comportamentos, na segunda metade do século, especialmente partir da década de 1960, o esforço missionário voltou-se para defesa das culturas e dos direitos indígenas. A exceção deu-se no caso das missões protestantes, que mantiveram uma política aculturativa, que incluiu até mesmo a tradução de textos bíblicos nas línguas nativas e a sua distribuição nas comunidades indígenas (PACHECO DE OLIVEIRA; ROCHA FREIRE, 2006). Segundo Pacheco de Oliveira e Rocha Freire (2006, p. 148-149),

> O Concílio Vaticano II impulsionou mudanças nos projetos missionários a partir de meados dos anos 60. O Papa Paulo VI nomeou bispos considerados "progressistas" para prelazias missionárias e, no fim da década, a CNBB ganhou um presidente com esse mesmo perfil, D. Aluísio Lorscheider. Com a encíclica *Gaudium et Spes*, passou-se a valorizar a cultura indígena, surgindo as primeiras propostas de "encarnação" missionária. Em Medellín, na Colômbia, a II Conferência do Episcopado Latino-Americano (1968) chamou a atenção dos católicos para os marginalizados sociais. No Brasil, a CNBB criou o Secretariado Nacional de Atividade Missionária (SNAM) (Prelazia, 2003).

A abertura da igreja católica para as questões sociais ocorria em um momento em que, politicamente, o país era comandado por uma sucessão de governos militares, que caçavam as liberdades democráticas por meio da edição de atos institucionais. Ao logo da década de 1960, o SPI também mergulharia em uma profunda crise institucional, decorrente de escândalos de corrupção, os quais levaram à investigação de vários de seus funcionários, e de denúncias internacionais de genocídio, provocadas pela divulgação do chamado Relatório Figueiredo[90] (PACHECO DE OLIVEIRA; ROCHA FREIRE, 2006).

Embora, até o final da década de 1960, a influência conservadora, catequética e aculturativa ainda predominasse na igreja católica em sua atuação com os indígenas, conforme é possível inferir das resoluções finais do "2º Encontro de Pastoral Indigenista", realizado em 1970, ao longo dessa última década, esse cenário foi alterado. Em 1972, os erros missionários, denunciados durante o "Encontro de Barbados" (1971), foram reconhecidos, em um encontro missionário latino-americano realizado em Assunção, Paraguai. Em 1972, foi criado o Conselho Indigenista Missionário (Cimi), que passou a atuar em prol dos direitos indígenas, apoiando suas lutas e organizações (PACHECO DE OLIVEIRA; ROCHA FREIRE, 2006).

A partir de 1972, aprofundaram-se as divergências entre religiosos conservadores, aliados do regime militar, e aqueles progressistas, alinhados às ideias da "teologia da libertação", que, então, era difundida por toda a América Latina. Nesse período, os militares estimulavam a construção de um grande número de obras de infraestrutura, no interior do país. Muitas delas impactaram significativamente a vida dos povos indígenas (como foi o caso da rodovia Transamazônica) e foram, em várias ocasiões, denunciadas pelo Cimi (PACHECO DE OLIVEIRA; ROCHA FREIRE, 2006). Pacheco de Oliveira e Rocha Freire (2006, p. 150) explicam:

> A composição inicial da diretoria do Cimi abrangia tanto os religiosos conservadores como os progressistas, a primeira presidência ficando com o Pe. Ângelo Venturelli, salesiano. A partir de 1975, a direção foi assumida pelo bispo de Goiás Velho, D. Tomás Balduíno, seguindo-se outros bispos identificados com a chamada linha progressista (SUESS, 1989; LEITE, 1982). Na época da criação do Cimi, religiosos já eram perseguidos pelo regime militar nas prelazias de S. Félix e Conceição do Araguaia. O mais visado era o bispo D. Pedro Casaldáliga, que desde 1971 vinha publicando denúncias sobre a marginalização social da população da Amazônia.

---

[90] O Relatório Figueiredo foi elaborado, em 1967, pelo então procurador Jader de Figueiredo Correia, a pedido do ministro do Interior, Afonso Augusto de Albuquerque Lima. O relatório, ao longo de suas mais de sete mil páginas, descreve expropriações, escravizações, roubos e violências praticados por latifundiários brasileiros e funcionários do SPI contra indígenas, de diversas partes do território brasileiro, ao longo das décadas de 1940, 1950 e 1960.

Embora os salesianos fossem vistos como integrantes de uma congregação conservadora, eles também foram influenciados pelo momento histórico e empenharam-se, com os Xavante e os Bororo, nas lutas pela demarcação das terras de ambos os povos. Além de se lembrarem dos padres, os narradores também recordam-se das lideranças xavante que se destacaram como protagonistas na demarcação pioneira de São Marcos, cujo sucesso inspirou os Xavante de outras localidades a empenharem-se em suas próprias lutas pela recuperação de suas terras. Assim, Tobias conta:

> O território de São Marcos é lugar de aprendizagem, a demarcação do território de São Marcos foi o ponto de partida para outros processos de demarcação de terras, com o trabalho de dois i'amo,[91] Jururã e Aniceto. Por causa da luta deles pela demarcação do território, outros povos que viviam em grandes florestas e cavernas, mesmo sendo barbudos, mesmo tendo pêlo no corpo todo, começaram a lutar para conseguir a demarcação de suas terras (Tobias Tserenhimi'rãmi Tsere'õmowi, julho de 2017).

Alguns narradores consideram pioneira a experiência de demarcação da Terra Indígena São Marcos. Por São Marcos passaram grupos xavante de diferentes partes do território indígena, que ali se fixaram, por algum tempo, até se restabelecerem e poderem retornar aos seus locais de origem. Apesar das críticas às missões salesianas de São Marcos e Sangradouro e aos seus métodos evangelizadores e disciplinarizadores, os padres salesianos investiram, de forma constante e sistematizada, no aprendizado dos Xavante, nessas duas regiões. Embora, sob uma perspectiva atual, essa educação possa ser considerada repressiva e inadequada, por desconsiderar as especificidades das comunidades indígenas, ela foi, ainda assim, apreciada, em certos aspectos, pelos Xavante, por possibilitar-lhes o aprendizado da língua portuguesa e dar-lhes algum conhecimento sobre o modo de funcionamento da sociedade branca.

A memória da trajetória aguerrida dos Xavante, em sua recusa a submeter-se ao domínio dos não indígenas, no período do pré-contato, associada ao aprendizado adquirido sobre a sociedade envolvente nas décadas de 1950 e 1960, forneceu, aos indígenas, o instrumental necessário para que eles pudessem organizar-se para exigir a demarcação de suas terras.

---

[91] Literalmente traduzido como "meu outro". Diz respeito aos laços formais e de companheirismo estabelecidos entre indivíduos pertencentes a clãs diferentes, não parentes, que devem prestar ajuda mútua. A amizade formalizada é encontrada entre os povos de origem Jê e Timbira, embora, em cada um deles, possua variações, por vezes significativas.

A mobilização dos Xavante, em São Marcos, em torno da demarcação da terra indígena, também teve um impacto significativo nas lutas de outros povos, que se inspiraram nas conquistas xavante para encampar suas próprias reivindicações.

Os Bororo de Meruri, vizinhos dos Xavante de São Marcos, ocupavam, há mais de meio século, as terras doadas por particulares aos missionários encarregados de sua evangelização (MENEZES, 1982). A demarcação de Meruri é mencionada por alguns narradores, como Daniel. O narrador mostra-se, contudo, descontente com seus vizinhos, por eles reclamarem dos Xavante de São Marcos, que insistem em ultrapassar os limites estabelecidos entre sua própria terra e Meruri, chegando a construir algumas de suas aldeias dentro das terras bororo. Para Daniel, a demarcação de Meruri deve-se menos à iniciativa de seus vizinhos — que, segundo o narrador, "nunca tinham imaginado o que era a demarcação", pois "viviam à toa" — e mais à ação pioneira dos Xavante, que influenciou as lutas de outros povos. Nas palavras de Daniel:

> Os Bororo já estavam antes de nós, mas nunca tinham imaginado o que era a demarcação. Nós chegamos depois, mas só os nossos líderes que lutaram pela demarcação. Eles viviam à toa, como as outras etnias, e foi povo xavante que começou a lutar pela terra. Graças à luta, à ideia e à iniciativa tomada pelo povo xavante, outros povos começaram a lutar para terem terra. E nisso, outras etnias tiveram pequenas terras demarcadas. (Daniel Tsi'õmõwẽ Wari, janeiro de 2017).

Tal como fizeram os Xavante de São Marcos e Sangradouro, seus vizinhos,[92] os Bororo, que viviam sob a tutela dos missionários salesianos, desde o final do século XIX, em Meruri, juntaram-se ao movimento reivindicatório em torno da demarcação das terras indígenas da região, pleiteando o reconhecimento estatal das terras que então ocupavam. Após uma sucessão de conflitos entre os fazendeiros e os indígenas, a Reserva de Meruri foi finalmente demarcada, em 1976, com uma extensão de 82.301 hectares, onde anteriormente estavam situados 40 imóveis titulados em favor de particulares (MENEZES, 1982).

A mobilização em torno da demarcação de Meruri acabou culminando em violência. Em 1976, após vários confrontos, um grupo de fazendeiros prestes a perder as terras para os indígenas, em decorrência da desapropria-

---

[92] As áreas de São Marcos e Meruri são formadas por terras contíguas.

ção dos imóveis requerida para demarcação de Meruri, invadiu a missão salesiana, assassinando o padre Rodolfo Lunkenbein e o índio bororo Simão Cristino, além de ferirem mais cinco indígenas (MENEZES, 1982).

Apesar da revolta gerada entre os indígenas, incluindo os Xavante, os assassinos receberam um amplo apoio popular no município de Barra do Garças, e foram inocentados em um tribunal local, sob a alegação de terem agido em legítima defesa (GARFIELD, 2011).

O episódio do assassinato do padre Rodolfo Lunkeinbein é bastante lembrado pelos narradores xavante, já que alguns deles chegaram a participar dos trabalhos de fixação dos marcos delimitadores nas terras bororo, conforme nos conta Tobias: *"E no Penório, quando o padre Rodolfo foi morto, em Meruri, eu trabalhei na demarcação para os Bororo".* (Tobias Tserenhimi'rãmi Tsere'õmowi, julho de 2017).

Menezes (1982) observa que as lutas travadas pelos Xavante para a ampliação, ou a retomada, de suas terras estão entre os exemplos de sucesso alcançado pelos povos indígenas em seus pleitos fundiários. Nem mesmo os Bororo, seus vizinhos, foram tão bem-sucedidos. Embora Meruri tenha sido demarcado, as terras bororo de Tereza Cristina não o foram em sua totalidade e, atualmente, encontram-se em processo de revisão de limites. Em Jarudore, os Bororo usufruem de uma parte ínfima da terra indígena que, embora homologada, há décadas, encontra-se quase que inteiramente invadida por posseiros e fazendeiros.

A situação das terras bororo faz com que alguns narradores atribuam à participação dos Xavante o sucesso da demarcação de Meruri. Não há, contudo, consenso sobre essa versão, pois, como descreve Valente (2017), em seu livro *Os fuzis e as flechas*, foram vários os exemplos de resistência e luta de povos indígenas, no Brasil, durante os governos militares, que incluíram os Bororo de Meruri, os quais participaram ativamente nas mobilizações em torno da demarcação da terra indígena.

Daniel, entretanto, ao recordar-se desse período, comenta:

> *Se fosse por eles [os Bororo], teriam sido assassinados pelos fazendeiros, mas tiveram a terra com a ajuda dos Xavante. Eles vivem hoje no Meruri com a ajuda da demarcação feita pelo povo xavante.* (Daniel Tsi'õmõwẽ Wari, janeiro de 2017).

As terras xavante, apesar de demarcadas e de serem bem maiores que aquelas destinadas a muitos povos indígenas, no presente, possuem uma extensão inferior às terras por eles ocupadas no período do pré-contato. A percepção de que a população xavante cresceu e que as terras demarcadas já não são suficientes pode ser observada na fala de quase todos os narradores. Embora eles valorizem as conquistas resultantes das demarcações, também encontram-se cientes de que grandes extensões de terras foram perdidas e que, provavelmente, jamais poderão ser recuperadas, conforme é possível observar na seguinte fala de Agnelo:

> *Para nós hoje essa terra é muito pequena. A aldeia São Marcos tem uma população muito grande e não dá para viver. Por isso, criamos outras aldeias, mas já não tem mais espaço para caçar. Antes a caça era muita, hoje não tem mais como, e não temos mais caça, porque antes a terra era vista como grande e, depois que aumentamos, a terra ficou pequena. Tem nossos vizinhos fazendeiros que desmatam e os bichos entram em nossa terra, mas como somos caçadores, acabamos também com esses bichos. Antes os velhos viviam bem porque não faltava nada e hoje eu e os jovens nessa terra não estamos felizes, porque a terra é muito menor e continuamos crescendo. A terra é boa, e se pensarmos, hoje seria bom tentarmos pressionar o governo, se o governo se colocasse ao nosso favor para ampliarmos um pouco a nossa terra. Mas será que hoje seria fácil? Hoje seria muito difícil.* (Agnelo Temrité Wadzatse, janeiro de 2017).

A percepção de que a terra é hoje pequena para as necessidades da população xavante, que se encontra em crescimento, causa apreensão e tristeza entre os narradores, que temem uma situação de confinamento territorial semelhante à vivenciada por muitos povos indígenas no Brasil. Apesar de acreditarem que a ampliação das terras poderia reverter ou, pelo menos, minimizar esse quadro, eles também sabem que a luta por novas demarcações encontra, atualmente, grandes obstáculos e uma oposição talvez ainda mais acirrada do que aquela verificada no passado.

A mera existência de povos indígenas com direito a manterem culturas diferenciadas e de terem terras demarcadas costuma ser vista como um entrave ao desenvolvimento local pelas populações rurais e dos pequenos municípios situados no entorno das terras indígenas. Por resistirem e permanecerem em suas terras, mantendo seu modo de vida, os indígenas são frequentemente representados por estereótipos racistas, que os definem como "preguiçosos", "ladrões" e "traiçoeiros". Essa visão, marcadamente colonialista, é orientada por interesses econômicos que se beneficiam da propagação de estereótipos que conferem aos povos indígenas uma subjetivação negativa e desigual.

Os narradores mostram-se conscientes dos preconceitos difundidos contra os Xavante, entre uma população local ideologicamente cooptada por grupos econômicos interessados em apossarem-se das terras indígenas e de seus recursos naturais. Em seus relatos, eles eventualmente chegam a, até mesmo, responder a eles, conforme é possível observar na seguinte fala de Daniel: *"Vocês [os "brancos"] não trabalham com a mão, usam máquinas, mas falam mal de nós e nos chamam de preguiçosos. Vocês trabalham usando trator e nós com a mão".* (Daniel Tsi'õmõwẽ Wari, janeiro de 2017).

Daniel ainda denuncia a situação daqueles que vivem nas pequenas aldeias, situadas nas proximidades da divisa da Terra Indígena São Marcos. Acusadas de não se restringirem aos limites da terra indígena, as comunidades dessas aldeias são frequentemente abordadas por particulares que, por cooptação ou ameaças, tentam fazer com que elas recuem para o interior da terra indígena. Dessa forma, as glebas situadas próximas às fazendas são liberadas, passando ilegalmente à posse de particulares, o que reduz, pouco a pouco, a extensão da terra indígena.

Daniel, ao dirigir-se àqueles que querem se apossar das terras de São Marcos e que insistem em disputar com as aldeias pequenas as áreas situadas nos seus limites, exorta:

> *Vocês, fazendeiros que têm muitas vacas, não perturbem as aldeias que estão na divisa, elas estão dentro da área demarcada, a divisa começa no rio do Armando e passa pela estrada perto de onde está a minha prima da aldeia São Lucas, subindo o morro que é o final. A minha prima está na área demarcada. Quem são essas pessoas que pensam que essa área é delas? Ninguém sabe como foi a demarcação e delimitação da terra, estou aqui contando o que sei da história da terra. Vocês estão na nossa área, vocês são ladrões, como os seus ancestrais.* (Daniel Tsi'õmõwẽ Wari, janeiro de 2017).

Os narradores, estimulados pelas entrevistas, estão sempre refletindo, em suas falas, sobre as conquistas e as perdas históricas do povo xavante. Para eles, as demarcações, embora muito importantes, foram insuficientes, por não terem previsto o crescimento da população indígena. Justificando que, no momento em que elas ocorreram, os Xavante não compreendiam plenamente o funcionamento da sociedade dos "brancos", narradores, como Daniel, aconselham os jovens indígenas a assumirem as lutas pela terra no presente, em vez de criticarem seus antepassados por não terem feito o suficiente e por não terem sido capazes de antever o futuro. Conforme Daniel,

*[...] não sabíamos o que pensar, achávamos que não eram impor-
tantes os marcos delimitadores, mas já estava sendo demarcada por
eles [pelos "brancos"]. Como ninguém sabia sobre a vida do homem
branco, hoje somos criticados pelos jovens, que nos chamam de
burros, mas é a vida. Como não sabíamos sobre a vida deles, hoje
os que são jovens deveriam pensar nos seus ancestrais, e lutar pela
ampliação da terra, mas não, ninguém é inteligente o suficiente.*
(Daniel Tsi'õmõwẽ Wari, janeiro de 2017).

Ao exortar os jovens a assumirem as lutas pela terra, Daniel demonstra acreditar que os Xavante, no presente, deveriam estar mais preparados que os seus antepassados para os embates com os não indígenas. Isso porque, após um longo período de convivência com os "brancos", em que os Xavante adquiriram conhecimento sobre os seus hábitos e comportamentos, assim como o domínio da língua portuguesa, do código escrito e dos mecanismos de funcionamento de sua sociedade, os indígenas já não mais seriam facilmente enganados, como foram, muitas vezes, no passado. Apesar disso, Daniel não se mostra totalmente confiante na capacidade e na iniciativa dos jovens. No seu entender, o longo período de convivência dos Xavante com os não indígenas que, a princípio, poderia ser uma vantagem, acabou por minar o senso de obstinação que caracterizava os Xavante no passado, tornando-os, na perspectiva de Daniel, menos aguerridos e corajosos para enfrentarem os conflitos que acompanham as reivindicações indígenas pela terra.

5.2 Parabubure

As demarcações das terras de Sangradouro e São Marcos, onde os Xavante tinham se estabelecido sob a sombra das missões salesianas, reforçaram as pretensões dos indígenas de outras partes do território de recuperarem suas terras perdidas. A demarcação da Terra Indígena Parabubure, contudo, envolveu dificuldades adicionais àquelas enfrentadas nas demarcações de São Marco e Sangradouro, já que os Xavante de Culuene e Couto Magalhães, depois de sucessivos ataques de fazendeiros e epidemias que dizimaram parte de sua população, tinham abandonado suas terras tradicionais e migrado para Meruri, instalando-se junto às missões salesianas.

Trechos de um documento do Ministério do Interior, de 21 de dezembro de 1979, anexado aos autos do Processo n.º 08620.000740.1990-36 (folhas 06-08), sob a guarda do Núcleo de Documentação da Diretoria de Proteção Territorial da Funai, esclarecem os motivos que levaram os Xavante de Parabubure a deixarem suas terras de origem. De acordo com o documento:

> Acossados pelas doenças, pela fome e pela violência, os índios foram obrigados a abandonar a região e buscar abrigo junto às missões religiosas e aos postos do antigo Serviço de Proteção aos Índios. Em 1955, os índios da aldeia ONHINUTURE refugiaram-se no Posto Indígena Simão Lopes; em 1957, os de PARABUBURE fugiram para a região de Sangradouro; 1956/1958, os de WEDETE DE'PA e RITUWAWE asilaram-se na Missão de Meruri; em 1958/1959, os de PARAWAHA'RA-DZE acoutaram-se em São Marcos, ficando o vale, dessa forma, inteiramente aberto à instalação dos civilizados[93]. (Processo n.º 08620.000740.1990-36, fl. 06-08).

Embora a ocupação xavante, na região dos rios Culuene e Couto Magalhães, fosse antiga, ela era negada pelos proprietários dos imóveis que se instalaram nessas terras. Nas folhas 34 e 35 do Processo n.º 28870.003795-1981-72, em que consta uma carta de 9 de junho de 1979, endereçada ao ministro do Interior Mário David Andreazza, enviada pelo diretor e superintendente da Fazenda Xavantina S.A., Carlos Seara Muradás, o remetente afirma que "com absoluta clareza e certeza, inclusive por documentação oficial da Funai, que, entre 1946 e 1965, não havia silvícolas na região, tanto do rio Culune quanto do rio Couto de Magalhães". O remetente da carta, que também era o maior acionista da Fazenda Xavantina, escreve ainda que os primeiros cinco "silvícolas" a instalarem-se na margem direita do rio Couto de Magalhães, em 1965, teriam sido aqueles liderados pelo índio Benedito Rowadzó, que se rebelou contra os padres salesianos, abandonando a Missão de São Marcos.

Em 1965, Rowadzó deixou as terras de São Marcos, com outros quatro indígenas, instalando-se em uma área de 4,5 mil hectares da Fazenda Xavantina, na região de Couto Magalhães, antigo território xavante, denominado Nõrõtsu'rã. Conforme a explicação de Roberto, *"Nõrõtsu'rã fica dentro da área de Parabubure, onde é a região de Couto Magalhães, onde vivia o finado Benedito. Ali ficavam os brancos da Funai e era o posto".* (Roberto Tseredzadi, julho de 2017).

---

[93] O termo "civilizado", utilizado em oposição a "índio", aparece com muita frequência nos documentos produzidos até a década de 1980. Como bem esclarece Suess (2010, p. 2), "[...] na década desenvolvimentista dos anos 70, seguida pela década perdida dos anos 80, as palavras 'civilização', 'progresso' e 'desenvolvimento' exerceram certo fascínio mágico".

Para não se indispor com os indígenas, os proprietários da Fazenda Xavantina passaram a oferecer a Rowadzó doações e assistência, sob a forma de alimentos, remédios e ferramentas. A mão de obra dos indígenas também foi utilizada no plantio de pastagens, de arroz e milho, em troca de pagamento. Ao fomentarem a dependência dos recém-chegados, os fazendeiros tentavam inibir possíveis reivindicações territoriais, mantendo o grupo em apenas uma fração do seu antigo território. No local, foi instalado, em 1965, um posto indígena, situado a 260 km do centro urbano mais próximo e a mil quilômetros do escritório regional do órgão indigenista (GARFIELD, 2011). Segundo Garfield (2011, p. 234),

> A dependência crescente dos homens indígenas do trabalho assalariado para comprar bens e compensar os recursos cada vez mais reduzidos cimentou ainda mais os laços já estabelecidos. Por fim, a cumplicidade de funcionários da Funai e de alguns líderes indígenas mantinha o status quo. A "benevolência" da elite ajudava a soldar as tensas relações sociais. O paternalismo levava os fazendeiros a pensar em "seus" índios como complacentes e leais. Para os Xavante, amenizava o gosto do remédio amargo que eram forçados a engolir quando suas terras eram invadidas e desmatadas.

Com o passar do tempo e o crescente afluxo de indígenas para Couto Magalhães e Culuene, a pequena parcela de terras liberada pela Fazenda Xavantina para a ocupação do grupo de Rowadzó tornou-se insuficiente para todos os Xavante. Em um relatório de viagem, de 7 de maio de 1973, assinado por um servidor da Funai e encontrado entre as folhas 8 e 10 do Processo FUNAI/BSB N.º 0574/73, cujo objetivo é descrever as condições do Posto Indígena Couto Magalhães, o servidor afirma que as áreas reservadas aos Xavante, nessa região, eram pequenas e formadas por terras praticamente inaproveitáveis para os indígenas. E acrescenta que o motivo de serem essas glebas diminutas devia-se ao fato de as terras, antes ocupadas pelos Xavante, terem sido vendidas a particulares pelo governo do estado do Mato Grosso.

A Fazenda Xavantina alegava ter cedido cinco mil dos 11.922 hectares que formavam a reserva Couto Magalhães, delimitada pela Funai. Como contrapartida, recebeu da Funai uma certidão negativa, que afirmava a inexistência de índios dentro dos limites da fazenda. Os proprietários da fazenda também cobravam uma intervenção da Funai sobre os Xavante, para evitar que continuassem migrando para Couto Magalhães e Culuene (GARFIELD, 2011). De acordo com Garfield (2011, p. 248):

As apreensões dos donos da Fazenda Xavantina refletiam as de outros proprietários na região cujas terras estavam incluídas nas reservas recém-criadas, ou em áreas excluídas pelo decreto e contestadas pelos índios. Uma estratégia para conter as reivindicações de terras por parte dos Xavante consistia em apelos a pessoas influentes do governo; outra estratégia era a cooptação de líderes indígenas. A insistência da Fazenda Xavantina em centralizar a liderança em Benedito Loazo (*Rowadzó*), cuja aldeia ficava a 12 km de sua sede, tinha pouco a ver com a preocupação com a harmonia da comunidade. Ao contrário, refletia a tentativa de reforçar a autoridade de Loazo, a quem a fazenda pagava mensalmente uma taxa de "proteção" para dissuadir os índios de atacar o gado ou exigir a anexação de territórios.

Apesar das tentativas de cooptação da Fazenda Xavantina, nem todos os indígenas deixaram-se dissuadir em seus propósitos de recuperar as terras usurpadas, frustrando as expectativas de fazendeiros e funcionários do governo, que se sentiam cada vez mais incomodados com a crescente presença dos Xavante na região.

Eduardo, que chegou a Couto Magalhães na segunda metade da década de 1970, vindo de Sangradouro, conta sobre esse período da história xavante em que a Funai, preocupada com o retorno de uma quantidade cada vez maior de indígenas às suas antigas terras, tentava convencê-los a restringirem-se às áreas próximas às missões e aos postos indígenas, de modo a impedi-los de se estabelecerem nas terras tituladas em favor de particulares. Conforme o narrador: *"Eu cheguei aqui, resisti à Funai e aqui estou. A Funai veio de avião atrás de mim porque eu estava resistindo. Eu não quis entrar no avião para sermos levados de volta até Norõwede,[94] não ia fazer muito sentido".* (Eduardo Tseredzaró, julho de 2018).

Em 1972, outros 150 Xavante, vindos de São Marcos, mudaram-se para Couto Magalhães, onde já vivia um grupo formado por cerca de 70 índios liderados por Rowadzó. O retorno dos exilados sobrecarregou o atendimento médico do Posto Couto Magalhães e acabou com os suprimentos de comida, gerando insatisfação entre os indígenas (GARFIELD, 2014).

Ao lembrar-se do período anterior à demarcação de Parabubure, em que fazendeiros esforçavam-se por cooptar as lideranças indígenas, a fim de demovê-las de sua luta pela demarcação das terras, Celestino conta: *"O*

---

[94] A pequena área onde o grupo de Benedito Rowadzó se estabeleceu, com o consentimento da Fazenda Xavantina, era chamada por alguns Xavante de Norõwede.

meu tio, Benedito Rowadzó, que saiu antes de nós, nos deixou perdidos, deram um pedaço de terra só para ele, onde eu te contei antes. A terra é ali, é depois daquele córrego". (Celestino Tsererómʹō Tseredzéré, dezembro de 2016).

A Funai, vendo-se compelida a reservar aos Xavante uma parte de suas antigas terras, delimitou, em 1972, cinco reservas indígenas, que, no entanto, não saíram do papel (GARFIELD, 2014). A política indigenista, nesse período da história, apostava que a assimilação dos Xavante era questão de tempo, e que suas reivindicações territoriais seriam contidas na medida em que os indígenas aprendessem a cultivar a terra e se inserissem economicamente no mercado regional, adotando um modo de vida similar ao dos "brancos" que viviam em seu entorno. Tendo isso em vista, as terras reservadas aos índios deveriam ser apenas o "mínimo necessário" (GARFIELD, 2014).

Em Couto Magalhães, as terras destinadas aos Xavante eram pequenas e escassas em recursos para a confecção de alguns tipos de artefatos utilizados pelos indígenas. A área reservada tampouco abarcou as terras da Fazenda Xavantina, além daquelas cedidas anteriormente ao grupo de Rowadzó, deixando ainda intactas as terras de outras fazendas estabelecidas no antigo território indígena. Para abafar as reivindicações territoriais dos índios e aplacar o seu descontentamento, fazendeiros investiam na distribuição de mercadorias (GARFIELD, 2011).

Ao longo da década de 1970, na medida em que outros grupos xavante chegavam à Culuene e Couto Magalhães, os conflitos entre eles agravaram-se. O trabalho de cooptação de fazendeiros, com os indígenas liderados por Benedito Rowadzó, desde 1965, tinha surtido efeito, já que eles permaneceram obedientes, ocupando apenas uma pequena área demarcada pela Funai, em Couto Magalhães. O crescimento da população xavante advindo da chegada de outros grupos tornou, contudo, impossível a manutenção de todos eles no local, sob o controle do posto indígena da Funai e dos fazendeiros.

Os grupos recém-chegados, que passaram a ocupar e reivindicar terras, eram rechaçados pelos Xavante que, inicialmente, estabeleceram-se na região. À medida que a população indígena crescia, o grupo de Rowadzó, acostumado aos favores e aos bens materiais distribuídos por fazendeiros locais, temia ter que dividir aquilo que antes era apenas para si destinado, ou, pior, temia não ser mais contemplado com os favores dos fazendeiros, que ameaçavam cessar o fluxo de mercadorias quando os novos grupos passaram a exigir a devolução de suas terras. De acordo com Eduardo:

> *O tsa'u'wa[95] recebia dinheiro todo ano do Dr. Mário, por isso ele tinha recebido um pedaço de terra perto dele, mas os filhos dele falam da história dele, a verdade é que ele não fez nada. Ele enganava os fazendeiros e recebia o dinheiro. Foi graças ao Celestino, que veio de Sangradouro e lutou pela demarcação, sem receber nada, que temos hoje essa terra. Rowadzó só recebia dinheiro dos fazendeiros.* (Eduardo Tseredzaró, julho de 2018).

Além de enfrentar a oposição do grupo liderado por Rowadzó, os Xavante que reivindicavam a demarcação das terras de Couto Magalhães e Culuene também tiveram que lidar com a incredulidade de servidores da Funai, que imaginavam que as exigências dos indígenas seriam apaziguadas com o tempo. Vigorava então a ideia de que a crescente proficiência dos índios na língua portuguesa, sua aparente adesão ao catolicismo, advinda da convivência com os padres nas missões, e sua progressiva dependência dos bens industrializados resultariam em uma convivência pacífica entre índios, posseiros e fazendeiros. O retorno de contingentes cada vez maiores de indígenas para suas antigas terras demonstrou, contudo, que os Xavante estavam dispostos a recuperá-las, apesar das tentativas de fazendeiros — e, também, inicialmente, dos missionários e da Funai — de dissuadi-los de seus intentos (GARFIELD, 2014).

Os recém-chegados passaram, então, a deslocar-se pelas terras da Fazenda Xavantina, situada no seu antigo território de caça e coleta. Da Fazenda Xavantina, a Funai recebia constantes reclamações sobre o comportamento dos indígenas, que caçavam, derrubavam coco, arrancavam mandiocas e batatas dentro da fazenda (GARFIELD, 2014). Ao lembrar-se dos primeiros anos de sua família na região, Roberto conta:

> *Nós chegamos e ficamos no Nõrõwede, junto com outros Xavante. Depois de alguns anos, cansamos de ficar ali e viemos na estrada até o lugar onde tem as casas hoje, na aldeia Palmeiras, e ali nós fizemos uma casa de palha tradicional. Ficamos ali no meio dos bois e vacas.* (Roberto Tseredzadi, julho de 2017).

Menezes assinala (1982) que os conflitos fundiários envolvendo os indígenas não se restringiam a Culuene e Couto Magalhães, mas ocorreram em todas as terras xavante. Até a década de 1970, as terras de Pimentel Barbosa e Areões, sabidamente ocupadas pelos Xavante desde o período

---

[95] Falecido genro. Apesar de Eduardo ser bem mais jovem do que era Rowadzó, uma de suas filhas foi pedida em casamento pelo último. Embora o casamento não tenha ocorrido, Rowadzó foi, a partir de então, inserido na categoria de genro por Eduardo.

do pré-contato, não tinham sido ainda demarcadas, devido às pressões de fazendeiros e posseiros.

Little (1994) explica que diferentes formas de territorialização histórica frequentemente encontram-se em divergência pela apropriação do espaço geográfico. Para o autor, as reivindicações envolvendo a superposição de territorialidades costumam decorrer de situações de reterritorialização, que têm sua origem em migrações passadas. Nesse sentido, o apelo de diferentes grupos a memórias coletivas divergentes (e muito seletivas) tem por objetivo a obtenção de legitimidade para pleitos construídos a partir de necessidades atuais que, por sua vez, também mudam com o tempo.

Nas décadas de 1950 e 1960, o choque traumático do contato interétnico dizimou parte da população xavante, desorganizando a vida das comunidades. Durante a década de 1970, os indígenas voltaram a crescer, conseguiram se reorganizar e voltaram para suas terras originárias, onde passaram a atacar as fazendas, com o intuito de expulsar seus ocupantes e pressionar o governo a demarcá-las (GARFIELD, 2014). Conforme Garfield (2014, p. 47-48):

> [...] na reserva de Sangradouro, homens Xavante atacaram duas fazendas de criação de gado que continuaram usando áreas da reserva para pastagem. Igualmente, na reserva de Pimentel Barbosa, os Xavante saquearam bens de fazendeiros que se recusaram a deixar a reserva recém-criada. Esses ataques, enquanto exploravam o medo do belicismo Xavante, dificilmente representavam atos de violência gratuita ou de ódio desenfreado. Cientes de que os fazendeiros tinham um maior poder de fogo do que as comunidades Xavante, o cacique Apoena (Ahöpöwẽ), de Pimentel Barbosa, instruiu os guerreiros a nunca causar lesões corporais, apenas danos meramente materiais.

O senso de oportunidade revelado pelos indígenas, durante as lutas pela demarcação de suas terras, indica uma grande capacidade de compreensão da correlação de forças que se desenhava naquele momento da história. Aproveitando-se das brechas abertas pelas contestações ao regime militar, no âmbito nacional e no internacional, e da adesão de novos aliados às suas causas, os Xavante souberam valer-se do momento favorável para impor suas reivindicações ao Estado brasileiro.

O aprendizado advindo de duas décadas de convivência com os não indígenas e de subordinação forçada a eles permitiu que os Xavante desenvolvessem estratégias de luta política adaptadas à sua nova realidade. Suas táticas incluíam violência simbólica, pressões sobre órgãos governamentais, apelos morais e alianças dentro do país e no exterior. Ao contrário do que ocorrera no período do pré-contato, quando o poder do Estado não era reconhecido pelos Xavante, após duas décadas de contato interétnico, ele passou a ser afirmado pelos próprios indígenas, que não hesitaram em recorrer à intervenção estatal para fazer valerem suas reivindicações (GARFIELD, 2014).

Embora, em 1972, uma pequena área em Couto Magalhães tivesse sido reservada aos Xavante, na região do rio Culuene, nenhuma gleba fora destinada aos indígenas. Em 1974, quatro famílias xavante da aldeia Paraíso retornaram a Culuene, de onde tinham migrado, em 1955, quando então se dirigiram para a região do rio Batovi (atual Terra Indígena Marechal Rondon). Pouco tempo depois, toda a aldeia Paraíso voltou para a sua área do pré-contato, em Culuene, que passou a contar com uma população de 500 indígenas, em 1976 (GARFIELD, 2011).

Fazendeiros e posseiros tentavam barrar as reivindicações xavante, chegando a fomentar a ocupação irregular da área reivindicada pelos índios por famílias de sem-terra, expulsos de fazendas locais, com o intuito de impedir a criação de uma nova reserva (GARFIELD, 2011). Em 1975, 350 posseiros já viviam no acampamento Novo Paraíso, dentro da área reivindicada pelos Xavante, enquanto os indígenas viam-se confinados em pequenas glebas, insuficientes para sua subsistência, em um momento em que sua população crescia (GARFIELD, 2011).

O acirramento dos conflitos entre índios e posseiros levou à formação de uma comissão mista, em julho de 1975, para avaliar a situação. Dessa comissão participaram o Incra e a Funai, que visitaram a região de Culuene e Couto Magalhães, recomendando aos posseiros que abandonassem a área. Nesse mesmo ano, os Xavante, que vinham assistindo a suas antigas terras serem invadidas e ambientalmente destruídas, derrubaram uma ponte de madeira, utilizada para o transporte de suprimentos para o acampamento Novo Paraíso, dificultando a permanência dos posseiros no local (GARFIELD, 2011).

Em 1976, a Funai reservou 51 mil hectares aos Xavante na região de Culuene. A Fazenda Xavantina, embora incrustada entre as reservas Couto Magalhães, a leste, e Culuene, a oeste, não foi afetada pela demarcação, mantendo sua ocupação de 100 mil hectares em terras que, no passado, tinha abrigado antigas aldeias indígenas (GARFIELD, 2011).

O desmatamento de Culene e de Couto Magalhães preocupava os Xavante, que realizavam ataques e saques pontuais, causando danos materiais a fazendeiros e posseiros, como forma de pressioná-los a deixarem a região (GARFIELD, 2011). Ao justificar tais ações, eles frequentemente recorriam à memória do massacre da aldeia Parabubu, considerado um marco histórico, pelos Xavante, por ter sido um dos acontecimentos responsáveis pela fuga de uma parte da população indígena da região, na década de 1950.

A memória do massacre era evocada como prova da antiga presença dos Xavante naquelas terras, posteriormente ocupadas pela Fazenda Xavantina. Por esse motivo, em reuniões em Brasília, as lembranças do massacre de 1951 eram narradas às autoridades pelas lideranças xavante, com o intuito de rebater o argumento de fazendeiros de que os indígenas teriam chegado à região de Couto Magalhães apenas em 1965.

Roberto, que acompanhou Celestino em algumas de suas viagens a Brasília, conta como as narrativas do massacre da aldeia Parabubu forneceram a credibilidade necessária à versão xavante sobre a anterioridade de sua ocupação sobre aquelas terras. Para o narrador, esses relatos foram fundamentais para que as autoridades se decidissem a, finalmente, demarca-las em favor dos indígenas. Roberto assim explica:

> Como saiu a demarcação da terra? Essa demarcação nunca ia sair porque tinha uma fazenda que se chamava Nova Xavantina que era muito grande e muito forte. Era do empresário. E como nós conseguimos? No passado, o nosso povo foi assassinado e muitos morreram nesse lugar e eu juntei todos os cartuchos de 38 [revólver calibre 38] e coloquei numa sacola e um resto de um pilão e levei para Brasília, para o presidente. "— Presidente, eu trouxe essa prova para você! Esses cartuchos foram usados pelo homem branco para nos assassinar". E nisso nós conseguimos vencer a luta, através disso saiu a demarcação, antes nunca sairia essa demarcação, porque era do empresário. (Roberto Tseredzadi, julho de 2017).

Eduardo, irmão de Roberto, também se recorda de um episódio em que eventos do pré-contato foram por ele evocados em uma discussão com um fazendeiro, a quem ele chama de João Faria, e que queria expulsá-lo daquelas terras, sob a alegação de que se tratava de áreas privadas, nas quais os indígenas teriam chegado recentemente. Reproduzindo sua fala do período em que a discussão ocorreu, ele menciona os acontecimentos que motivaram as comunidades xavante a abandonarem as terras de Onhi'udu (Culuene). Assim, ele conta como interpelou o fazendeiro no passado:

> *Por que você está falando muito alto? Você nasceu aqui? Você tem o seu ancestral aqui? Aqui não existia nenhum homem branco. Tivemos uma epidemia de sarampo que chegou de um lugar chamado Onhi'udu e que nos dispersou, por isso saímos desse lugar, vocês chegaram aqui depois que partimos. Vocês não podem dizer que a terra é de vocês, aqui era o lugar dos nossos ancestrais, onde eles viviam.* (Eduardo Tseredzaró, julho de 2018).

As localidades percorridas no passado pelos ancestrais, ou aquelas onde estavam situadas as antigas aldeias, ou os cemitérios, cujos vestígios dão testemunho da antiguidade da presença xavante na região, revestem-se de significado especial para os indígenas. Como Halbwachs (1990) já assinalava em seus estudos pioneiros sobre memória coletiva, os objetos materiais, as paisagens e os espaços geográficos remetem-nos à lembrança, à recordação do vivido, funcionando como suportes materiais para a memória.

De acordo com Aguilar (2011), os povos indígenas desenvolveram uma íntima vinculação cultural com o seu território ancestral. A autora explica que o espaço territorial contém "marcas" históricas que remetem a coletividade indígena ao seu passado, permitindo a perpetuação de sua memória.

Os Xavante argumentavam que as áreas de Couto Magalhães e Culuene tinham sido por eles ocupadas desde tempos remotos, e que os antigos cemitérios ofereciam as evidências históricas de sua presença anterior à dos não índios na região. Por esse motivo, a Fazenda Xavantina tentou eliminar esses vestígios, que formavam as provas materiais utilizadas para autenticar as reivindicações indígenas sobre a terra, no que foi repreendida, em 1978, pelo presidente da Funai, Ismarth Araújo de Oliveira (GARFIELD, 2011).

Garfield (2011) pontua que os Xavante eram frequentemente alvo de desprezo de colonos, que cobiçavam suas terras e consideravam-nos selvagens, além de parasitas sociais. Esse desprezo era percebido pelos Xavante e reforçava a sua indignação, fazendo com que se empenhassem, ainda mais, em suas lutas em prol da retomada de suas terras. O autor ressalta:

> O desafio dos exilados era formidável. Uma potência eco-nômica, em 1979, a Fazenda Xavantina alardeava possuir dez mil cabeças de gado em 6.750 hectares de pastagens (com mais mil em formação) e produzir uma média de 16 mil sacos de arroz por colheita. Onde outrora se ouviam apenas os sons da natureza, ressoavam agora o som de tratores, caminhões, debulhadoras, ceifadeiras e geradores. A mata fora cortada e substituída por prédios administrativos, dormitórios e um restaurante para os empregados, além de olarias, silos, armazéns, serrarias, abrigos e uma pista de pouso. Mais de 300 km de uma estrada interna foram construídos e mais de quatrocentos quilômetros de cercas de arame farpado foram instalados. A fazenda empregava, conforme a demanda sazonal, entre cinquenta e duzentos trabalhadores, que moravam no local com suas famílias. Com efeito, a fazenda representava a empresa rural que os planejadores estatais preconizavam para a Amazônia Legal (mas raramente encontravam lá), como seus proprietários não demoravam a lembrar, em defesa própria, aos dirigentes do governo. (GARFIELD, 2011, p. 265).

Entre as lideranças xavante que se destacaram, nesse período, Celestino talvez tenha sido a principal delas. Nascido na região de Parabubure, onde passou sua infância e parte de sua juventude, Celestino migrou com sua família para Sangradouro, na segunda metade da década de 1950. Sobre o tempo em que viveu em Sangradouro, ele conta: *"Eu vivi muito tempo nesse lugar [Terra Indígena Sangradouro], caçava, matava muitos bichos para alimentar os Xavante".* (Celestino Tsereróm'õ Tseredzéré, julho de 2016).

Em 1978, Celestino mudou-se, com outros 60 indígenas, para Couto Magalhães, onde passou a questionar a instalação da fazenda naquelas terras e a adotar uma postura de confrontação aos interesses dos colonos. O posicionamento combativo de Celestino, evitado por alguns grupos indígenas anteriormente estabelecidos na região, acostumados aos padrões de cooptação utilizados por fazendeiros locais, desencadeou, contra ele e seus apoiadores, a animosidade de outros Xavante (GARFIELD, 2011).

Eduardo, que passara a infância em Culuene e que para lá retornou, influenciado por Celestino, após vários anos vivendo em Sangradouro, menciona alguns embates com os Xavante ligados a Rowadzó, comentando como as ameaças feitas por eles a Celestino motivaram a sua mudança para Culuene. Conforme o narrador:

> *Aqui [na aldeia 'Rituwawẽ ou São Jorge] viviam os meus sogros.*[96]
> *Eu perdi a paciência porque eles viviam sendo atacados por outros*
> *Xavante. Por essa razão, eu vim para cá com o meu irmão mais*
> *novo para confrontar esses Xavante. Os Xavante eram muito*
> *bravos nessa região, eu perdi a paciência de ouvir tantas histórias*
> *e vim morar aqui.* (Eduardo Tseredzaró, julho de 2018).

Os conflitos entre o grupo de Rowadzó e o grupo de Celestino, do qual Eduardo e seu irmão Roberto faziam parte, são bastante mencionados pelo narrador. Eduardo, que testemunhou alguns desses episódios, descreve um desses entreveros, ocorrido no dia de sua chegada na região. Conforme o narrador, seguidores de Rowadzó teriam se deslocado de carro até a aldeia em que Celestino vivia, com o intuito de ameaçá-lo. Nessa ocasião, Celestino tinha viajado para Brasília, e Eduardo relata como enfrentou seus antagonistas. Assim ele conta:

> *O carro passou por mim e parou no local onde o Dr. Mário traba-*
> *lhava. Eram de uma aldeia que hoje se chama Aldeinha. Tinham*
> *vindo para assassinar meus dois sogros, mas eu apareci, mesmo*
> *sendo um homem pequeno, e ninguém me assustou com sua fala.*
> (Eduardo Tseredzaró, julho de 2018).

Garfield (2011) explica que essa postura de confrontação adotada pelo grupo de Celestino deve ser compreendida dentro de um contexto em que as mobilizações indígenas intensificavam-se no país, especialmente a partir da segunda metade da década de 1970. Até o início dessa década, as reivindicações indígenas eram isoladas, não adotavam críticas direcionadas à situação de todos os povos indígenas do Brasil, e suas mobilizações eram frequentemente coibidas pela Funai que, por meio do aparato tutelar, impedia que as comunidades se organizassem politicamente para discutir seus problemas (PACHECO; ROCHA FREIRE, 2006).

Entre 1974 e 1978, ocorreram 11 assembleias e congressos indígenas apoiados pelo Cimi (Conselho Indigenista Missionário). Nessas assembleias, diferentes povos indígenas tomavam conhecimento de sua diversidade linguística, de cultura e de crenças, unindo-se em torno das reivindicações e lutas por direitos (PACHECO OLIVEIRA; ROCHA FREIRE, 2006).

---

[96] Entre os Xavante, é muito comum o uso de termos que evocam um parentesco potencial ou classificatório. O uso dos termos pai, sogro, genro ou neto não significa uma relação de parentesco real entre aqueles que assim se denominam, mas a de um parentesco potencial entre pessoas que, de acordo com o seu posicionamento na hierarquia e na estrutura social xavante, poderiam estabelecer entre si determinados laços de parentesco.

As assembleias serviram como espaços de diálogo e de articulação de demandas políticas para seus participantes, vindos de diferentes partes do país. Os debates promovidos durante os eventos abarcavam temas como invasões de terra, demarcações, destruição do meio ambiente, repressão e omissão governamental, e foram fundamentais para encorajar a ação indígena (GARFIELD, 2011).

Nas assembleias, antigas rivalidades entre povos envolvidos em conflitos, no passado, eram abandonadas. Nas palavras de Garfield (2011, p. 274): "Com sua nova língua comum (o português) e sua nova estrutura organizativa e identidade (a de "índios"), os líderes xavante procuraram retrabalhar as intervenções culturais em benefício próprio".

Celestino, que chegou a participar de alguns desses eventos, declarou, em 1978, na "X Assembleia dos Chefes Indígenas", ocorrida em uma aldeia dos Tapirapé, Mato Grosso, sua intenção de retomar as terras xavante de Couto Magalhães e Culuene (GARFIELD, 2011). Sobre esse momento de seu passado, ele conta: *"Os padres me levaram para Cuiabá e lá eu pensei, observando os locais por onde eu passei, que eu não gostava dali. Eu falei: '- Eu vou assumir a luta pela terra'"*. (Celestino Tsereróm'õ Tseredzéré, dezembro de 2016).

A aliança com setores progressistas da Igreja Católica revelou-se fundamental para os povos indígenas, durante esse período do governo militar. Influenciada pelas disposições do Concílio do Vaticano II (1962-1965), que apregoavam a necessidade de um maior compromisso da Igreja com o bem-estar social das populações, bem como a necessidade de respeito às religiões não cristãs, a Igreja Católica, do Brasil e da América Latina, passou então a se engajar em trabalhos com as populações mais pobres do continente. Garfield (2011, p. 274) assinala que "[...] em 1968, delegados da Celam (Conferência Episcopal Latino-Americana) aprovaram uma 'opção preferencial pelos pobres'". O autor ressalta ainda:

> Os missionários católicos da América Latina, abalados pela Declaração de Barbados de 1971, um manifesto de antropólogos que defendia a imediata suspensão de todas as atividades missionárias entre populações nativas, queriam se redimir pelos crimes cometidos no passado e, assim, prometiam maior respeito aos povos indígenas. Na linha de frente, os missionários se depararam com as demandas indígenas por controle territorial e maior autonomia. (GARFIELD, 2011, p. 274-275).

A violência da expansão das fronteiras sobre as terras das comunidades indígenas e camponesas no Brasil capturou a atenção dos missionários católicos que, em 1972, criaram o Cimi. A entidade apoiava as reivindicações e lutas indígenas pela terra e por autodeterminação, chegando a lançar um manifesto, em 1973, denominado *Y-Juca-Pirama: o índio, aquele que deve morrer*, no qual os religiosos denunciavam o projeto desenvolvimentista dos militares e a política indigenista do Estado brasileiro, voltada para a integração dos povos indígenas (GARFIELD, 2011).

De acordo com o Relatório da Comissão da Verdade (2014), com a edição do AI-5, no ano de 1968, a política indigenista tornou-se mais agressiva. Em 1970, foi lançado o Plano de Integração Nacional (PIN), que estimulava a ocupação da Amazônia, considerada demograficamente vazia, como se os povos indígenas ali não existissem. A ideia de integração defendida pelo plano levou à abertura de grandes estradas na floresta, como foi o caso da Transamazônica e das BRs 163, 174, 210 e 374. Segundo o Relatório da CNV (2014, vol. III, p. 203), "a meta era assentar umas 100 mil famílias ao longo das estradas, em mais de 2 quilômetros quadrados de terras expropriadas". Acrescenta o relatório:

> Na época, o ministro do Interior era o militar e político José Costa Cavalcanti, um dos signatários do AI-5, que ficaria no cargo de 1969 até 1974, apoiado por Costa e Silva (a quem ajudara a ascender a presidente) e por Médici. Costa Cavalcanti ele próprio declara que a Transamazônica cortaria terras de 29 etnias indígenas, sendo 11 grupos isolados e nove de contato intermitente – acarretando em remoções forçadas. Para a consecução de tal programa, a Funai, então dirigida pelo general Bandeira de Mello, firmou um convênio com a Superintendência de Desenvolvimento da Amazônia (Sudam) para a "pacificação de 30 grupos indígenas arredios" e se tornou a executora de uma política de contato, atração e remoção de índios de seus territórios em benefício das estradas e da colonização pretendida. (CNV, 2014, vol. III , p. 209).

Além das rodovias, outras obras de infraestrutura também contribuíram para perturbar a vida das comunidades indígenas. Esse foi o caso da hidrelétrica de Tucuruí e a estrada de ferro Carajás. Nesse período, foram feitas as atrações e os contatos com povos isolados sem os devidos planejamento e precauções — como aquelas necessárias ao controle epidemiológico, que requer a aplicação de vacinas. Essa situação levou ao extermínio de vários grupos, como foi o caso dos Panará, no Mato Grosso e Pará, que perdeu dois terços de sua população (CNV, 2014, vol. III, p. 204).

Vários povos tiveram seus territórios recortados por estradas e muitos foram desalojados e removidos à força, para viverem em áreas inadequadas à sua sobrevivência. Conforme o relatório, "Face à pesada censura em que viviam os meios de comunicação no país, a sociedade civil, praticamente, desconhecia o que se passava na Amazônia, em particular, seu ônus social". (CNV, 2014, vol. III, p. 203).

Em 1970, o Projeto Radam da Amazônia, posteriormente Radam Brasil, permitiu o mapeamento de áreas potencialmente ricas em recursos minerais na Amazônia. A divulgação dessas informações e a construção da Perimetral Norte, cortando as terras ianomâmi, facilitaram a invasão da terra indígena por um grande contingente de garimpeiros, à procura de ouro, causando a morte de mais de 50% da população ianomâmi das comunidades situadas ao longo do rio Catrimani. Nos lugares por onde passavam, os garimpeiros "[...] poluíam os rios com mercúrio, afastavam a caça pelo barulho, provocaram a fome e a desnutrição de índios". (CNV, 2014, vol. III, p. 205).

Os projetos agroindustriais, incentivados pelos militares, também tiveram sua parcela de responsabilidade na remoção de povos indígenas de suas terras originárias. No caso dos Xavante, a comunidade de Marãiwatsédé foi especialmente atingida pela política indigenista desenvolvida pelos militares, ao ser transplantada à força para São Marcos, em 1966, para que suas terras fossem liberadas para a Agropecuária Suiá-Missu. Nas palavras de Pacheco de Oliveira e Rocha Freire (2006, p. 132-133):

> O pós-contato sempre levava a doenças, fome e desespero entre os índios contatados, não só por falta de políticas desenvolvidas para essa fase, como pela própria pressão de projetos desenvolvimentistas do regime militar, os quais colocavam os direitos indígenas como secundários.

As intervenções dos militares na região amazônica remetem-nos às práticas de conquista e colonização de territórios que se perpetuam mesmo com o fim do colonialismo formal. Essa continuidade é reveladora do modo como a colonialidade do poder marcou os governos militares, ao perpetuar velhas práticas coloniais e racistas de violência, invasão e exploração de territórios indígenas. Desde o período colonial, o ato de invadir terras indígenas e expulsar seus habitantes, com o uso da força e da violência, foi parte da política de extermínio e de negação da humanidade, da diferença e dos direitos dos povos indígenas.

A política indigenista dos militares foi especialmente denunciada por setores progressistas da Igreja Católica, que apoiavam a reorganização das comunidades indígenas e suas reivindicações (PACHECO DE OLIVEIRA; ROCHA FREIRE, 2006). As críticas aos governos militares, em sua atuação voltada para os povos indígenas, fizeram com que o governo Médici chegasse a proibir o trabalho de missionários católicos nas comunidades (GARFIELD, 2011). O apoio de alguns religiosos às reivindicações fundiárias indígenas é lembrado por Celestino: *"Os padres e o Cimi me ajudaram na luta pela demarcação da terra. Os padres e o Cimi trabalharam na demarcação e me ajudaram"*. (Celestino Tsererómʼõ Tseredzéré, dezembro de 2016).

O Cimi era formado por membros da ala progressista da Igreja Católica e não foi aceito de maneira uniforme por todos os grupos da Igreja. Os salesianos, em especial, foram bastante criticados pela entidade pelos seus métodos autoritários e assimilacionistas. Apesar disso, mesmo entre os salesianos, existiam religiosos associados ao Cimi, como foi o caso do padre Rodolfo Lukenbein, assassinado por sua defesa das terras bororo e que chegou a ser membro da direção da entidade (GARFIELD, 2011).

Além do Cimi, surgiram, na década de 1970, outros grupos empenhados na proteção dos direitos indígenas, entre os quais a Associação Nacional de Apoio ao Índio (Anai), a CPI (Comissão Pró-Índio) e o CTI (Centro de Trabalho Indigenista). Com isso, os indígenas passaram a beneficiar-se do apoio de religiosos, servidores da Funai, antropólogos, jornalistas, advogados e estudantes para pressionar os governos militares, com o intuito de forçá-los a atenderem as suas reinvindicações (GARFIELD, 2011).

Pacheco de Oliveira e Rocha Freire (2006) explicam que o movimento indígena do Brasil estruturou-se em torno das reivindicações pelas demarcações de terra e autodeterminação, ou seja, pela busca por alguma autonomia para a gestão da vida cotidiana, no âmbito do Estado brasileiro. Em várias ocasiões, o movimento confrontou as políticas oficiais e seus representantes, como a Funai, o Ministério do Interior (posteriormente Ministério da Justiça) e a Presidência da República. Com o crescimento do movimento, aumentaram as divergências internas e as iniciativas autônomas dos diferentes povos indígenas. A ocupação de unidades da Funai e a pressão sobre burocratas e funcionários do governo foi adotada principalmente pelos Xavante e pelos Caiapó, enquanto a UNI[97] dedicou-se, especialmente, a combater os projetos de mineração em terras indígenas (PACHECO DE OLIVEIRA; ROCHA FREIRE, 2006).

Durante o ano de 1979, Celestino e outras lideranças de diferentes terras xavante viajavam para Brasília para apresentarem suas reinvindicações na sede da Funai (GARFIELD, 2011). Nessas viagens, ele foi, algumas vezes, acompanhado pelo jovem Roberto, que encarregava-se de realizar as pinturas corporais xavante utilizadas por Celestino durante as reuniões, além de atuar como seu tradutor. Nas palavras de Roberto: *"Eu ajudava o Celestino, fomos para Brasília e eu era o pintor dele, sempre pintava ele porque ele não gostava de ficar sem a pintura, era costume dele"*. (Roberto Tseredzadi, julho de 2017).

Garfield (2011, p. 268) observa que "Não há dúvida de que, ao longo da década de 1970, os líderes xavante reivindicaram os direitos de suas comunidades como índios e cidadãos brasileiros". Ainda que os indígenas continuassem mantendo suas próprias tradições e a difundir, dentro de suas comunidades, suas versões sobre a sua história, eles também se apropriaram de uma narrativa histórica "oficial" do Brasil, transmitida por indigenistas, missionários e meios de comunicação (GARFIELD, 2011).

Após mais de duas décadas de contato interétnico, os Xavante passaram estrategicamente a adotar um discurso indigenista, elaborado em um meio externo à sua cultura, e que propunha uma unidade pan-indígena. Além da identidade genérica de "índios", pensada como uma identidade política de coalização, forjada a partir de sua participação em um movimento que tentava abrir canais de diálogo com a sociedade nacional, os Xavante também se apropriaram de um discurso nacionalista, que afirmava a sua condição de brasileiros, cujas pretensões territoriais não ameaçavam a integridade e a soberania do país (GARFIELD, 2011)

Em 1979, acirraram-se os conflitos na região de Couto Magalhães e Culuene, entre os Xavante e a Fazenda Xavantina. Para confrontar o pessoal da fazenda, os indígenas queimaram as máquinas utilizadas na derrubada das árvores que eram levadas à serraria, roubaram material de construção, colheram para si parte do arroz cultivado na fazenda e abateram algumas de suas cabeças gado. Em resposta à ação dos Xavante, fazendeiros da região,

---

[97] Fundada em 1980, inicialmente sob a sigla Unind (União das Nações Indígenas), a organização congregava lideranças indígenas de diferentes povos. O primeiro grande encontro de lideranças, ocorrido em São Paulo, em 1981, contou com a presença de 73 líderes e 32 entidades de apoio aos índios. Durante o evento, a sigla da organização foi alterada para UNI, que se consolidou como a primeira organização indígena de projeção nacional.

influentes no Governo do Estado de Mato Grosso, solicitaram ajuda policial, no que foram atendidos. Quinze policiais militares armados com metralhadoras foram então deslocados para a cidade de Nova Xavantina, e de lá seguiram para a sede da fazenda, onde erigiram barricadas improvisadas, preparando-se para atacar os indígenas. O ataque foi, contudo, impedido por Cláudio Romero, servidor da Funai, que, além de alertar os policiais sobre a repercussão negativa, para o governo brasileiro, de um confronto violento com os índios, exortou a administração da Funai de Brasília para que interviesse, rapidamente, para evitar conflito, advertido o Governo do Estado de Mato Grosso para situação de perigo, o que levou os policiais a deixarem a área da fazenda (GARFIELD, 2011).

A Funai era criticada pelos fazendeiros por não conseguir conter os Xavante, que simulavam ataques e cometiam atos de vandalismo para pressionar o Estado a resolver o problema de suas terras (GARFIELD, 2011). Nas palavras do diretor superintendente da Fazenda Xavantina S.A., retiradas de carta supramencionada, por ele enviada ao ministro do Interior, em 9 de junho de 1979, "Nenhuma providência concreta foi tomada pela Funai, na ocasião, e a fazenda ficou a mercê dos silvícolas invasores e de seus desatinos e ameaças". (Processo n.º 28870.003795-1981-72, folha 61).

Em 1979, viviam 428 indígenas em Couto Magalhães e 692 em Culuene, que somavam um total de 1.110 índios xavante. Na impossibilidade de removê-los ou de dissuadi-los a abandonar a região, a Presidência da República editou o Decreto n.º 84.337, de 21 de dezembro de 1979, que uniu as duas áreas sob o nome de Parabubure (GARFIELD, 2011). Passadas quatro décadas da edição do decreto presidencial que oficialmente demarcou a terra indígena, Celestino, orgulhoso de seu protagonismo nas lutas desse período, faz o seguinte balanço de sua atuação e dos acontecimentos que culminaram na demarcação de Parabubure:

> O trabalho foi duro, preste bastante atenção na minha história. Os Xavante me diziam que era perigoso, mas eu não dei ouvidos. Eu comecei o trabalho na região dos índios tapirapé, eu não parava de pensar na terra, porque era nossa, era do nosso ancestral. Eu tomei a terra, ninguém pensava em terra, salvei os Xavante. Eu demarquei começando no Pedzatõ e Hu'uhi, onde meu tio foi atacado pela onça. O limite da terra foi naquele lugar, quase demarquei tudo, incluindo Wabuwa. (Celestino Tsererómʼõ Tseredzéré, dezembro de 2016).

Com a edição do Decreto n.º 84.337, de 21 de dezembro de 1979, a Fazenda Xavantina teve 89.920 hectares incorporados à Terra Indígena Parabubure, demarcada, em sua totalidade, com uma extensão de 224.447 hectares (GARFIELD, 2011). Embora a vitória dos Xavante tenha sido significativa, ao permitir a recuperação de parte de suas terras do pré-contato, se compararmos a extensão territorial por eles ocupada no passado às terras descontínuas demarcadas no presente, cercadas por lavouras de soja e por pastagens de gado, esse sucesso pode ser considerado modesto.

Com a demarcação de Parabubure, iniciou-se o processo de desocupação da terra indígena e a realocação de seus ocupantes não índios. Enquanto parte dos posseiros foi transferida para projetos de assentamentos rurais em outras localidades do Mato Grosso, os fazendeiros tiveram que se contentar em receber apenas a indenização pelas benfeitorias encontradas nas áreas demarcadas, mas não o valor correspondente às terras perdidas, devido à vedação constitucional.[98]

Com a demarcação da terra indígena, a Funai anulou as certidões negativas por ela emitidas no passado para os detentores de títulos incidentes na Terra Indígena Parabubure, e colocou os marcos físicos em seus limites, com a participação dos Xavante. O órgão e a União foram processados por fazendeiros e pelo estado de Mato Grosso, que exigiam indenização pelas perdas territoriais decorrentes da demarcação da terra indígena, mas não conseguiram obter a restituição pleiteada. Ao contrário do que ocorrera em São Marcos e Sangradouro, onde os Xavante chegaram apenas na década de 1950, posteriormente à ocupação "branca" na região, as terras de Parabubure eram terras originalmente indígenas, vendidas irregularmente pelo estado de Mato Grosso a particulares (GARFIELD, 2011).

Garfield (2011) atribui o sucesso da demarcação de Parabubure à mescla de certa agressividade guerreira, que os Xavante bem manejavam, com a capacidade desses indígenas de manipular práticas culturais exógenas e, assim, influenciar a política indigenista do Estado. Segundo o autor:

> Grupos indígenas como os Xavante reconheceram tanto a importância quanto as deficiências da Funai em defender as comunidades nativas e, assim, procuraram reforçar e, ao mesmo tempo, redefinir o poder do Estado na fronteira. (GARFIELD, 2011, p. 286).

---

[98] A Constituição de 1967 impede o pagamento de indenizações para os detentores de títulos incidentes em terras indígenas. O dispositivo constitucional, que veda a indenização pelas terras originárias, reconhecidas como de ocupação tradicional indígena, permanece ainda hoje vigente na Constituição federal de 1988.

5.3 Memórias em disputa

A memória da demarcação da Terra Indígena Parabubure é disputada por diferentes grupos xavante que habitam a terra indígena, no presente. Embora os conflitos entre grupos, linhagens e aldeias, comuns entre os Xavante, não cheguem hoje a resultar em assassinatos, ou em embates violentos como os que ocorreram no passado, eles se expressam na memória da demarcação da terra indígena, que varia conforme a inserção dos narradores em determinado grupo social.

Para Pollack (1992), a memória é influenciada pelas lutas que são travadas pelo poder e que envolvem a consolidação de versões sobre o passado e a proposição de utopias de futuro. Aquilo que as sociedades lembram e esquecem, ou seja, a sua memória, interfere em muitas de suas opções, definindo, em grande medida, a natureza da ação, ao reordenar a realidade e legitimar o exercício da autoridade e do poder (POLLACK, 1992).

Enquanto Osana e Germano buscam ressaltar a memória de Benedito Rowadzó, que afirmam ter sido o primeiro xavante a retornar às terras de Parabubure e o principal responsável pela sua demarcação, Celestino, Eduardo e Roberto explicam que os esforços de Rowadzó foram todos direcionados à construção de alianças com fazendeiros locais, em trocas de benefícios pessoais, ainda que à custa das reinvindicações fundiárias do povo xavante.

Para Osana, *"A verdadeira história de quem demarcou a terra, não foi o Celestino, mas sim o Benedito Rowadzó, que chegou primeiro e depois o resto dos Xavante foi chegando"*. (Osana Tõmõtsu, dezembro de 2016). Repetindo o mesmo raciocínio, Germano explica: *"Eu estou dizendo isso porque contam histórias erradas. Eles [os Xavante ligados a Celestino, que vieram de Sangradouro] enterram a história dele [de Rowadzó], foi assim que ocorreu a demarcação"*. (Germano Tsimi'wadzé Tseredzatsé, janeiro de 2016).

Ciente dessas versões que circulam em algumas aldeias da Terra Indígena Parabubure (as quais atribuem a Benedito Rowadzó o protagonismo das lutas pelas demarcações de terra), Celestino, aborrecido, exclama: *"Vocês falam mentiras, eu demarquei essa terra porque era uma terra tradicional, ocupada pelos nossos pais. Eu demarquei à toa? Não, eu demarquei para juntarem os do outro clã Öwawẽ"*. (Celestino Tsererómʼõ Tseredzéré, julho de 2016).

As disputas por autoridade e poder na Terra Indígena Parabubure influenciam as memórias dos narradores, refletindo-se em diferentes versões sobre a demarcação da terra indígena. Essas divergências provavelmente se relacionam a desavenças entre as famílias, causadas por desentendimentos entre os filhos, sobrinhos e netos dos narradores, frequentemente envolvidos em conflitos pelo acesso a políticas públicas, bens de consumo e à precedência nas relações estabelecidas com os não indígenas, sejam eles políticos locais, sejam fazendeiros vizinhos, servidores da Funai e da Sesai, entre outras possibilidades.

A seguinte fala de Celestino é reveladora, ao fornecer uma pista para os interesses subjacentes às distintas narrativas construídas em torno da demarcação da terra indígena. De acordo com o narrador, as disputas por liderança seriam um dos principais pontos de discórdia, conforme nos indica o relato a seguir:

> *Quando saiu a demarcação da terra, outros grupos deram vários nomes para esse local, como se fosse a luta deles, por inveja. Tem meus primos e meu sobrinho Mário, que leva o grupo deles para a cidade se dizendo lideranças para colocar o novo presidente da Funai. Eles pensam que são líderes, mas não são, porque o líder verdadeiro aqui sou eu. Eles pensam que são líderes porque estão em contato com o branco. Eu quero dizer aqui que eles têm que parar com isso. Parem de se achar líderes!* (Celestino Tsererôm'õ Tseredzéré, dezembro de 2016).

Pollack (1992, p. 201) afirma que estão, entre os elementos constitutivos da memória individual e coletiva, os acontecimentos vividos pessoalmente e os acontecimentos que o autor designa como sendo aqueles "vividos por tabela". Estes se referem a eventos experimentados pelo grupo ou pela coletividade à qual a pessoa sente pertencer, mas dos quais ela mesma não participou, apesar do destaque a eles conferido em seu imaginário. É às memórias desses acontecimentos "vividos por tabela" a que Roberto provavelmente se refere, ao mencionar aqueles que defendem determinadas versões sobre a demarcação de Parabubure sem terem efetivamente participado das lutas pela terra. Conforme o narrador:

> *Muitos Xavante chegaram aqui só depois que saiu a demarcação. No começo da luta éramos poucos, e travamos as batalhas para conseguirmos a demarcação, e hoje muitos vivem aqui, mas o que eu não gosto é que eles falam muito, dizem que foram eles que demarcaram.* (Roberto Tseredzadi, julho de 2017).

Pollack (1992) acrescenta que, no processo de socialização histórica ou política, pode ocorrer um fenômeno de projeção, ou de identificação com determinado passado, a ponto de ser possível falar de uma memória herdada. Esse fenômeno deve-se ao fato de a memória não ser apenas constituída por lembranças individuais, mas também por componentes coletivos, fundamentais para a percepção da continuidade no tempo e para a coerência identitária.

Embora Rowadzó não tenha efetivamente se empenhado nas lutas pela demarcação da terra indígena, ele foi o primeiro a retornar a Parabubure, em 1965, o que, para alguns narradores que não participaram das mobilizações em torno da demarcação, justificaria a sua precedência sobre Celestino, que se fixou na terra indígena apenas em 1978. O lapso temporal entre a chegada de Rowadzó e de Celestino a Parabubure, associado às disputas entre os diferentes grupos que habitam a terra indígena e as antipatias pessoais nutridas contra Celestino, teriam, portanto, influenciado a memória de narradores, como Germano, que assim comenta: *"As histórias foram distorcidas e ali o Celestino se autodenomina como demarcador de terra. Para quê? Ninguém nunca contou a história de Rowadzó, da migração dele em busca da terra, como se fosse uma formiga"*. (Germano Tsimi'wadzé Tseredzatsé, janeiro de 2016).

A memória não é possível sem o esquecimento, já que aquilo de que se lembra ou o de que se esquece depende de circunstâncias de sujeição, dominação e controle, o que é fundamental para qualquer projeto de poder. O controle da memória e do esquecimento, portanto, não é apenas uma preocupação-chave para as classes, os grupos e os indivíduos que dominam uns aos outros, mas também para aqueles que aspiram a fazê-lo (GNECCO; ZAMBRANO, 2000).

Roberto, que participou das lutas pela retomada de Parabubure, ao lado de Celestino, reconhece o protagonismo desse último na demarcação da terra indígena. O narrador, contudo, afirma que Celestino não costuma valorizar aqueles que o apoiaram no passado, atribuindo para si todos os créditos pela demarcação da terra indígena. Roberto define tal atitude como sendo contraditória, e explica que sua opinião não é um segredo a ser escondido dos parentes de Celestino, os do clã *Po'redza'õnõ*. Nas palavras de Roberto:

> *Eu era tradutor do Celestino, eu vivia traduzindo a fala dele, mas, meu sobrinho [referindo-se a Wellington], eu quero falar outra coisa. O Celestino nunca disse o meu nome, nunca falou do meu trabalho para os filhos dele, ele não tinha um filho para fazer o trabalho, e hoje eles falam o nome dele porque a terra*

> *já está demarcada. Hoje, como ele tem os filhos que são líderes, estão dividindo a terra para serem donos. Para mim o Celestino é boa gente, mais ou menos. Vocês podem ouvir isso, os do dã Po'redza'õnõ, porque ele é muito contraditório e muda rápido de pensamento.* (Roberto Tseredzadi, julho de 2017).

Especula-se que, ao centralizar em torno de sua figura a luta travada pela demarcação de Parabubure, Celestino tenha atraído a rejeição de outros grupos xavante, que se negam a reconhecer o seu papel na história da demarcação da terra indígena. Para Celestino, contudo, a propagação de distintas versões sobre o passado, com o objetivo de reformular a memória da demarcação de Parabubure, provém do desejo desses grupos de alterar a correlação de forças existente no interior da terra indígena. Preocupado com as tentativas de apagamento da memória construída em torno de seu protagonismo nas lutas pela demarcação, ele assim se dirige aos Xavante que insistem em difundir essas narrativas: *"Assim é a minha história, vocês precisam ouvir isso, muitos de vocês falam de demarcação como se demarcassem. Mentirosos!".* (Celestino Tsererómʼõ Tseredzéré, julho de 2016).

Para Roberto, as dificuldades que acompanham as demarcações de terras indígenas, no Brasil, não são conhecidas por todos os Xavante, que, por isso, minimizam o trabalho árduo que culminou na demarcação de Parabubure, criando versões do assunto. O narrador esclarece que as demarcações não são processos pacíficos, de fácil condução, pois costumam despertar a reação violenta dos "brancos", cujas posses e títulos de proprie-dade são incorporados às terras indígenas. Consciente disso, ele exorta seus conterrâneos de Parabubure para que o escutem e, assim, saibam o que ele considera ser a verdadeira história da terra indígena, em vez de criarem outras narrativas sobre o tema. Conforme Roberto:

> *Ele [Celestino] conta as histórias de verdade. Para conseguir uma terra, a luta é muito difícil, não é igual uma peça de roupa que você consegue, envolve muita coisa a luta pela terra. Por isso vocês têm que me ouvir, não podem criar histórias que não são verdades para elevar o seu nome, não façam isso. Vocês falam isso porque temos essa demarcação grande que saiu.* (Roberto Tseredzadi, julho de 2017).

Apesar das divergências entre as memórias da demarcação de Parabubure, há, entre elas, algo em comum: a consciência de que a demarcação somente foi possível pelo protagonismo dos próprios Xavante, que se empenharam ativamente em recuperar as suas terras. Embora as lutas e outras formas de resistências indígenas tenham sido frequentemente escamoteadas pela memória e pela historiografia nacional — que privilegiaram, até recentemente, as narrativas de não índios situados em espaços de poder — para os indígenas, as "verdadeiras histórias" são aquelas contadas no interior das comunidades, que apontam para a sua capacidade de superação e de controle sobre o seu próprio destino. Nesse sentido, a memória dos feitos e das lutas dos antepassados, difundida nas narrativas desses velhos indígenas, tem o potencial de encorajar a ação dos jovens xavante, inspirando-os em suas escolhas e decisões, que afetarão o futuro de seu povo.

CONSIDERAÇÕES FINAIS

As narrativas xavante sobre o contato com a sociedade nacional e a posterior demarcação de suas terras, obtidas pelos relatos orais decorrentes de entrevistas realizadas em aldeias das Terras Indígenas São Marcos e Parabubure, permite-nos o acesso a outras formas de conhecimento histórico, apenas recentemente reconhecidas, no âmbito da historiografia brasileira.

Embora as relações de exploração e dominação das populações indígenas que caracterizam o colonialismo permaneçam, ainda, no presente, autores como Meneses (2009) enfatizam que a forma de colonização cuja libertação provavelmente é a mais difícil é a epistêmica, ou seja, aquela que perpetua uma hierarquização de saberes, que têm nas culturas de raiz europeia o seu referencial.

A violência epistêmica constitui aquilo que Lander (2005) denomina como colonialidade do saber. Ela evoca uma divisão e uma ordenação de saberes segundo determinados critérios que não apenas permitem o manejo do conhecimento, mas também endossam e justificam desigualdades. Segundo esse padrão de organização do conhecimento, alguns saberes e interpretações de mundo são considerados incompreensíveis ou irrelevantes, o que justificaria o seu desaparecimento ou sua subalternização.

Essa divisão entre saberes que concedeu à ciência moderna, de origem europeia, o *status* de conhecimento universal e superior, com a capacidade de distinguir o verdadeiro do falso, em detrimento dos saberes produzidos em outras partes do mundo, impede o reconhecimento do seu provincianismo, travestido de universalismo, bem como dos seus projetos genocidas/ epistemicidas, a serviço dos quais a historiografia moderna muitas vezes se colocou (GROSFOGUEL, 2013).

No que se refere ao apagamento da presença indígenas na historiografia brasileira, há que se pensar ainda que ele se deve não apenas aos vícios teóricos e metodológicos verificados nas formas utilizadas para se descreverem os processos de colonização e de ocupação territorial do país, mas também à própria invisibilidade das populações indígenas no ambiente social.

A ideia de que não há mais índios, hoje, no Brasil, parece ter influenciado uma parcela de nossa sociedade, além da própria historiografia brasileira. Até as décadas de 1950 e 1960, havia certo consenso de que as instituições, os valores e a consciência cultural dos povos indígenas tinham sido destruídos pelo longo período de dominação europeia. Nas palavras de Sahlins (1997, p. 51-52), "[...] acreditava-se que a modernização levaria o processo deculturação a uma solução final, visto que os costumes tradicionais eram considerados como um obstáculo ao 'desenvolvimento'". Esse raciocínio, além de exaltar e superestimar o poder da ação europeia, não leva em conta a capacidade de "resistência cultural" dos diferentes povos, negando seus exemplos de autonomia cultural e de intencionalidade histórica.

Os relatos etnográficos de povos indígenas que se recusam tanto a desaparecer como a se tornar como "nós" mostram que as previsões sobre o seu desaparecimento estavam equivocadas. Apesar da violência, das doenças, da escravidão e das expulsões de seus territórios tradicionais, que, evidentemente, levaram muitos povos à dizimação ou ao declínio demográfico, aqueles que conseguiram sobreviver aos sistemas coloniais vêm tentando incorporar à sua própria ordem social esses sistemas, extraindo deles as condições para sua existência presente (SAHLINS, 1997).

Há muitos exemplos de projetos de reconstrução coletiva entre os povos ameríndios. Isso talvez indique que os processos de modernização não alteraram, de forma imediata, a compreensão indígena do mundo, pela imposição de certas formas de racionalidade associadas à ciência, à tecnologia ou à economia modernas, mantendo-se a capacidade de muitos desses povos de forjar seus próprios significados sobre o mundo, construídos a partir de pressupostos nativos, como ocorreu entre os Xavante.

Situações em que mudanças induzidas por forças externas são manejadas de acordo com os modos nativos vêm ocorrendo há milênios, visto que o confronto com o mundo externo e a subjugação por povos estrangeiros são experiências recorrentes na história da humanidade. Como bem define Sahlins (1990), entre a ordem cultural constituída na sociedade e aquela vivenciada pelas pessoas em seu cotidiano, há pequenos espaços para a ação, a liberdade e a divergência.

No que se refere aos Xavante, foram muitas as tentativas voltadas para o seu enquadramento epistêmico, o que inclui o desinteresse pelas histórias narradas por esses indígenas. Na historiografia nacional, abundam os trabalhos sobre as políticas indigenistas e de colonização desenvolvidas no Brasil entre as décadas de 1940 e 1970, enquanto os trabalhos envolvendo as representações históricas dos próprios indígenas sobre esse mesmo período são bem mais escassos.

Nesse período, as políticas de colonização — que pressupunham a conquista dos territórios indígenas — eram legitimadas por uma concepção de mundo forjada a partir de uma estrutura de conhecimento eurocentrada, alçada ao patamar de "universal", como forma de justificar o domínio e a subjugação desses povos aos interesses nacionais. A inferiorização dos conhecimentos produzidos pelos indígenas, como expressão de um "racismo epistêmico" (GROSFOGUEL, 2013), foi fundamental para se produzir a invisibilidade e o silenciamento de suas narrativas, em grande medida discordantes ou simplesmente muito diferentes daquelas oficialmente difundidas sobre a história do país.

A História tem ocupado, na tradição disciplinar europeia, um lugar privilegiado. Em sua variante hegemônica, ela tem sido vista como uma disciplina produtora de verdades neutras, o que faz com que as explicações objetivas e as provas autorizadas ocupem um lugar central no fazer historiográfico. Tal perspectiva tem levado alguns historiadores a desenvolverem uma grande desconfiança em relação à subjetividade da memória, embora, paradoxalmente, suas produções historiográficas não escapem das influências de um vigoroso dispositivo de memória oficial que, no entanto, não é reconhecido como tal (GNECCO; ZAMBRANO, 2000).

Autores como Gnecco e Zambrano (2000, p. 18) ressaltam que os arquivos públicos e os documentos administrativos e jurídicos do Estado são parte dessa memória oficial utilizada na construção das *histórias hegemônicas*, reprodutoras de velhas premissas do saber/poder no Ocidente, que tem "la palabra escrita como eficaz medio de la dominación, lo escrito como prueba y la equiparación de la historia con la escritura de la historia".

A História, portanto, tem frequentemente servido como uma tecnologia de domesticação/colonização da memória, na medida em que constrói, modifica e estrutura a memória social. Nesse sentido, é possível afirmar que a construção da memória do Estado colonial é inseparável da elaboração da história da colonização, que colaborou ou, pelo menos, contribuiu para a desestruturação de outros tipos memórias sociais, como as memórias dos povos indígenas (GNECCO; ZAMBRANO, 2000).

Como alternativa a essa tradição hegemônica da História, acredito ser possível a construção de uma *historiografia dissidente*, que se disponha a questionar a neutralidade da História e das suas fontes, a demonstrar a intencionalidade e a parcialidade subjacentes ao fazer historiográfico, além de adotar um conceito ampliado de suportes e formas de inscrição da memória, que não se restrinja à palavra escrita ou à uma oralidade colonizada. De acordo com essa perspectiva, as *histórias dissidentes* devem incluir narrativas minoritárias, silenciadas por práticas coercitivas de dominação que lhes negam a escuta (GNECCO; ZAMBRANO, 2000).

O reconhecimento dessas memórias e das maneiras próprias que os povos indígenas têm de lembrar o passado devem levar em conta o dever de reparação para com eles. Apenas assim será possível a implementação de uma política de memória efetiva, capaz de incluir as diferentes identidades que formam o Estado-nação.

As políticas de memória, contudo, não devem servir apenas para consagrar o sofrimento passado, mas, principalmente, para sensibilizar sobre às injustiças que ainda se perpetuam no presente, estimulando o combate às violações perpetradas contra os povos indígenas hoje. Ao serem perpetuadas de maneira autoritária, certas memórias contribuem com processos de aculturação e subordinação dos povos indígenas, servindo como instrumento de legitimação de ações e práticas políticas muitas vezes desumanas. A aplicação da justiça, portanto, pressupõe a reconfiguração de memórias, de forma a possibilitar novas e diversas interpretações acerca do passado, capazes de transformar antigas representações históricas (impostas como as únicas possíveis) sobre datas, monumentos, símbolos, comemorações, sujeitos e acontecimentos.

Para que memórias, sentidos e representações de povos minoritários sejam verdadeiramente reconhecidos como parte da memória e da história do país, um rompimento com os mitos de origem da nação são, assim, necessários. Tais mitos estariam basicamente fundados numa dupla negação: aquela que não reconhece certos povos como sujeitos da modernidade e aquela que não é capaz de identificar as condições de produção dos discursos sobre a nação, ou seja, as condições de despojo material e simbólico de uma parcela significativa da população, bem como sua divisão entre aqueles que são "[...] sujeitos de la nación" e aqueles que são "[...] sujeitos de las comunidades menores, pre-modernas". (RUFER, 2010, p. 21).

A abertura à diversidade de saberes resultante do desafio lançado à hegemonia cultural do Ocidente implica, consequentemente, em um questionamento à colonialidade do poder e do saber imposta aos povos. Apenas pelo reconhecimento da existência de diferentes lógicas e formas de pensar, presentes em um conjunto de epistemologias extremamente dinâmicas, difundidas metodologicamente por uma proposta de tradução intercultural, é que o diálogo e a comunicação entre as culturas podem ser ampliados (MENESES, 2008).

As resistências, as denúncias de violência, as expectativas sociais e o protagonismo político dos Xavante, em suas memórias de luta por direitos e por seus modos próprios de existência, trazem, para o campo historiográfico, novas representações sobre os povos indígenas, rompendo com silenciamentos, exclusões e estereótipos que ainda persistem nos conhecimentos acadêmicos. Foi por uma história dissidente que mergulhei nessa longa jornada de pesquisa, em busca de saberes e memórias dos Xavante sobre os seus primeiros contatos com os "brancos" e sobre as demarcações de suas terras. Essa busca culminaria na elaboração deste livro.

FONTES DE PESQUISA

1) Documentos orais: entrevistas

Daniel Tsi'õmõwẽ Wari, janeiro de 2017.

Daniel Tsi'õmõwẽ Wari, julho de 2017, parte 1.

Daniel Tsi'õmõwẽ Wari, julho de 2017, parte 2.

Raimundo Urébeté Ai'réro, janeiro de 2017.

Celestino Tsereróm'õ Tseredzéré, dezembro de 2016.

Celestino Tsereróm'õ Tseredzéré, julho de 2017.

Sílvio Tsipe 'Rãirãté, julho de 2017.

Tobias Tserenhimi' rãmi Tsere'õmowi, julho de 2017.

Roberto Tseredzadi, julho de 2017.

Eduardo Tseredzaró, julho de 2018.

Osana Tõmõtsu, dezembro de 2016.

Germano Tsimi'wadzé Tseredzatsé, dezembro de 2016.

Agnelo Temrité Wadzatse, janeiro de 2017.

2) Documentos escritos

Processo NI-MIA-BSB N.º 11367.

Processo FUNAI/BSB N.º 1137-82.

Processo n.º 08620.000740.1990-36.

Processo n.º 28870.003795-1981-72.

Processo FUNAI/BSB N.º 0574/73.

REFERÊNCIAS

AGUILAR, Alejandra Pinto. A patrimonialização da memória social: uma forma de domesticação política das memórias dissidentes ou indígenas? *Revista Ciências Sociais Usininos*, São Leopoldo, v. 47, n. 3, p. 273-283, set./dez. 2011.

ALBERT, Bruce. Cosmologias do Norte-amazônico. *In:* ALBERT, Bruce; RAMOS, Alcida Rita (org.). *Pacificando o branco.* Cosmologias do contato no Norte-amazônico. São Paulo: Ed. Unesp, 2002. p. 9-21.

ALBERTI, Verena. *Manual de História oral.* 3. ed. Rio de Janeiro: FGV, 2005.

ALMEIDA, Maria Regina Celestino de. *Os índios na história do Brasil.* Rio de Janeiro: FGV, 2010.

ASAD, Talal. O conceito de tradução cultural na antropologia social britânica. *In:* CLIFFORD, James; MARCUS, George E. (org.). *A escrita da cultura:* poética e política da etnografia. Rio de Janeiro: Editora da UERJ, 2016. p. 207-236.

BALDUS, Herbert. Tribos da Bacia do Araguaia e o Serviço de Proteção aos Índios. *Revista do Museu Paulista*, Nova Série, São Paulo, v. II, p. 137-168. 1948.

BALDUS, Herbert. É belicoso o Xavante? *Revista do Arquivo Municipal*, São Paulo, v. 142, p. 125-129, 1951.

BHABHA, Homi K. *O local da cultura.* Belo Horizonte: Editora da UFMG, 1998.

BENJAMIN, Walter. *Magia e técnica, arte e política.* Ensaios sobre literatura e história da cultura. Obras escolhidas I. São Paulo: Brasiliense, 1985.

BENJAMIN, Walter. *Rua de mão única.* Obras Escolhidas II. 3. ed. São Paulo: Brasiliense, 1987.

BOSI, Ecléa. *Memória e sociedade:* lembranças de velhos. São Paulo: Companhia das Letras, 1994.

BRITO, Antônio Guimarães. *Direitos indígenas nas Nações Unidas.* Curitiba: CRV, 2011.

BUCHILLET, Dominique. Contas de vidro, enfeites de branco e "potes de malária". Epidemiologia e representações de doenças infecciosas entre os Desana do alto Rio Negro. *In:* ALBERT, Bruce; RAMOS, Alcida Rita (org.). *Pacificando o branco.* Cosmologias do contato no Norte-amazônico. São Paulo: Ed. Unesp, 2002. p. 113-136.

CANDEU, Joël. *Memória e identidade*. São Paulo: Contexto, 2016.

CARDOSO DE OLIVEIRA, Roberto. Estudo de áreas de fricção interétnica do Brasil. *América Latina*, Rio de Janeiro, v. 5, n. 3, p. 85-90. 1962.

CARDOSO DE OLIVEIRA, Roberto. Aculturação e "fricção interétnica". *América Latina*, Rio de Janeiro, v. 6, n. 3, p. 33-46. 1963.

CARDOSO DE OLIVEIRA, Roberto. Problemas e hipóteses relativos à fricção interétnica: sugestões para uma metodologia. *Revista do Instituto de Ciências Sociais*, Rio de Janeiro, v. 4, n. 1, p. 41-91, 1967.

CARNEIRO DA CUNHA, Manuela. Apresentação. *In*: ALBERT, Bruce; RAMOS, Alcida Rita (org.). *Pacificando o branco*. Cosmologias do contato no Norte-amazônico. São Paulo: Ed. Unesp, 2002. p. 7-9.

CARNEIRO DA CUNHA, Manuela. Introdução a uma história indígena. *In*: CARNEIRO DA CUNHA, Manuela (org.). *História dos índios no Brasil*. São Paulo: Cia. das Letras, 1992. p. 9-24.

CARNEIRO DA CUNHA, Manuela. *Os direitos do índio*. Ensaios e documentos. São Paulo: Ed. Brasiliense, 1987.

CARNEIRO DA CUNHA, Manuela. Política indigenista no século XIX. *In:* CARNEIRO DA CUNHA, Manuela (org.). *História dos índios no Brasil*. São Paulo: Companhia das Letras, 1992. p. 133-154.

CARTOGA, Fernando. *Memória, história e historiografia*. Rio de Janeiro: FGV, 2015.

CASTILLEJO CUÉLLAR, Alejandro. *Los archivos del dolor*: ensayos sobre la violencia y el recuerdo en la Sudáfrica contemporánea. Bogotá, Colômbia: Ceso; Ediciones Uniandes, 2009.

CASTORIADIS, Cornelius. *A instituição imaginária da sociedade*. 6. ed. São Paulo: Paz e Terra, 2007.

CASTRO-GÓMEZ, Santiago. Ciências sociais, violência epistêmica e o problema da invenção do outro. *In:* LANDER, Edgardo (org.). *A colonialidade do saber:* eurocentrismo e ciências sociais. Perspectivas latino-americanas. Buenos Aires, Argentina: CLACSO, 2005. p. 80-87.

CERTEAU, Michel de. *A invenção do quotidiano*. 3. ed. Petrópolis: Vozes, 1998.

CÉSAIRE, Aime. *Discurso sobre o colonialismo*. 1. ed. Lisboa, Portugal: Livraria Sá da Costa Editora, 1978.

CLASTRES, Pierre. *A sociedade contra o Estado*. São Paulo: Cosac & Naif, 2015.

CLASTRES, Pierre. *Arqueologia da violência*. São Paulo: Cosac & Naif, 2004.

CLIFFORD, James. *A experiência etnográfica*: antropologia e literatura no século XX. Rio de Janeiro: Editoria UFRJ, 2011.

CLIFFORD, James. Sobre a alegoria etnográfica. *In*: CLIFFORD, James; MARCUS, George E. (org.). *A escrita da cultura*: poética e política da etnografia. Rio de Janeiro: Editora da UERJ, 2016. p. 151-181.

CLIFFORD, James. Introdução: verdades parciais. *In*: CLIFFORD, James; MARCUS, George E. (org.). *A escrita da cultura*: poética e política da etnografia. Rio de Janeiro: Editora da UERJ, 2016. p. 31-61.

COELHO, Mauro Cezar. *As populações indígenas no livro didático, ou a construção de um agente histórico ausente*. In: 30ª Reunião da ANPED, GT 13 – Educação Fundamental. Caxambu, v. 1. p. 174-174. 2007. Disponível em: http://30reuniao.anped.org.br/trabalhos/GT13-3000--Int.pdf. Acesso em: 15 de fev. 2017.

COMISSÃO NACIONAL DA VERDADE. Casa Civil da Presidência da República. *Relatório*. Volume II. Texto 5. Violações de Direitos Humanos de Povos Indígenas. Brasília, 2014. p. 203-262.

CRUIKSHANK, Julie. Tradição oral e história oral: revendo algumas questões. *In*: AMADO, Janaína; FERREIRA, Marieta (org.). *Usos e abusos da história oral*. 8. ed. Rio de Janeiro: FGV, 2006. p. 149-164.

DIACON, Todd A. *Rondon*: o marechal da floresta. São Paulo: Companhia das Letras, 2006.

DÍAS LOPES, Zamira. Historias de la Memoria Hegemónica y Disidente. *Convergência Revista de Ciencias Sociales*, México, n. 27, p. 289-304, jan./abr. 2002. Disponível em: http://convergencia.uaemex.mx/article/view/1731/1312. Acesso em: 12 fev. 2017.

ECAP, Equipo de Estudios Comunitarios y Acción Psicosocial; UNAMG, Unión Nacional de Mujeres Guatemaltecas. *Tejidos que lleva el alma*. Memorias de las mujeres mayas sobrevivientes de violación sexual durante el conflicto armado. Guatemala: F&G Editores, 2009.

FAUSTO, Carlos. *Inimigos fiéis:* história, guerra e xamanismo da Amazônia. São Paulo: Editora da USP, 2014.

FERREIRA, Mariana Leal. Escrita e oralidade no Parque Indígena do Xingu: inserção na vida social e na percepção dos índios. *Revista de Antropologia da USP*, São Paulo, v. 35, p. 91-112. 1992. Disponível em: https://www.revistas.usp.br/ra/article/view/111331. Acesso em: 6 jan. 2018.

FONSECA, Sylvio. *Frente a frente com os Xavante*. Rio de Janeiro: Pongetti, 1948.

FOUCAULT, Michel. *A arqueologia do saber*. 7. ed. Rio de Janeiro: Forense Universitária, 2008.

FOUCAULT, Michel. *História da sexualidade I*: a vontade de saber. 13. ed. Rio de Janeiro: Graal, 1999.

FOUCAULT, Michel. *Microfísica do poder*. São Paulo: Graal, 2011.

FOUCAULT, Michel. *Vigiar e punir*: nascimento da prisão. 29. ed. Petrópolis: Vozes, 2004.

GALLOIS, Dominique Tilkin. Nossas falas duras. Discurso político e auto-representação waiãpi. *In*: ALBERT, Bruce; RAMOS, Alcida Rita (org.). *Pacificando o branco*. Cosmologias do contato no Norte-amazônico. São Paulo: Ed. Unesp, 2002. p. 205-238.

GARFIELD, Seth. *A luta indígena no coração do Brasil*. Política indigenista. A marcha para o oeste e os índios Xavante (1937-1988). São Paulo: Editora Unesp, 2011.

GARFIELD, Seth. Onde a terra toca o céu: a luta dos índios Xavante por terra. *In*: Coimbra, Carlos E. A.; WELCH, James R. (org.). *Antropologia e história Xavante em perspectiva*. Rio de Janeiro: Museu do Índio, 2014. p. 39-66.

GIACCARIA, Bartolomeu. *A iniciação Xavante à vida adulta (Danhono)*. Campo Grande: UCDB, 2001.

GIACCARIA, Bartolomeu. *Pedagogia Xavante*: aprofundamento antropológico. Campo Grande: Missão Salesiana de Mato Grosso, 1990.

GIACCARIA, Bartolomeu; HEIDE, Adalberto. *Xavante* (auwẽ uptabi: povo autêntico). São Paulo: Dom Bosco, 1972.

GIACCARIA, Bartolomeu. *Jerônimo Xavante conta*: mitos e lendas. Campo Grande: Casa da Cultura, 1975.

GIACCARIA, Bartolomeu. *Jerônimo Xavante sonha*. Campo Grande: Casa da Cultura, 1975.

GAGNEBIN, Jeanne Marie. *Lembrar escrever esquecer*. São Paulo: Editora 34, 2006.

GNECCO, Cristóbal; ZAMBRANO, Marta. Introducción: El passado como política de la historia. *In*: GNECCO, Cristóbal; ZAMBRANO, Marta (org.). *Memorias hegemónicas, memorias disidentes*: el pasado como politica de la historia. Bogotá: Ministerio de Cultura, 2000. p. 171-194.

GOMIDE, Maria Lúcia. *Marãnã Bödödi*. A territorialidade Xavante nos caminhos do Ró. 2009. Tese (Doutorado em Geografia Física) – Departamento de Geografia, Faculdade de Filosofia, Letras e Ciências Humanas, Universidade de São Paulo, São Paulo, 2009.

GOODY, Jack. *O mito, o ritual e o oral*. São Paulo: Vozes, 2012.

GRAHAM, Laura R. *Performance Dinamics and Social Dimensions in Xavante Narrative*. Austin: University of Texas, 1983.

GRAHAM, Laura R. *Performing Dreams:* Discourses of Immortality among the Xavante of Central Brazil. Austin: University of Texas Press, 1995.

GROSFOGUEL, Ramon. Racismo/sexismo epistémico, universidades occidentalizadas y los cuatro genocidios/epistemicidios del largo siglo XVI. *Tábula rasa*, Bogotá, n. 19, p. 31-58, jul./dez. 2013.

GUGELMIN, S A. *Nutrição e alocação do tempo dos Xavante de Pimentel Barbosa, Mato Grosso*. Um estudo em ecologia humana e mudanças. 1995. Dissertação (Mestrado em Saúde Pública) – Escola Nacional de Saúde Pública Sérgio Arouca, Fundação Oswaldo Cruz, Rio de Janeiro, 1995.

HAESBAERT, Rogério. *O mito da destrritorialização*. 8. ed. Rio de Janeiro: Bertrand Brasil, 2014.

HAUBER, Christian. *Civilização e nação*: o índio na historiografia brasileira oitocentista. Köln [Alemanha]: Böhlau Verlag, 2007. Disponível em: https://www.vr-elibrary.de/doi/pdf/10.7767/jbla.2007.44.1.235 Acesso em: 10 fev. 2017.

HALBWACHS, Maurice. *A Memória Coletiva*. 2. ed. São Paulo: Vértice, 1990.

HALL, Stuart. *A identidade cultural na pós-modernidade*. Rio de Janeiro: DP&A, 2005.

HALL, Stuart. *Cultura e representação*. Rio de Janeiro: Editora PUC-Rio, 2016.

HALL, Stuart. *Sin garantias*. Bogotá: Evión, 2010.

HAMA, Boubou; KI-ZERBO, Joseph. O lugar da história na sociedade africana. *In*: KI-ZERBO, Joseph. *História geral da África*. Metodologia e Pré-História da África. 2. ed. Brasília: Unesco, 2010. p. 23-35. v. I. Disponível em: https://unesdoc.unesco.org/ark:/48223/pf0000190249 Acesso em: 15 mar. 2018.

HAMPATÉ BÂ, Amadou. A tradição viva. *In*: KI-ZERBO, Joseph. *História geral da África*. Metodologia e Pré-História da África. 2. ed. Brasília: Unesco, 2010. p. 167-212. v. I. Disponível em: https://unesdoc.unesco.org/ark:/48223/pf0000190249 Acesso em: 15 mar. 2018.

HOBSBAWM, Eric J. *A invenção das tradições*. 2. ed. São Paulo: Paz e Terra, 2012.

HOWARD, Catherine V. A domesticação das mercadorias: estratégias Waiwai. *In*: ALBERT, Bruce; RAMOS, Alcida Rita (org.). *Pacificando o branco*. Cosmologias do contato no Norte-amazônico. São Paulo: Ed. Unesp, 2002. p. 25-55.

IBGE. Censo Demográfico de 2010. *Características gerais dos indígenas*. Resultados do universo. Resultados do Universo. Rio de Janeiro: IBGE, 2012. p. 1-245. https://biblioteca.ibge.gov.br/visualizacao/periodicos/95/cd_2010_indigenas_universo.pdf Acesso em: 20 out. 2017.

KI-ZERBO, Joseph. Introdução Geral. *In*: KI-ZERBO, Joseph. *História geral da África*. Metodologia e Pré-História da África. 2. ed. Brasília: Unesco, 2010. v I. p. XXXI-LVII. https://unesdoc.unesco.org/ark:/48223/pf0000190249 Acesso em: 15 mar. 2018.

KOPENAWA, David; ALBERT, Bruce. *A queda do céu*. Palavras de um xamã yanomami. São Paulo: Companhia das Letras, 2015.

KOTRE, John. A verdade e a utilidade das histórias. *In*: SANTHIAGO, Ricardo; MAGALHÃES, Valéria Barbosa de (org.). *Depois da utopia*: a história oral em seu tempo. São Paulo: Letra e Voz, 2013. p. 29-38.

LANDER, Edgardo. Ciências sociais, saberes coloniais e eurocêntricos. *In*: LANDER, Edgardo (org.). *A colonialidade do saber*: eurocentrismo e ciências sociais. Perspectivas latino-americanas. Buenos Aires, Argentina: CLACSO, 2005. p. 8-23.

LANG, Alice Beatriz da Silva Gordo. Trilhas da pesquisa, convicções e diversidades. *In*: SANTHIAGO, Ricardo; MAGALHÃES, Valéria Barbosa de (org.). *Depois da utopia*: a história oral em seu tempo. São Paulo: Letra e Voz, 2013. p. 71-80.

LEEUWENBERG, Frans J.; M. Salimon. *Para sempre A'uwe*: os Xavante na balança das civilizações. Brasília: UNICEF, 1999.

LIMA, Manoel. *O desencanto do Oeste*. Goiânia: Editora UCG, 2001.

LITTLE, Paul E. Espaço, memória e migração: por uma teoria da reterritorialização. *In: Textos de História*, Brasília, v. 2, n. 4, p. 5-25. 1994.

LITTLE, Paul E. Territórios sociais e povos tradicionais no Brasil: por uma antropologia da territorialidade. *In: Anuário Antropológico 2002/2003*. Rio de Janeiro: Tempo Brasileiro, p. 251-290. 2004.

LOPES, Aracy. Dois séculos e meio de história Xavante. *In*: CARNEIRO DA CUNHA, Manuela (org.). *História dos índios no Brasil*. São Paulo: Companhia das Letras, 1992. p. 357-378.

LOPES, Aracy. *Nomes e amigos*: da prática Xavante a uma reflexão sobre os Jê. 1980. Tese (Doutorado em Antropologia Social) – Departamento de Ciências Sociais, Faculdade de Filosofia, Letras e Ciências Humanas, Universidade de São Paulo, São Paulo.

LOZANO, Jorge Eduardo Aceves. Prática e estilos de pesquisa na história oral contemporânea. *In*: AMADO, Janaína; FERREIRA, Marieta (org.). *Usos e abusos da história oral*. 8. ed. Rio de Janeiro: FGV, 2006. p. 15-25.

LUGONES, María. Colonialidad y género. *Tábula rasa*, Bogotá, n. 9, p. 73-101, jul.-dez. 2008.

LUGONES, María. Rumo a um feminismo descolonial. *Revista Estudos Feministas*, Florianópolis, v. 22, n. 3, p. 935-952, set. 2014. Disponível em: https://periodicos. ufsc.br/index.php/ref/article/view/36755/28577 Acesso em: 14/09/2029

MALDI, Denise. A questão da territorialidade na etnologia brasileira. In: *Sociedade e Cultura*, Goiânia, v. 1, n. 1, p. 1-17, jan./jun, 1998. Disponível em: https://revistas. ufg.br/fcs/article/view/1774 Acesso em: 11 maio 2019.

MALDONADO-TORRES, Nelson. Sobre la colonialidad de ser: contribuciones al desarrollo de un concepto. *In:* CASTRO-GÓMES, S.; GROSFOGUEL, R. (org.). *El giro decolonial*. Reflexiones para una diversidad epistémica más allá del capitalismo global. Bogotá, Colômbia: Siglo del Hombre Editores, Instituto Pensar, 2007.

MALINOWSKI, Bronislaw. Introdução: objeto, método e âmbito desta investigação. Argonautas do Pacífico Ocidental. *In*: CASTRO, Celso. *Textos básicos de antropologia*. Cem anos de tradição: Boas, Malinowski, Lévi-Strauss e outros. Rio de Janeiro: Zahar, 2016.

MAYBURY-LEWIS, David. *A sociedade Xavante*. Rio de Janeiro: Francisco Alves, 1984.

MAYBURY-LEWIS. *O selvagem e o inocente*. Campinas: Editora da UNICAMP, 1990.

MBEMBE, Achille. Necropolítica. *Arte & Ensaios Revista do PPGAV/EBA/UFRJ*, Rio de Janeiro, n. 32, p. 123-151, dez. 2016.

MEDEIROS, Sérgio Rodrigues. *O dono dos sonhos*. São Paulo: Politexto, 1991.

MENESES, Maria Paula. Epistemologias do Sul. *Revista Crítica de Ciências Sociais [on-line]*, [s. l.], n. 80, p. 5-10, mar. 2008.

MENEZES, Cláudia. Missionários e guerreiros: o apostolado salesiano entre os Xavante. *In:* WRIGHT, Robin (org.). *Transformando os Deuses*: os múltiplos sentidos da conversão entre os povos indígenas no Brasil. Campinas: Editora da UNICAMP, 1999. p. 309-342.

MENEZES, Cláudia. *Missionários e índios em Mato Grosso*: os Xavantes da Reserva de São Marcos. 1984. Tese (Doutorado em Ciências Políticas) – Faculdade de Filosofia, Letras e Ciências Humanas, Universidade de São Paulo, São Paulo.

MENEZES, Cláudia. Os Xavante e o movimento de fronteira no leste mato-gros-sense. *Revista de Antropologia do Departamento de Antropologia da Faculdade de Filosofia, Letras e Ciências Humanas da USP*, São Paulo, v. 25, p. 63-87. 1982.

MENEZES, M. L. P. *Parque Indígena do Xingu*: a construção de um território estatal. Campinas: Editora da UNICAMP, 2000.

MIGNOLO, Walter D. *A colonialidade de cabo a rabo:* o hemisfério ocidental no horizonte conceitual da modernidade. Buenos Aires: CLACSO, 2005. Disponível em: http://bibliotecavirtual.clacso.org.ar/clacso/sur-sur/20100624094657/6_Mignolo.pdf. Acesso em: 15 fev. 2016.

MONTEIRO, John M. *Tapuias e historiadores*. 2001. Tese (apresentada para o concurso de livre docência) – Departamento de Antropologia, área de Etnologia, subárea História Indígena e do Indigenismo, Universidade de Campinas, Campinas, 2001.

MOREIRA, Vânia. O ofício do historiador e os índios. *Revista Brasileira de História*, São Paulo, v. 30, n. 59, p. 53-72. 2010. Disponível em: http://www.scielo.br/pdf/rbh/v30n59/v30n59a04.pdf. Acesso em: 8 mar. 2016.

MORENO, Gislaene. *Terra e poder em Mato Grosso*. Política e mecanismos de burla: 1892-1992. Cuiabá: Entrelinhas; Ed. UFMT, 2007.

MÜLLER, Regina Aparecida Polo. *A pintura do corpo e os ornamentos Xavante.* 1976. Dissertação (Mestrado em Antropologia Social) – Instituto de Filosofia e Ciências Humanas, Universidade de Campinas, Campinas, 1976.

NASCIMENTO, Wanderson Flor; GARRAFA, Volnei. Por uma vida não colonizada: bioética de intervenção e colonialidade. *Saúde Sociedade*, São Paulo, v. 20, n. 2, p. 287-299. 2011.

NORA, Pierre. Entre memória e história: a problemática dos lugares. *Projeto de História*, São Paulo, n. 10, p. 7-28, dez. 1993.

OCHOA, Karina. El debate sobre las y los amerindios: entre el discurso sobre a bestialización, la femenización y la racialización. *El cotidiano*, México, n. 184, mar.- -abr. 2014. Disponível em: http://www.redalyc.org/articulo.oa?id=32530724005. Acesso em: 19 abr. 2016.

OLIVEIRA, Eduardo. Epistemologia da ancestralidade. *Entrelugares: Revista de Sociopoética a Abordagens Afins*, Fortaleza, v. 1, p. 1-10. 2009.

OLIVEIRA, Susane Rodrigues de. *Por uma história do possível*: representações das mulheres incas nas crônicas e na historiografia. Jundiaí: Paco Editorial, 2012.

OLIVEIRA, Susane Rodrigues de. Guerras e violência sexual nos livros didáticos de história brasileiros: análises e orientações pedagógicas feministas. *In*: STEVENS, Cristina; SILVA, Edlene; OLIVEIRA, Susane Rodrigues de; ZANELLO, Valeska. *Relatos, análises e ações no enfrentamento da violência contra mulheres.* Brasília: Technopolitik, 2017b. p. 131-167.

PACHECO DE OLIVEIRA, João; ROCHA FREIRE, Carlos Augusto da. *A presença indígena na formação do Brasil.* Brasília: MEC/UNESCO, 2006.

PACHECO DE OLIVEIRA, João. *O nascimento do Brasil e outros ensaios*: "pacificação", regime tutelar e formação de alteridades. Rio de Janeiro: Contra Capa, 2016.

PACHECO DE OLIVEIRA, João. Sem a tutela, uma nova moldura de nação. *In*: Souza Lima, Antônio Carlos de (org.). *Tutela.* Tradições de Estado e gestão no Brasil. Rio de Janeiro: E-papers, 2014. p. 89-111.

PASSERINI, Luisa. A "lacuna" do presente. *In*: AMADO, Janaína; FERREIRA, Marieta (org.). *Usos e abusos da história oral.* 8. ed. Rio de Janeiro: FGV, 2006. p. 211-218.

PERRONE MOISÉS, Beatriz. Índios livres e índios escravos: os princípios da legislação indigenista do período colonial (século XVI a XVIII). *In*: CARNEIRO DA CUNHA, Manuela (org.). *História dos índios no Brasil*. São Paulo: Companhia das Letras, 1992. p. 115-132.

PERNASETTI, Cecilia. Acciones de memoria y memoria colectiva. Reflexiones sobre memoria y acción política. *In*: DE LA PEZA, María del Carmen (coord.). *Memoria(s) y política*: experiencia, poéticas y construcciones de nación. Buenos Aires, Argentina: Prometeo Libros, 2009. p. 41-63.

POLLACK, Michel. Memória. Esquecimento. Silêncio. *Revista de Estudos Históricos*, Rio de Janeiro, v. 2, n. 3, p. 3-15. 1989. Disponível em: https://www.culturaegenero. com.br/download/silencio.pdf. Acesso em: 2 mar. 2016.

POLLACK, Michel. Memória e identidade social. *Revista Estudos Históricos*, Rio de Janeiro, v. 5, n. 10, p. 200-212. 1992. Disponível em: https://bibliotecadigital.fgv. br/ojs/index.php/reh/article/view/1941/1080. Acesso em: 2 mar. 2016.

PORTELA, Cristiane de Assis. Por uma história mais antropológica: indígenas na contemporaneidade. *Sociedade e Cultura*, Goiânia, v. 12, n. 1, p. 151-160, jan./ jun. 2009. Disponível em: https://www.revistas.ufg.br/fchf/article/view/3170. Acesso em: 8 ago. 2018.

PORTELLI, Alessandro. *Ensaios de história oral*. São Paulo: Letra e Voz, 2010.

PORTELLI, Alessandro. *História oral como arte da escuta*. São Paulo: Letra e Voz, 2016.

PORTELLI, Alessandro. O que faz a história oral diferente. *Projeto de História*, São Paulo, n. 14, p. 25-39, fev. 1997. Disponível em: https://revistas.pucsp.br/index. php/revph/article/view/11233/8240. Acesso em: 10 ago. 2018.

QUIJANO, Aníbal. *Colonialidade do poder, Eurocentrismo e América Latina*. Buenos Aires, Argentina: CLACSO, 2005. Disponível em: http://bibliotecavirtual.clacso. org.ar/clacso/sur-sur/20100624103322/12_Quijano.pdf. Acesso em: 16 fev. 2016.

QUIJANO, Aníbal. *Cuestiones e horizontes*: de la dependencia histórico-estructural a la colonialidad/descolonialidad del poder. Buenos Aires: CLACSO, 2014.

RAMOS, Alcida Rita. *Povos indígenas e a recusa da mercadoria*. Série Antropologia, 442. Brasília: DAN/UnB, 2014.

RAMOS, Alcida Rita. Vozes indígenas: o contato vivido e contado. *Anuário Antropológico/87*, Brasília: Editora da UnB/Tempo Brasileiro, p. 117-143, 1990.

RAVAGNANI, Oswaldo Martins. *A experiência xavânte com o mundo dos brancos.* 1978. Tese (Doutorado em Ciências Sociais) – Fundação Escola de Sociologia e Política de São Paulo, São Paulo.

RIBEIRO, Darcy. *Os índios e a civilização*: a integração das populações indígenas ao Brasil moderno. 7. ed. São Paulo: Companhia das Letras, 1996.

RICOEUR, Paul. *A memória, a história, o esquecimento.* Campinas: Editora da UNICAMP, 2007.

RICOEUR, Paul. Historia y memoria. La escritura de la historia y la representación del pasado. *In*: RICOUER, Paul; PÉROTIN-DUMON, Anne (dir.). *Historizar el pasado vivo en América.* Santiago de Chile: Universidade Alberto Hurtado, 2007. Disponível em: http://elsolardelasartes.com.ar/pdf/658.pdf. Acesso em 18/10/2018.

RICOEUR, Paul. *Tempo e Narrativa* (tomo I). Trad. Constança Marcondes Cesar. Campinas: Papirus, 1994.

RITE, Cosme. *Uso do território a partir do modo de ser A'uwê Marãiwatsédé.* Ti'a na dahoimanadzé Wahi'rata nori tsi Marãiwaitsété hoimandzébdzo hã. 2017. Dissertação (Mestrado Profissional em Sustentabilidade junto a Povos e Territórios Tradicionais - MESPT) – Centro de Desenvolvimento Sustentável, Universidade de Brasília, Brasília, DF, 2017.

ROCHA, Leandro M. O índio e a questão agrária no Brasil: novas leituras de velhos problemas. *In*: SALOMON, Marlon; SILVA, Joana F.; ROCHA, Leandro M. *Processos de territorialização*: entre a História e a Antropologia. Goiânia: Ed. UCG, 2005. p. 11-32.

RUFER, Mário. La temporalidade como política: nación, formas de pasado y perspectivas poscoloniales. *Memoria y Sociedad*, Bogotá, v. 14, n. 28, p. 11-31, jan./jun. 2010.

RÜSEN, Jörn. *Teoria da História.* Uma teoria da história como ciência. Curitiba: Editora da UFPR, 2015.

SAHLINS, Marshall. *Ilhas de história.* Rio de Janeiro: Jorge Zahar, 1990.

SAHLINS, Marshall. O "pessimismo sentimental" e a experiência etnográfica: por que a cultura não é um "objeto" em vias de extinção (parte I). *Revista Mana*, Rio de Janeiro, v. 3, n. 1, p. 41-73. 1997.

SANTOS, Boaventura de Sousa. A construção intercultural da igualdade e da diferença. *In*: SANTOS, Boaventura de Sousa. *A gramática do tempo*: para uma nova cultura política. São Paulo: Cortez, 2010. p. 279-316.

SANTOS, Eduardo Natalino dos. As tradições históricas indígenas durante a colonização da América: transformações e continuidades entre nahuas e incas. *Revista de História*, São Paulo, n. 150, p. 157-207, jul. 2004. Disponível em: http://www.redalyc.org/articulo.oa?id=285022859008. Acesso em: 7 abr. 2017.

SANTI, Heloise C.; SANTI, Uinso J. C. Stuart Hall e o trabalho das representações. *Revista Anagrama*, São Paulo, set./nov. 2008. Disponível em: http://www.usp.br/anagrama/Santi_Stuarthall. pdf. Acesso em: 16 set. 2018.

SANTHIAGO, Ricardo. Da fonte oral à história oral: debates sobre legitimidade. *Saeculum Revista de História*, João Pessoa, n. 18, p. 33-46, jan./jun. 2008. Disponível em: http://www.periodicos.ufpb.br/ojs/index.php/srh/article/view/11395. Acesso em: 20 set. 2018.

SEGATO, Rita. *La crítica de la colonialidad em ocho ensayos y una antropologia por demanda.* Buenos Aires: Prometeo, 2013.

SEEGER, Anthony. *Por que cantam os Kĩsêdjê.* Uma antropologia musical de um povo amazônico. São Paulo: Cosac Naify, 2015.

SEREBURÃ; HIPRU; RUPAWÊ; SEREZABDI; SERÑIMIRÃMI. *Wamrêmé Za'rá.* Nossa palavra: mito e história do povo xavante. São Paulo: SENAC, 1998.

SIRINELLI, Jean-François. A geração. *In:* AMADO, Janaína; FERREIRA, Marieta (org.). *Usos e abusos da história oral.* 8. ed. Rio de Janeiro: FGV, 2006. p. 131-137.

SMITH, Andréa. A violência sexual como uma ferramenta de genocídio. *Espaço Ameríndio*, Porto Alegre, v. 8, n. 1, p. 195-230. 2014.

SOUZA LIMA, Antônio Carlos de. O exercício da tutela sobre os povos indígenas: considerações para o entendimento das políticas indigenistas no Brasil contemporâneo. *Revista de Antropologia*, São Paulo, USP, v. 55, n. 2, p. 781-832. 2013.

SOUZA LIMA, Antônio Carlos de. O governo dos índios sob a gestão do SPI. *In:* CARNEIRO DA CUNHA, Manuela (org.). *História dos índios no Brasil.* São Paulo: Companhia das Letras, 1992. p. 153-172.

SOUZA LIMA, Antônio Carlos de. *Um grande cerco de paz.* Poder tutelar, indianidade e formação do Estado no Brasil. Petrópolis: Vozes, 1995.

SOUZA, Lincoln de. *Entre os Xavante do Roncador*. Rio de Janeiro: Instituto Brasileiro de Estatística, 1953.

SOUZA, Lincoln de. *Os xavantes e a civilização*. Rio de Janeiro: Instituto Brasileiro de Estatística, 1953.

SOUZA, Robério Américo do Carmo. Narrativas orais como fonte para uma compreensão histórica da experiência vivida. *Revista Maracan*, Rio de Janeiro, n. 17, p. 118-129, jul./dez. 2017. Disponível em: https://www.e-publicacoes.uerj. br/index.php/maracanan/article/view/28212/21178. Acesso em: 19 nov. 2018.

SUESS, Paulo. *Inovação pastoral da Igreja Católica:* o Conselho Indigenista Missionário (Cimi). *In:* XIII Jornadas Internacionais sobre as Missões Jesuíticas: povos indígenas e missões religiosas, Mesa Redonda. Dourados: Faculdade de Ciências Humanas, Programa de Pós-graduação em História da UFGD, p. 1-12. 2010. Disponível em: https://cimi.org.br/pub/publicacoes/1284087173_InvocPastoral_Cimi.pdf. Acesso em: 10 dez. 2018.

TEIXEIRA PINTO, M. História e cosmologia de um contato. A atração dos Arara. *In:* ALBERT, Bruce; RAMOS, Alcida Rita (org.). *Pacificando o branco.* Cosmologias do contato no Norte-amazônico. São Paulo: Ed. Unesp, 2002. p. 405-423.

TODOROV, Tzvetan. *A conquista da América:* a questão do outro. 4. ed. São Paulo: WMF Martins Fontes, 2010.

THOMSON, Alistair; MICHAEL Frisch; HAMILTON, Paula. Os debates sobre memória e história: alguns aspectos internacionais. *In:* AMADO, Janaína; FERREIRA, Marieta (org.). *Usos e abusos da História Oral.* 8. ed. Rio de Janeiro: FVG, 2006. p. 65-91.

TURNER, Terence. Da cosmologia à história: resistência e consciência social entre os Kayapó. *In:* VIVEIROS DE CASTRO, Eduardo; CARNEIRO DA CUNHA, Manuela. *Amazônia*: etnologia e história indígena. São Paulo: Núcleo de História Indígena e do Indigenismo da USP; FAPESP, 1993. p. 43-66.

TURNER, Terence. Os Mebengokre Kayapó: história e mudança social, de comunidades autônomas para a coexistência interétnica. *In:* CARNEIRO DA CUNHA, Manuela (org.). *História dos índios no Brasil.* São Paulo: Companhia das Letras, 1992. p. 311-338.

TURNER, Terence. Ethno-ethnohistory: myth and history in Native South American representations of contact with Western society. *In:* HILL, Jonathan D.

(ed.). *Rethinking history and myth:* Indigenous South American perspectives on the past. Chicago, EUA: University of Illinois Press, 1988. p. 235-281.

TURNER, Terence. History, Myth, and Social Consciousness among the Kayapó of Central Brazil. *In*: HILL, Jonathan D. (ed.). *Rethinking history and myth:* Indigenous South American perspectives on the past. Chicago, EUA: University of Illinois Press, 1988. p. 195-213.

URQUIZA, António Hilário. A educação indígena e a perspectiva da diversidade. *Revista Contrapontos*, Campo Grande, v. 11, set.-dez. 2011.

VALENTE, Rubens. *Os fuzis e as flechas.* História de sangue e resistência indígena na ditadura. São Paulo: Companhia das Letras, 2017.

WALSH, Catherine. Interculturalidad Crítica Pedagogía Decolonial: insurgir, re-existir e re-viver. *In*: CANDAU, Vera (org.). *Educação intercultural na América Latina:* entre concepções, tensões e propostas. Rio de Janeiro: 7Letras, 2009.

WELCH, James R. *Age and social identity among the Xavante of Central Brasil.* 2009. Dissertação (Doutorado em Filosofia) – Department of Anthropology of the School of Liberal Arts, Tulane University, New Orleans (US).

WELCH, James R.; COIMBRA JR., Carlos E. A. Introdução. Os Xavante e seus etnógrafos. *In*: COIMBRA JR., Carlos E. A.; WELCH, James R. (org.). *Antropologia e história xavante em perspectiva.* Rio de Janeiro: Museu do Índio, 2014. p. 1-15.

WORCMAN, Karen. História oral, histórias de vida e transformação. *In*: SANTHIAGO, Ricardo; MAGALHÃES, Valéria Barbosa de (org.). *Depois da utopia*: a história oral em seu tempo. São Paulo: Letra e Voz, 2013. p. 143-155.

WRITE, Robin M. O branco na história e mito Baniwa. *In*: ALBERT, Bruce; RAMOS, Alcida Rita (org.). *Pacificando o branco.* Cosmologias do contato no Norte-amazônico. São Paulo: Ed. Unesp, 2002. p. 431-463.

VANSINA, Jan. A tradição oral e sua metodologia. *In*: KI-ZERBO, Joseph. *História geral da África.* Metodologia e Pré-História da África. 2. ed. Brasília: Unesco, 2010. p. 139-166, v. I, p. XXXI-LVII. Disponível em: https://unesdoc.unesco.org/ark:/48223/pf0000190249 Acesso em: 15 mar. 2018.

VAN VELTHEM, Lúcia Hussak. "Feito por inimigos". Os brancos e seus bens nas representações Wayana do contato. *In*: ALBERT, Bruce; RAMOS, Alcida (org.). *Pacificando o branco.* Cosmologias do contato no Norte-amazônico. São Paulo: Ed. Unesp, 2002. p. 61-78.

VAN ZYL, Paul. Promovendo a justiça transicional em sociedades pós-conflito. *Revista Anistia, Política e Justiça de Transição/Ministério da Justiça*, Brasília, n. 1, p. 32-55, jan./jun. 2009.

VILLAS BÔAS, Orlando; VILLAS BÔAS, Cláudio. *Almanaque do sertão*: histórias de visitantes, sertanejos e índios. São Paulo: Globo, 1997.

VIVEIROS DE CASTRO, Eduardo. O problema da afinidade na Amazônia. *In*: VIVEIROS DE CASTRO, Eduardo. *A inconstância da alma selvagem* – e outros ensaios de antropologia. São Paulo: Cosac Naify, 2011. p. 87-180.

VIVEIROS DE CASTRO, Eduardo. O nativo relativo. *Mana*, Rio de Janeiro, v. 8, n. 1, p. 113-148, 2002.

VIVEIROS DE CASTRO, Eduardo. Perspectival Anthropology and the Method of Controlled Equivocation. *Tipití:* Journal of the Society for the Anthropology of Lowland South America, Miami (EUA), v. 2, n. 1, p. 2-20. 2004. Disponível em: https://digitalcommons.trinity.edu/cgi/viewcontent.cgi?article=1010&context=tipiti Acesso em: 18 jun. 2018.

YRIGOYEN FAJARDO, Raquel. *Pautas de Coordinación entre el Derecho Indígena y el Derecho Estatal*. Guatemala: Fundación Myrna Mack, 1999.